实验哲学

方法、价值与应用

张学义　著

商务印书馆
The Commercial Press
创于1897

图书在版编目（CIP）数据

实验哲学：方法、价值与应用 / 张学义著.
北京：商务印书馆，2025. —（至善人文）. — ISBN
978-7-100-24427-5

Ⅰ. B

中国国家版本馆 CIP 数据核字第 2024VS8347 号

至善人文

实验哲学

方法、价值与应用

张学义 著

———————————————————

商 务 印 书 馆 出 版
（北京王府井大街 36 号 邮政编码 100710）
商 务 印 书 馆 发 行
南京鸿图印务有限公司印刷
ISBN 978-7-100-24427-5

2025 年 3 月第 1 版　　　　开本 880 × 1240　1/32
2025 年 3 月第 1 次印刷　　　印张 10¾

定价：60.00 元

至善人文

总　序

当今世界，科学技术尤其是人工智能快速迭代，深度影响着人类的生活形态与思维方式；地区冲突与全球风险依然层出不穷，寻求价值共识和社会团结的努力道阻且长。"至善人文"丛书的编撰，正是为了应对时代课题而进行的理论探索和思想建构。概言之，本丛书力图体现以下几重学术旨趣：

一是彰显人文学科与激发人格理想的深层关联。人格理想是我们对自身存在的自觉之思，人文学科在有限中希求无限人格，在规范中追寻自由人格，在特殊中通达普遍人格。这一人格理想既包含理性地寻求最高阶价值的善观念，也蕴含理解并践行公共原则的正义感。尊重、捍卫并提升每个人所具有的人格尊严，敞开更多的可能性，使人成为人，乃是人文学科的根本关切，阐明并发扬高尚伟大人格，是人文学者的责任所在，也是本丛书自觉践行的基本理念和价值诉求。

二是明晰人文学术在构筑精神世界中的独特地位。精神家园是人文学术必须用心构筑并守护的高远之境、理想之境和至善之境。哲学经由概念推证构造理由空间，文学通过爱憎与悲悯营造情感空间，历史学则借古今兴亡再造文明空间，由此创获我们身处其中的第二自然，思想与行动因此交相辉映、彼此充盈。我们在精神世界中，既安若家居，又不断拓展想象力的边界。而持之有故，言之成理，是人文学者贡献独特心智力量的基本路径，也是本丛书编撰秉持的基本准则。

三是提升人文学者关切人类未来的自觉意识。人类未来是我们倾力畅想的共存图景，经由人文学者的创造性阐明、激发与构建，基于坚实的人格理想和共通的精神境界，我们将更为自主，也更有可能团结一致。经由人文学科创立的话语形态和思想空间，通过诉诸我们的公共理性与共通感，将更有可能达至更广泛的共识。也因此，本丛书倡导跨学科交流对话，融汇国故新知，贯通东西文明，通过传达优美和庄严的义理辞章，致力于人类繁盛，抵御心灵陷入蛮荒状态。

综上，激发人格理想，构筑精神家园，畅言人类未来，是人文学术的宗旨所在，也是这套丛书的使命所系。我们希望与学界同仁共同努力，以沉着和耐心勾画一片融贯自然和自由的人文之境。

卞绍斌

2024 年 3 月

目　录

前　言

一、实验哲学：一场新兴的哲学运动

　　作为一种做哲学（doing philosophy）的方式，实验哲学（Experimental Philosophy，简称 X-Phi）是 21 世纪初国际哲学界兴起的一场哲学方法论变革运动，旨在给哲学家的"工具箱里增添一套新工具"。它主要通过诉诸人们的日常直觉进行哲学命题的实验，探究在日常情境下人们对该命题的直觉判断，以求获得一种不同于形而上的日常理解，进而对厘清哲学命题产生新的启示作用，同时通过哲学命题的实验来考察人们产生这种直觉的心理模式、认知机理等。它融合了哲学、社会心理学、认知神经科学等多种学科的知识和方法，形成了一股不小的合流，并呈现不断扩张之势。[①]

　　该运动发端于美国分析哲学传统，目前已发展成一股颇具国际影响力的哲学新思潮，不少高校和研究所已组建起哲学实验室，积累了丰富的研究成果：斯蒂芬·斯蒂克（Stephen Stich）、肖恩·尼科尔斯

[①]　参见张学义：《实验哲学：一场新的哲学变革》，《哲学动态》2011 年第 11 期。

(Shaun Nichols)、乔纳森·温伯格(Jonathan Weinberg)、乔舒亚·诺布(Joshua Knobe)、爱德华·麦锡瑞(Edouard Machery)等一大批实验哲学家在形而上学、知识论、道德哲学、语言哲学、心智哲学等领域著述突出。同时,美国一些高等学府和研究机构都相应建立起相对独立的哲学实验室,如耶鲁大学实验哲学实验室(Yale's Experimental Philosophy Lab)、亚利桑那大学实验哲学实验室(Arizona's Experimental Philosophy Lab)、印第安纳大学实验哲学实验室(Indiana's Experimental Philosophy Lab)等,为实验哲学的发展提供了强有力的技术支持。21世纪初,由斯蒂芬·斯蒂克及其学生肖恩·尼科尔斯、乔纳森·温伯格发表的《规范性和认识论直觉》(2001),乔舒亚·诺布发表的《日常语言中的意图行动和副效应》(2003)以及随后由斯蒂克、麦锡瑞、尼科尔斯和罗恩·马伦(Ron Mallon)发表的《语义跨文化风格》(2004)等系列文章,标志着实验哲学的正式诞生。[1] 实际上,在同一时期,当时还是普林斯顿大学博士生的乔舒亚·格林(Joshua Greene)已经开始尝试用功能磁共振成像(fMRI)等方式研究道德判断,并将其研究结果发表在《科学》《自然》等杂志上(2001,2003)。此类采用认知神经科学等方法探究哲学问题的路径也被越来越多的实验哲学家所接受和使用。2008年,《实验哲学》一书出版,该运动的两位主要倡导者耶鲁大学的诺布和亚利桑那大学的尼科尔斯在书中发表了一份"实验哲学宣言",对实验哲学的研究方法、哲学意蕴、主要研究的问题等进行了阐述,并对实验哲学的批判和异议做了反驳和

---

[1] 参见隋婷婷、张学义:《实验哲学的前世今生与未来展望——斯蒂芬·斯蒂奇教授访谈》,《哲学分析》2019年第10卷第6期。

澄清。该书可视为该哲学运动兴起的又一里程碑式的著作。[①] 2012 年另一部全面介绍实验哲学成果的力作《实验哲学导论》问世，作者乔舒亚·亚历山大(Joshua Alexander)介绍了实验哲学新近的研究动态，对实验哲学进行了积极的肯定和辩护。[②] 2014 年，诺布和尼科尔斯又编辑出版了《实验哲学》的第二卷，收录了第一卷出版前后及至 2014 年新近的实验哲学研究成果。在第二卷序言中，诺布和尼科尔斯介绍了实验哲学的发展态势：五年期间，这个领域发展迅速，涌现出了许多惊人的成果。研究领域上，从原来的文化差异、知识论、心灵哲学等，扩展到逻辑哲学乃至种族哲学；研究方法和技术上，从传统的问卷调查拓展到(脑)损伤研究、反应时研究、发展研究等，而这得益于实验哲学越来越多的跨学科研究，促进了其方法的多样化和丰富化。[③] 2016 年，加拿大滑铁卢大学的韦斯利·巴克沃尔特(Wesley Buckwalter)和新西兰惠灵顿维多利亚大学的贾斯廷·希茨马(Justin Sytsma)共同主编了《实验哲学指南》一书。该书分为两部分：第一部分将实验哲学放置于西方哲学的历史之中进行考察，集结了斯蒂克、诺布和蒂莫西·威廉森(Timothy Williamson)等著名支持者与批评者的论文，总体上介绍实验哲学的过去、现在和未来；第二部分介绍了实验哲学在自由意志与行动哲学、道德与政治哲学、心灵哲学、知识论、语言哲学、形而上学、科学哲学、逻辑与推理、元哲学与个体差

---

① Knobe, J. & Nichols, S. (eds.), *Experimental Philosophy*, New York：Oxford University Press, 2008.

② 参见 Alexander, J., *Experimental Philosophy: An Introduction*, first published by Polity Press, printed and bound in Great Britain by MPG Books Group Limited, Bodmin, Cornwall, 2012。

③ 参见 Knobe, J. & Nichols, S. (eds.), *Experimental Philosophy*(Vol. 2), New York：Oxford University Press, 2014。

异等分支领域的研究成果。①

　　国内学者李金彩、朱晓真两位老师采用文献计量研究方法，对过去二十年实验哲学在国际学术界的发展进行了总结，撰写了《实验哲学研究二十年》一文。近二十年（截至 2021 年底）来，有关实验哲学主题的发文量已达到 1 200 余篇，并呈现稳步上升趋势。她们将实验哲学的发展大致划分为四个阶段：（1）第一阶段为初创期（2000—2005 年），见证了有关认知直觉（Weinberg 等，2001）、意向行动和副作用效应（Knobe，2003a；2003b；2004a；2004b；Adams 和 Steadman，2004）、专名指称（Machery 等，2004）、自由意志和道德责任（Nahmias 等，2005）等核心议题的重要著作的出现。（2）第二阶段为发展期（2006—2010 年），实验哲学研究增长速度最快的时期，涉及的领域包括伦理学、认识论、形而上学、行动哲学、心灵哲学、语言哲学等。（3）第三阶段为扩张期（2011—2015 年），研究主题更加丰富，研究方法更为专业、谨慎，并对诸如大众直觉的可靠性以及先前和未来实验研究项目中各种可能混淆的因素（如特定任务或案例的措辞效应、呈现顺序以及个体因素，如种族和性别、视角取向策略等）进行了反思（Williamson，2011；Schwitzgebel 和 Cushman，2012；Tobia 等，2013；Schulz 等，2011；Nagel 等，2013；Sytsma 和 Livengood，2011；Buckwalter 和 Schaffer，2015；Sytsma 等，2015）。（4）第四阶段为稳定期（2016—2020 年），在前两个阶段中出现的激烈争辩与讨论相对减少，学界逐渐承认或者默认了实验哲学的存在。总体而言，过去二十年间，实验哲学不仅快速发展，而且方法更加丰富和成熟，对

―――――――――

①　参见 Sytsma, J. & Buckwalter, W.（eds.），*A Companion to Experimental Philosophy*, Malden, MA: Wiley-Blackwell, 2016。

涉及的哲学议题的讨论逐步深化。①

　　随着实验哲学在国际哲学界的影响不断扩展，国内学术界对这一新的哲学运动的关注也日益增多。2009 年，周昌乐、黄华新两位教授《从思辩到实验：哲学研究方法的革新》一文，介绍了国外学者用实验进行哲学研究的新动向，特别提到了美国神经生理学家本杰明·利贝特（Benjamin Libet）对自由意志等哲学问题进行实验研究（不过此文尚未提及上述意义的实验哲学）。② 2010 年，郦全民教授在《哲学分析》上发表了一篇题为《实验哲学的兴起和走向》的论文，可以称得上是国内学者第一篇正式刊发的对于这一哲学运动的介绍性论文。③ 接下来的几年，有关实验哲学译介的论文、论著和学术会议逐渐多了起来。2013 年，厦门大学知识论与认知科学研究中心的曹剑波教授团队翻译出版了诺布和尼科尔斯编著的《实验哲学》第一卷和亚历山大的《实验哲学导论》。④ 2014 年，当时还在中山大学任教的朱菁教授在美丽的厦门鼓浪屿组织、召开"心灵与机器"会议期间，举行了为期半天的全国首届实验哲学学术研讨会。在随后的 2017 年、2019 年、2021 年、2023 年，东南大学先后召开了四届两年一次的"实验哲学工作坊"。目前国内的研究主要分为如下几种：1. 总体上向国内学术界介绍实验哲学研究动态及其方法论变革意义，质疑或辩护此项

---

　　① 参见 Li, JC. & Zhu, XZ., "Twenty Years of Experimental Philosophy Research", *Metaphilosophy*, Vol. 54, No. 1(2023), pp. 29-53.
　　② 周昌乐、黄华新：《从思辩到实验：哲学研究方法的革新》，《浙江社会科学》2009 年第 4 期。
　　③ 郦全民：《实验哲学的兴起和走向》，《哲学分析》2011 年第 2 卷第 1 期。
　　④ 约书亚·诺布、肖恩·尼科尔斯编：《实验哲学》，厦门大学知识论与认知科学研究中心译，上海译文出版社 2013 年版；约书亚·亚历山大：《实验哲学导论》，楼巍译，上海译文出版社 2013 年版。

哲学运动的合理性及其带来的方法论与具体操作层面的系列问题（周昌乐等 2009，2012；郦全民 2010；张学义、隋婷婷等 2011，2014，2016，2017，2018，2019；陈嘉明 2012，2014；盛晓明、郭喨 2014，2016，2018，2019，2020；何孟杰 2014，2019；梅剑华 2015，2018，2022，2023；楼巍 2015；卢析 2015；曹剑波 2016，2018；颜青山 2017；张子夏等 2018；伍素、黄俊维 2019；费多益 2020；聂敏里 2020，2023；刘小涛 2020，2023；王洪光 2020；王奇琦 2023）。2. 其他具体分支研究领域：（1）梅剑华（2011，2013）、李金彩、刘龙根（2015，2022）、任远（2021）对实验语言学进行了深入研究，其中梅剑华于 2023 年出版了专著《直觉与理由：实验语言哲学的批判性研究》，整体上介绍对实验哲学的兴起与发展、实验语言哲学的主要研究议题以及对实验哲学方法的反思。同年，李金彩在世界知名出版社劳特利奇（Routledge）出版学术专著《专名的指称机制：指称性直觉跨文化研究》（*The Referential Mechanism of Proper Names: Cross-Cultural Investigations into Referential Intuitions*），"该书凭借其开创性的实验语言哲学方法论，针对专名指称问题设计和开展了一系列新颖性的实证研究，对指称性直觉的跨文化属性和指称机制做出了系统深刻的诠释"①。（2）曹剑波、郑伟平、楼巍、何孟杰、杨英云、伍素等对实验知识论开启了系统性研究（2012，2013，2014，2015，2016，2023）。（3）刘小涛、张孟雯对大众的"理性行动"概念进行了实验哲学考察。（4）伦理学或道德哲学领域：彭凯平等对实验方法在道德心理学中的应用做了阐述（2012）；朱菁对格林进行的认知神经科学

---

① 朱晓真：《实验语言哲学最新进展：〈专名的指称机制〉评介》，澎湃新闻，2024 年 3 月 5 日。

实验及其对康德道义论的批判表示质疑，通过改造实验，认为格林的批判并不成功，将该问题的探讨又推进了一步（2013）；李晓哲对采用虚拟现实技术验证格林式实验伦理学的研究成果的设想（2019）；郭晓对性别、意图和道德判断的关系进行了研究（2021）；笔者课题组对无人驾驶中的伦理算法理论展开了实验哲学研究（2021，2023）。（5）丁超从科学家理解科学定律概念的视角尝试在实验科学哲学领域做出开拓性的研究工作（2022）。

二、实验哲学的"前世今生"

在哲学史上，从经验调查中获取知识并进行哲学探究的方法并非实验哲学所独创，而是古已有之。早在古希腊时期，哲学家们就主张通过经验观察来阐述其哲学观点，譬如，亚里士多德在对动物的系统研究中，通过经验观察比较动物和人类的生物性特征，进而理解人类的独特之处。亚里士多德在《尼各马可伦理学》中还声称，最好的哲学方法就是在讨论某一哲学议题时，哲学家要在不同的观点中找到平衡，而找到平衡常用的方法则是进行经验观察，通过观察去倾听来自不同方面的声音，而不只是某些特定人或群体的观点。

到了近代，英国经验主义哲学家弗朗西斯·培根被视为经验哲学的开创者，特别重视经验观察的重要性，这一点也得到了黑格尔的确认："培根的哲学，一般说来，是指那种基于对外在自然界或对人的精神本性（表现为人的爱好、欲望、理性特点、正义特点）的经验和观察的哲学体系。它以经验的观察为基础，从而作出推论，以这种方式找到这个领域内的普遍观念和规律。这种方式或方法首先出现在培根这里，不过还不很完善，虽说他被称为这种方法的鼻祖和经验哲学家的首领。"① 聂敏里教授等认为，说培根是经验哲学的开创者完全没问题，但是如果从更严格的意义上来说，培根可被视为实验哲学的开端。他指出经验与实验有着严格的区别，前者往往不经准备和训练，比较日常和普通，后者则是有计划、有设计、有步骤、有针对性地运用我们的感官主动去搜集经验事实，是一种严格受控的经验观察。因此，从这一点来说，培根可称得上是实验哲学的开端。当然，培根这里的实验，严格意义上指的是科学实验，与我们谈论的哲学实验还略有不同，不过，随着实验哲学技术的不断完善和发展，哲学实验也越来越向科学靠近。② 此外，大卫·休谟在对人性进行研究时同样重视经验方法的使用，他在其代表作《人性论》中写道，通过研究与人类生活更密切相关的科学，我们可以希望在哲学研究中取得成功。休谟认为，可以通过首先研究人类自己的思想来开始理解哲学现象（如道德、知觉或因果关系等）。当谈到对人类心灵的研究时，休谟声称，"除非通过仔细而精确的实验，以及对不同环境和情况下产生的那些特殊影响的观察，否则不可能形成关于（人类心灵的）能力和品质的任何概念"。③ 勒内·笛卡尔对牛眼睛的解剖为他的视觉感知理论提供了依据，而艾萨克·牛顿的色彩理论则是通过观察光通过

---

　　① 黑格尔：《哲学史讲演录》第 4 卷，贺麟、王太庆译，商务印书馆 1978 年版，第 16 页。

　　② 参见聂敏里、鲍秋实：《培根与实验哲学的开端》，《武汉大学学报（哲学社会科学版）》2023 年第 76 卷第 2 期。

　　③ Sytsma, J. & Buckwalter, W. (eds.), *A Companion to Experimental Philosophy*, Malden, MA: Wiley-Blackwell, 2016, pp. 1-2.

棱镜的反射、折射和弯曲而得出的。① 由此可见，经验方法既可以用来直接研究哲学现象，也可以用来理解我们如何思考和谈论这些现象，这在哲学史乃至科学史上也是屡见不鲜的。

20 世纪初，随着现代逻辑的发展，自摩尔、罗素在英国掀起反对唯心主义的革命，20 世纪的英美哲学就进入了一个分析哲学的新时代，而后随着弗雷格的思想被学界重新挖掘以及维也纳学派的积极推动和广泛传播，分析哲学逐渐成为英美哲学界的主流。分析哲学家旗帜鲜明地倡导逻辑分析与概念分析，试图建立一种如同莱布尼茨所说的完全没有歧义的"普遍语言"，以拯救哲学领域长期存在的概念不清、逻辑混乱的"哲学病"，与强调思辨的欧陆哲学传统形成了对峙局面。然而，分析哲学家们大都是经验主义者，他们用分析的方式处理的恰恰是具有综合属性的经验内容。他们在提出或批判某些哲学理论或观点时，常常构建一些具有经验内容的思想实验，以支持或反驳该理论。例如，知识论领域中的"盖梯尔案例""假谷仓案例"，语言哲学中的"孪生地球案例""哥德尔案例"，心灵哲学中的"僵尸论证案例""黑白玛丽案例"，等等。分析哲学家在对此类问题进行概念分析时，常常又要诉诸哲学家的日常直觉，并声称这种直觉具有普遍可靠性。② 而实验哲学对分析哲学中这种"扶手椅"式的做哲学方式并不满意，对分析哲学家声称的哲学直觉具有普遍性、可靠性特点深表怀疑，于是，他们便走出书斋，走向户外，将那些具有经验内容的"思想实验"构造成具体的实验情境，以此去问询那些没有受

---

① 参见 Sytsma, J. & Buckwalter, W. (eds.), *A Companion to Experimental Philosophy*, Malden, MA: Wiley-Blackwell, 2016, p. 2。
② 参见江怡：《分析哲学教程》，北京大学出版社 2009 年版，第 8—9 页。

过专业哲学训练的普通人，检验他们的哲学直觉与哲学家的"专家直觉"是否一致。实验哲学即在这样的背景下应运而生。

那么，到底何为实验哲学？在实验哲学内部有"窄定义"与"宽定义"之说。所谓"窄定义"的实验哲学，即是用社会心理学方法搜集人们关于经验性哲学案例的直觉判断，进而对该案例涉及的哲学家直觉进行检测的一门学科。这是实验哲学在初创阶段主流的研究方法。当然，时至今日，这种单纯调查直觉的方法已经难以满足实验哲学的发展要求。那么，这就需要一种"宽定义"的实验哲学，即实验哲学是"超出心理学方法"的经验探究，是"对经验现象的量化研究"，抑或是"对哲学论断给予经验支持的哲学"。[①] 笔者认为，如前所述，从实验哲学实际发展趋势来看，不论是研究领域还是研究方法，实验哲学家所做的工作已经远远超出了"窄定义"的限定范围，采取一种更具开放性的"宽定义"更为合适。与之相应，实验哲学还被分为"消极的实验哲学"与"积极的实验哲学"两种。所谓"消极的实验哲学"是指通过诉诸直觉的差异性来拒斥坐在"扶手椅"上的概念分析哲学，甚至有人喊出"烧掉扶手椅"，用实验哲学取代自柏拉图以来两千多年的哲学传统；所谓"积极的实验哲学"是承认概念分析的方法，并通过诉诸直觉的经验证据来支持或反驳某一概念分析的哲学论断。笔者以为，消极的实验哲学似乎将实验哲学与强调概念分析的"扶手椅"式哲学对立起来，并声称用实验哲学取代传统哲学。此观点略显激进甚至是极端了，对于实验哲学的发展并没太多益处：实验哲学自兴起之时，就遭到了众多传统哲学家的质

---

① 梅剑华：《直觉与理由：实验语言哲学的批判性研究》，商务印书馆 2023 年版，第 19—23 页。

疑、批判，消极的实验哲学态度只会招致更大的反对与抨击，不利于实验哲学自身的发展。实验哲学家根据既有哲学理论或论断，构造情境化的哲学实验，用得出的经验数据或支持或反驳既有理论或论断。然而，实验哲学并非到此为止了，它还需要再对经验支持或反驳的理论进行哲学探讨，依然需要借助概念分析方法，进一步探究相应的哲学议题。从这个意义上，我们更需要一种积极的具有建构性的实验哲学。

三、学界的批评与质疑

作为一种新兴的哲学运动，实验哲学在兴起的过程中受到了众多学者的质疑与批评。他们的批评大致分为以下几类：

第一类，对用实验做哲学的研究方式的拒斥及其研究方法可靠性的质疑。譬如，蒂莫西·威廉森提出哲学研究有其自身独特的方法，哲学研究的方法论不应依赖来自心理学、社会学以及认知神经科学的实验范式和数据分析方法。他们认为实验哲学采用了一种出乎意料的方式来研究哲学问题，其可靠性与可行性有待查证。珍妮特·莱文（Janet Levin）从哲学实验的可行性、被调查者反应的可信度、数据分析与实验哲学家的可解释性等四个方面提出了疑问，认为要进行大规模的实验调查是十分困难的，目前很多哲学实验似乎只能算作在熟人朋友间进行的对话访谈，数据可能并不可靠，而即便这一调查数据是可靠的，研究者最后仍然需要回到"扶手椅"上的思考以便得出结论，因而特意走出"扶手椅"进行实验的理由似乎并不充分。① 同

---

① 参见 Levin, J., "Experimental Philosophy", *Analysis*, Vol. 69, No. 4 （2009）, pp. 761-769。

时，实验哲学的实验调查收集的是大众直觉（即非哲学家群体的直觉）对诸如知识、道德等问题的判断，可能会被种种外在因素所渗透和影响，远远不如哲学家的专家直觉可靠，无法取得具有一致性的有效结论。[1] 对于此类观点，爱德华·麦锡瑞在2012年通过对比伦理学家与非伦理学家在道德判断中的具体表现，提出实验方法对大众直觉的调查在道德判断的伦理学研究中具有统计学意义上的有效性与合理性，大众直觉与哲学家直觉在整体上并不存在显著性差异。[2] 迈克尔·汉农（Michael Hannon）则提出尽管使用经验性的实验方法验证道德直觉仍然颇有争议性，但我们应当做的并非否定这一新兴方法，而是寻找更具体、有效、可应用的方式促进实验对于道德直觉的研究。[3] 斯蒂芬·斯蒂克则从哲学家自身入手，提出哲学家自身的道德直觉以及对于道德、认知等方面的主张并不具有绝对的可靠性，通过实验方法验证这些思想的可靠性正是实验哲学诞生的原因和意义。[4]

　　第二类，实验哲学是做哲学还是做科学？根据目前实验哲学主要借助社会心理学、认知科学、神经科学等技术手段进行哲学研究的方式，批评者认为，实验哲学从问卷设计到数据搜集与分析等过程与实验心理学无异。针对实验哲学使用认知神经科学方法研究人们关于精神和心智的神经机制等，批评者指出，这种方式只能检测其神经元活

---

[1]　参见 Williamson, T., *The Philosophy of Philosophy*, Oxford: Blackwell Publishing, 2007, pp. 237-238。

[2]　参见 Machery, E., "Expertise and Intuitions About Reference", *Theoria: Revista de Teoria, Historia y Fundamentos de la Ciencia*, Vol. 27, No. 1 (2012), pp. 37-54。

[3]　参见 Hannon, M., "Intuitions, Reflective Judgments, and Experimental Philosophy", *Synthese* 1 (2017), pp. 1-22。

[4]　参见隋婷婷、张学义：《实验哲学的前世今生与未来展望——斯蒂芬·斯蒂奇教授访谈》，《哲学分析》2019年第10卷第6期。

动状况，无法对被试的心理内容做出解释，也不能通过不同脑区的神经机制来解释人们具体是如何感知与思考的，并进一步指出：如果一个问题可以通过经验的方式（如针对大众的问卷调查抑或使用脑电或fMRI 等）得到解决，那它就不是哲学问题而是科学问题；实验哲学家侵占了心理学或神经科学的地盘，他们做的是科学而非哲学。[①]

第三类，对实验哲学调查直觉差异性的质疑。第一，关于什么是直觉，无论是哲学家还是科学家都尚无定论；第二，关于直觉在哲学论证中的作用，哲学家也莫衷一是；第三，即使直觉在哲学论证中起到基础性的证据作用，实验哲学进行的经验调查搜集的到底是不是真正的哲学直觉等仍存在疑问；第四，即使实验哲学调查的是大众直觉，该直觉是否对受过训练的专家直觉构成威胁也是值得商榷的事情。诸如此类的问题，在实验哲学的初创时期引发了广泛的争议。

第四类，对实验哲学具体的实验方法、实验程序和过程等存在的问题进行批评。譬如，"广场式"随机发放问卷的方式过于"简单粗暴"，实验设计中存在"实验者偏好""顺序效应""框架效应"等影响，使得实验哲学面临"可重复性危机"。

针对以上种种批评与质疑，笔者会在后文进行相应的回应。

当然，实验哲学在面临诸多批评的同时，也获得了一些哲学家积极肯定的支持。例如，戴维·查默斯（David Chalmers）提出实验方法的引入是近年来哲学上最让人振奋也最有争议性的发展之一，并认为无论这一研究范式是否延伸或反驳了哲学和伦理学的传统研究方法，

[①]　参见费多益：《实验哲学：一个尴尬的概念》，《哲学分析》2020 年第 11 卷第1 期。

它提出的问题都切入了哲学研究的核心。① 另一些学者，如乔舒亚·诺布则持较为温和的肯定态度，他们认为在哲学领域中有很多问题并不能单纯地通过哲学家坐在"扶手椅"上的思考解决。尽管实验哲学的方法目前仍然存在一些争议，但这一方法确实能够在我们解决哲学问题时，为进一步的思考提供可靠的客观证据，因此我们应当把对方法论的争议搁置在一旁，先专注于运用这一新方法推进对深奥的哲学问题的探索。②

四、本书的思路与结构

基于上述实验哲学的研究现状及其受到的批评与质疑，本书的基本思路如下：首先，针对实验哲学所遭遇的批评和质疑，笔者结合研究现状和自己多年的思考进行相应的辩护与反思，旨在推动这一哲学运动持续而深入的发展；其次，继续拓展、推进实验哲学在知识论、语言哲学、心灵哲学、伦理学（道德哲学）、科学哲学及技术哲学等领域的相关研究，就涉及的哲学话题进行更加深入而充分的探讨。

为此，本书的总体结构主要包括两部分。第一部分为"上篇：实验哲学的方法与价值"，主要为实验哲学的合理性提供辩护，并对其存在的问题进行反思，具体包括：第一章，哲学工具箱里的助探器，提供一种温和的支持实验哲学的态度和主张；第二章，专家直觉

---

① 参见 Knobe, J. & Nichols, S. (eds.), *Experimental Philosophy*, New York: Oxford University Press, 2008, p. 434。

② 参见 Knobe, J. & Nichols, S. (eds.), *Experimental Philosophy*, New York: Oxford University Press, 2008, pp. 3−14。

与大众直觉之辨，指出专家直觉相较于大众直觉并无绝对的可靠性和优势。第二部分为"下篇：实验哲学的方法应用"，具体包括：第三章，实验知识论，较为系统地梳理了实验哲学研究方法在知识论领域中的广泛应用情况以及其中存在的问题；第四章，实验语言哲学，主要介绍实验语义学方面的研究状况和争议；第五章，实验心灵哲学，主要讨论实验哲学中使用的认知神经科学方法在讨论传统心灵理论问题时的独特价值；第六章，实验伦理学，主要探讨实验哲学方法在无人驾驶技术中解决伦理算法问题时起到的作用；第七章，实验科学哲学，以基因概念的哲学实验为例，讨论实验哲学方法在科学哲学领域应用的可能性；第八章，实验技术哲学，运用实验哲学研究方法聚焦技术哲学中的价值敏感性概念，并将其应用于公众对人工智能技术的价值敏感性的经验检测，某种意义上可作为实验技术哲学"积极方案"的一种尝试性探索。第三部分为结语，总结实验哲学研究现状，并展望未来发展趋势。

上　篇

实验哲学的方法与价值

第一章

哲学工具箱里的助探器

作为一场哲学变革运动，实验哲学目前在英美哲学界乃至更大的范围内扩展开来。它试图运用问卷调查、访谈等实证研究的方法考察普通大众对一些具有普遍共识的哲学命题或理论的直觉判断，通过经验数据的分析，或质疑或验证这些命题或理论的合理性，抑或透过直觉判断，运用认知科学、神经科学、脑科学的技术手段，探究人们的心理机制和认知模式。① 这些方法应用的切入点则是人们的直觉。

第一节　作为证据的哲学直觉

一、直觉：助探哲学的切入口

一直以来，很多哲学问题的探讨都诉诸人们的哲学直觉，直觉在

---

① 参见张学义：《实验哲学：一场新的哲学变革》，《哲学动态》2011 年第 11 期。

很多哲学问题的论证中起到非常重要的作用。哲学家常常把直觉作为证据展开论述，用以证明与人们的哲学直觉相一致的信念，为其理论的合理性辩护。如索尔·克里普克（Saul Kripke）所言，"有的哲学家认为拥有直觉内容对于支持某些事情是非常不确定的。对我自己而言，这却是非常重要的证据。在某种程度上，我真的不知道还有什么（比拥有直觉内容）更具有确定性的了"①。

当哲学家将抽象的哲学理论诉诸思想实验或者具体的案例时，直觉时常起到重要的助判断作用。阿利文·戈德曼（Alivin Goldman）指出，当哲学家诉诸哲学分析时，他们经常抢先使用直觉。当他们决定什么是知识、指称、同一性、因果性等问题时，哲学家大都考虑一些实际的和假设的案例，然后询问哲学案例是否提供了满足其概念或目标策略的条件，人们对这些案例的心理反应常常被称为直觉，这样的直觉又被当作正确答案的有力证据。② 哲学家往往依据直觉，得出自己看似无可辩驳的结论。这种哲学直觉在形而上学、知识论、语言哲学、心智哲学、道德哲学、行动哲学、科学哲学等领域中的应用非常广泛。

但是，直觉是什么？答案花样纷呈，哲学家的意见也未见一致。早在 17 世纪，笛卡尔就认为：直觉就是一种直接的认知，不依赖于先前的认知；直觉知识是与推理知识相对的知识类型。乔治·比勒（George Bealer）从知识论角度提出，哲学直觉是我们"标准辩护程序"（standard justificatory procedure）的一部分：人们曾一度接受知识

---

① Pust, J., *Intuitions as Evidence*, New York：Routledge/Garland, 2000, p. 2.

② 参见 Goldman, A., "Philosophical Intuitions：Their Target, Their Source, and Their Epistemic Status", *Grazer Philosophische Studien*, Vol. 74, No. 1（2007）, p. 22。

是得到辩护的真信念，但是现在有了好的证据加以驳斥，在盖梯尔案例中，我们诉诸直觉，便可判定知识主体并不拥有知识。这里，直觉就是标准辩护程序的一部分，成为反驳传统知识定义的有效工具。[1] 劳伦斯·邦茹(Laurence BonJour)也认为，直觉是确定性知识概念必不可少的根据："我们关于各种知识案例的常识直觉……是我们决定知识概念之真正构成的主要的和不可或缺的基础。"[2]

乔纳森·温伯格和乔舒亚·亚历山大对此指出，哲学家针对直觉采用不同态度和研究路径已经"产生出一系列的概念，即从将哲学直觉看作是各种心理状态的集合，特别是信念或者信念倾向的'薄概念'(thin concept)，到在这些心理状态之上附加一些外在条件，并把这些心理状态当作真正的哲学直觉的'厚概念'(thick concept)"。也就是说，虽然哲学家对待直觉的态度不同，看法不一，但是至少都认为直觉是一种心理状态(mental states)，尤其是信念(beliefs)或者信念倾向(inclinations to believe)的集合，这是一种逻辑较弱的"薄概念"界定，抑或再在"直觉是一种心理状态"上加一些附加条件，使之变成一种逻辑较强的"厚概念"，即看似具有普遍性、必然为真的心理状态。[3]

在当代分析哲学中，哲学家一般将与"信念"(beliefs)、"欲望"(desires)等心理状态相对应的动词"相信"(believe)、"想要"

---

① 参见 Bealer, G., "On The Possibility of Philosophical Knowledge", *Philosophical Perspectives* 10(1996), p. 122。

② BonJour, L., *Epistemology: Classic Problems and Contemporary Responses*, Lanham: Rowman & Lttlefield Publishers, Inc., 2002, p. 48.

③ 参见 Alexander, J., *Experimental Philosophy: An Introduction*, first published by Polity Press, printed and bound in Great Britain by MPG Books Group Limited, Bodmin, Cornwall, 2012, pp. 50-54。

（desire）、"知道"等称作命题态度（proposition attitude）。在弗雷格那里，命题是指句子的意义或内容，它是不依赖句子而独立存在的，命题的独立存在保证了知识的真理性与客观性，真正的知识是具有真值的独立存在的命题。弗雷格出于保证知识客观性的考虑认为，人们据以形成信念的标准应是独立于心理过程的。众所周知，在知识论中，我所知道的东西即是我首先相信的东西，知识首先是信念，并且是规范化的信念。而弗雷格认为，就知识的构成而言，信念内容必须独立于心理表象，否认心理表象作为知识载体。然而事实是否如此？不能否认的是，认知过程是开始于心理过程的，我们受到刺激，产生表象，这个过程首先起作用的是心理机能而不是智力，然后经过智力的甄别、筛选，我们才决定相信什么、放弃什么，从开始产生的心理表象到后面的相信什么，都是一种心理状态，是发生在认知主体心里的事情。那么，独立存在的命题如何与心理现象发生联系呢？命题与认知主体之间的关系是什么以及认知主体如何把握命题而拥有知识呢？弗雷格不能解决这样的桥接问题（the problem of bridging），关于命题严格的定义也遭遇难以克服的困难。前文提到的命题态度就指涉认知主体与命题之间的关系，命题态度蕴含着认知主体的意向性。独立存在的命题要与主体建立联系，必然要经过主体的心理认知过程；认知主体拥有知识本身就是一种命题态度和心理状态，因为"我拥有知识 P"即为"我知道 P"。于是，后来的分析哲学家开始采取这样一种观点，即命题不是独立于心理过程的东西，而是心理过程的产物，信念内容就是一种心理活动的结果。[①] 由上可见，哲学家把直觉看作

---

① 参见黄敏：《分析哲学导论》，中山大学出版社 2009 年版，第 8—15 页。

一种或强或弱的心理状态或信念倾向的集合体，它也同样或强或弱地指向具有客观性和真理性的知识本身。

总之，这样的争论不一而足，它带来的问题是，我们很难区别哲学直觉与其他心理状态。直觉及其本质是什么，已经不仅仅是个哲学问题了，同时也是心理学、认知科学乃至其他自然科学共同面临的课题。但是无论分歧如何，哲学家还是达成了这样的共识：直觉在当代哲学实践中发挥着重要的作用。他们基于自身能力构建理论来解释直觉，或者是诉诸直觉，把直觉作为证据来证明其理论的合理性。

哲学家的论证诉诸直觉基于这样一种基本信念：每个正常人都有着相同的直觉，直觉是一种稳定的、不易变化的、具有普遍性和共享性的心理表征系统；以此直觉为基础进行的哲学论证和构建的哲学理论也必然是具有稳定性和普遍性的。然而，直觉真的可以作为证据来证明理论吗？作为证据的直觉真的具有稳定性、共享性和普遍性吗？针对这些争议，实验哲学家则试图给出实证研究的结果。

二、实验方法：考察哲学的助探器

实验哲学家通过测试普通大众直觉是否具有普遍性、稳定性，间接地构成对哲学命题或理论的支持或质疑。作为证据的直觉是理论得以成立的前提和基础，如果某个哲学理论大厦的基石不再牢靠，那么，该理论大厦势必也难以立足。于是，实验哲学家不再坐在"扶手椅"上空想，也不再一味地进行思辨的论争，而是走出书斋，实施实验。

（一）问卷调查：直觉测试器

在实验哲学家看来，探究普通大众直觉的直接、经济、有效的办法就是运用社会科学（如社会学、心理学）等最为常见的研究方法——问卷调查。对问卷的回答及一些心理学量表测评，能够有效地反映被试对一些哲学问题的直觉判断。这里，问卷调查俨然成为实验哲学家手中的直觉测试器。

他们通常的做法是，将那些现有的以广泛直觉为基础的思想实验或者基于某种哲学理论而构造的具体案例设计成实验情境，通过问卷的形式搜集被试直觉判断的数据结果，然后运用统计学方法检查数据的可靠性，并根据统计指标对数据进行分析。在检验直觉普遍性与稳定性的实验中，往往选取不同的认知主体，进行实证结果的比对，或是再根据研究目的的不同，调适自变量，寻求影响直觉差异的因素，等等。

譬如，在应对知识论中的"盖梯尔问题"时，实验哲学家乔纳森·温伯格、肖恩·尼科尔斯和斯蒂芬·斯蒂克（2001）实施了实验调查。他们呈现给被试的是模拟盖梯尔原初案例之一的版本：

> 鲍伯有一个朋友吉尔，已经开着一辆别克汽车很多年了。因此，鲍伯认为吉尔开着一辆美国汽车。但是他不知道，吉尔的别克汽车最近被偷了，他也没有意识到吉尔已经用一辆庞蒂亚克取代了它，那是一辆不同牌子的美国汽车。这种情况下，鲍伯是真的知道吉尔开了一辆美国汽车，还是他仅仅相信这一点？

根据案例分析可知：鲍伯的信念是真实的，因为吉尔的确开着一辆美国汽车；他的信念也是可证实的，因为他熟悉吉尔过去的驾驶习惯——开了美国汽车很多年。然而，根据绝大多数知识论者的观点，使鲍伯的信念得到证实的事实和使他的信念为真的事实在知识论适恰的形式中并不相关。鲍伯的信念的确是真的，庞蒂亚克确实也是美国汽车，这样的信念也得到了证实，吉尔过去一直，包括现在也在开着美国汽车，但是"此美国汽车"已非"彼美国汽车"了，别克已经换成了庞蒂亚克，其内涵已经发生了变化，那么，在知识论意义上，根据直觉可以判定，我们并不能说鲍伯真的知道吉尔开着美国汽车。

实验的结果如何呢？温伯格等人对一群来自不同文化背景、未受过哲学训练的美国大学生进行了问卷调查，结果发现：与大多数分析哲学家的观点类似，接受调查的大多数欧洲血统的美国大学生（广义上而言的"西方人"）中，有74%的被试同意：鲍伯仅仅是相信，但并不是真的知道吉尔开着一辆美国汽车。然而，令人惊讶的结果是，很多具有东亚血统的（如韩国人、日本人和中国人）和南亚血统的（如印度人、巴基斯坦、孟加拉国人）大学生并不这么认为：有53%的东亚人和61%的南亚人指出，鲍伯是真的知道吉尔开着美国汽车的事实（见表1-1、图1-1和图1-2）。①

表1-1 盖梯尔案例直觉实验

盖梯尔案例	真的知道	仅仅相信
西方人	26%	74%
东亚人	53%	47%
南亚人	61%	39%

---

① 参见 Weinberg, J. M., Nichols S. & Stich S., "Normativity and Epistemic Intuitions", *Philosophical Topics*, Vol. 29, Nos. 1 & 2(2001), pp. 429-460。

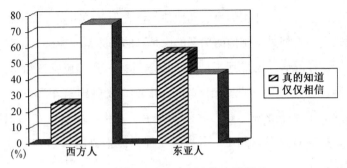

图1-1　西方人和东亚人的直觉判断

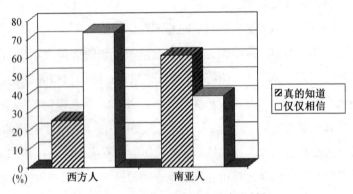

图1-2　西方人与南亚人的直觉判断

这个调查似乎呈现出这样的局面：来自不同文化背景的人们有着不同的认知直觉。① 认知直觉受制于文化背景因素，出现了多样性特征，也就意味着普遍统一的认识论直觉并不存在，盖梯尔建构理论的基础遭到了质疑。当然，并非所有确实的知识都是基于直觉的，但是确实的知识都是基于直觉或者是以直觉知识为基础、以无可置疑的方式推理出来的。盖梯尔反例基于一种无可置疑的直觉判断，而实验哲

---

① 参见 Knobe, J. & Nichols, S., *Experimental Philosophy*, New York：Oxford University Press，2008，pp. 22-35。

学家的结果表明，这样的直觉似乎是值得怀疑的。

类似的研究广泛应用到知识论、语言哲学、道德哲学、心灵哲学、政治哲学等领域，并收到了令人吃惊的效果。

（二）认知实验方法：寻求直觉认知的脑激活区域

不过，实验哲学家的目标还不仅如此，不少神经科学、脑科学等领域的实验哲学家运用认知神经科学等领域的技术手段，如功能磁共振成像技术（functional Magnetic Resonance Imaging，简称 fMRI）和经颅磁刺激技术（Transcranial Magnetic Stimulation，简称 TMS），试图通过考察人们的直觉判断，来探究认知主体的心理机制、认知模式等。人们在做出哲学命题的直觉判断时，存在着可能关联的大脑区域的激活；实验哲学家试图寻求这种直觉认知的脑激活区域，印证或质疑某种哲学理论或命题，继而探究认知主体的认知奥秘。

所谓磁共振技术（MRI）就是利用电磁场去兴奋大脑中的原子。大脑原子的变化通过计算机处理可以形成一幅清晰、精确的三维图像。fMRI 使得大脑局部神经元兴奋，引起脑区血流量的增加，血液中含有氧和葡萄糖，而血红蛋白携带的氧的含量影响了血红蛋白的磁场特性。fMRI 能检测到大脑的功能性氧消耗变化情况，清晰地显示高活动量区域的三维图像，具有更高的时间和空间的分辨率。TMS 则是一种利用脉冲磁场作用于大脑等中枢神经系统，以改变大脑皮层神经细胞的膜电位，使之产生感应电流，来影响脑内代谢与神经电活动，从而产生生理生化反应的磁刺激技术。[1]

---

[1] 参见史忠植编著：《认知科学》，中国科学技术大学出版社 2008 年版，第1—18 页。

　　在实验中，两项技术常常是结合使用，效果更佳，再配合以与之同时进行的问卷调查的直觉认知结果，探究认知主体做出直觉判断时的行为与心理状态的反应。譬如，脑科学实验哲学家利亚纳·杨(Liane Young)等人发现，在人脑中的左、右颞交界(LTPJ、RTPJ)和内侧前额叶皮质(MPFC)等区域有印证心灵理论的神经激活，尤其是当被试对有情感、道德内容的刺激物做直觉判断时，该脑区激活显著。他们正在试图寻求情感内容或者道德判断的功能脑区。①

　　目前，这些技术手段在心灵哲学、神经伦理学、认知神经科学等领域得到了普遍的应用。这里，哲学与科学得到了很好的融合：哲学研究以技术手段的提升为依托，以科学研究成果为对象构建新理论，科学以新的哲学理论为指导，继续扩展研究领域。笔者以为，这种研究路径值得实验哲学家或实验哲学工作者予以关注，后文将详细讨论。

第二节　变革的哲学意蕴

一、"哲学工具箱里的新工具"

　　哲学与科学自古以来就同质同源，同出一脉，探讨的都是诸如世界本源、万物始基等人类生存的根本性命题。近代以后，哲学与科学

---

① 参见 Young, L., Scholz, J. & Saxe, R., "Neural Evidence for 'Intuitive Prosecution': The Use of Mental State Information for Negative Moral Verdicts", *Social Neuroscience*, Vol. 6, No. 3 (2011), pp. 302-315。

开始分道扬镳，自立门户：哲学逐渐走向思辨、玄思、综合，科学走向实证、实验、分析；二者似乎互相对立，不可通约。不过，随着科学的迅速发展和不断进步，它对哲学产生了深刻的影响和强烈的冲击。从早期牛顿力学权威地位的确立到 20 世纪相对论、量子力学等科学理论的提出，这些都促使哲学家开始反思哲学自身，原本的玄思冥想受到质疑，形而上学遭到拒斥。一部分哲学家试图用实证、分析的方法来解决哲学问题，于是在近现代哲学史上出现了实证主义、实用主义、分析哲学（逻辑语言分析和日常语言分析哲学）等思潮或流派。其中，分析哲学至今仍在英美哲学中占据主流地位。

众所周知，分析哲学强调语言分析的重要性，试图通过对逻辑或日常语言的分析，来澄清、纠正或"医治"逻辑不明、概念不清、语言模糊导致的"哲学混乱"，从早期弗雷格、罗素、维特根斯坦（前期）以及逻辑实证主义等重视逻辑语言的分析，到维特根斯坦（后期）、赖尔、斯特劳森、齐硕姆、约翰·塞尔（John Searle）等关注日常语言的分析。然而，经过分析哲学家半个多世纪的努力，这种概念分析的方法在解决这些"哲学混乱"时并没有显得多么行之有效，问题和争论依然存在。及至 20 世纪的最后 25 年，分析哲学内部又发生了显著变化：从意义和指称问题转向了人类心灵、知觉问题，在心灵哲学和知觉理论两个领域取得了重要进展。分析哲学家早期在研究语言及其意义之时，将语言使用者的心理状态、知觉材料等因素排除在外，然而，随着语言研究的深入，分析哲学家发现，语言使用者自身的因素在其中起着越来越重要的作用，对表达了信念、知觉、意向等心理活动的命题必然涉及语言使用者的心理活动本身。而过多地分析命题结构以及将命题或句子客观化、对象化的做法，加之越发注重细节上的技术性分析，使得分析哲学逐渐变得抽象，远离了经验性的生活世界，这些综合性因素使得分析哲学招致了诸多批评和责难。于是，他们开始关注语言使用者的因素，包括人的心灵和知觉等。但是，这并没有在根本上摆脱分析哲学家坐在"扶手椅"上进行哲学沉思的套路，依然面临很多争论和困境。①

从外部来看，科学技术的深入发展使得学科之间的交叉融合不断深化，彼此的研究目标、研究对象以及关注的问题域更加趋同，研究方法也走向交融、互补。人类心灵问题虽然始终是科学研究的重要领域，但是以往的科学难以直接揭示其中的奥秘，往往以隐喻或类比的方式诠释人类心灵、意识的规律和功能。现代科学，尤其是生物学、认知科学、脑科学、神经科学等新兴学科的产生和发展，为揭开人类心灵、意识之谜提供了新的视角，而这正是哲学家千百年来一直孜孜以求的疑难命题。科学和哲学在这些领域里走向合流：哲学上进行的理论探讨为科学研究提供新的启示和思路，科学上取得的研究成果为哲学思考提供新的证据和支持。分析哲学家注意到这一趋势，开始改变或放弃原有的分析传统，拓宽了研究视野，聚焦于人类自身问题。

源于分析哲学阵营的实验哲学家同样洞察到科学发展带来的学科融合、问题域交叠这一动向，同时也意识到单凭有限的理性思维和传统的哲学沉思往往很难把握世界的真谛，是否可以更多地借助其他学科领域的方法来变革一下自己手中的"工具"，从而获得研究路径的新突破？于是，他们借鉴系统的实验方法来"援助"哲学、变革哲

---

① 参见陈亚军：《从分析哲学走向实用主义：普特南哲学研究》，东方出版社2002年版，第8页；陈嘉明主编：《实在、心灵与信念：当代美国哲学概论》，人民出版社2005年版，第52—62页。

学。他们谦逊地声称自己所做的工作仅仅是给"哲学工具箱"里增添一套"新工具",给某些特定的哲学观点提供一些经验性的"证据"。① 实验哲学家以积极的姿态迎接这种新变化,实验哲学也就在这样的背景下悄然兴起。因此,笔者以为实验哲学可以给目前的哲学研究带来新的活力和学术增长点。

首先,哲学的现实困境呼吁新的方法论变革。纵然思辨是哲学的内在本质,然而过于抽象的玄思似乎并不能完成通达事物的本质、探究万物的本原以及充分认识人类自我的哲学旨趣,并且有远离现实社会与日常生活之嫌,哲学问题的进一步探讨也常常因为空谈式的争辩而陷入困境,难以自拔。实验哲学引入相对成熟的社会科学乃至自然科学的研究方法可以视为一种有益尝试。实验方法的介入使得哲学与科学再次走向融合,使哲学进入实践领域。这样,哲学研究与社会现实保持张力的同时又时常接触,给原本枯燥的哲学研究活动注入了活力。

其次,实验的可检验性有利于澄明哲学概念。实验的可检验性特征可以检测基于人们普遍认知直觉的哲学理论。关于人类的自我认知和对世界的认识一直是哲学探讨的永恒话题,而认知主体的主体性因素在其中起到至关重要的作用,实验哲学采取的方法也主要是考查认知主体的认知过程与心理状态。这就要求一些有关主体认知的哲学概念得到明晰的界定,经得住实证的检验,从而更好地纠正、澄清哲学研究中概念的混乱。当然,并非所有的哲学概念都适合进行哲学实验,从现状来看,目前的研究主要集中在涉及认知主体介入认知活动

---

① 参见 Knobe, J. & Nichols, S., *Experimental Philosophy*, New York: Oxford University Press, 2008, pp. 4−10。

的相关领域。

　　最后，实验哲学有益于提升哲学研究者的操作技能与知识结构。哲学家不再只是坐而论道，坐在"扶手椅"上冥思苦想，还可以进行哲学实践。从实验情境、调查问卷以及实验环节的设计到实验具体步骤的操作实施，再到数据的搜集、整理与统计工具的应用与数据分析，这一"做"哲学的过程需要哲学家或哲学工作者不断完善自己的知识结构，譬如学习、掌握心理学、社会学、统计学乃至认知科学、神经科学、脑科学等学科门类的知识，同时在实际操作中训练和提升动手能力，在实验之后哲学观点的讨论与论证过程，又要求哲学研究者具备扎实而广博的哲学功底。当然，正如目前自然科学领域学科交叉协作的趋势一样，哲学实践也越来越需要跨学科、多领域的合作研究，未必要求每个实验哲学家都具备上述技能和知识储备。即便如此，实验哲学也给哲学研究者提供了一个提升自我操作技能与完善知识结构的机会。[①]

二、普通人视阈中的"哲学"

　　在哲学史上，实验哲学家并不是首先使用"实验"方法进行哲学研究的，众多哲学家常常通过"思想实验"来探讨哲学问题，这在分析哲学领域内非常普遍，如著名的分析哲学家普特南提出的"缸中之脑"、塞尔提出的"中文屋论证"等。其基本思路是，针对某些哲学命题，哲学家构造具有限定条件的思想情境，进行逻辑推

　　[①]　参见张学义：《实验哲学：一场新的哲学变革》，《哲学动态》2011 年第 11 期。

演、分析论证，最后得出结论。一般来说，他们会按照形式化套路如此表述："在这个案例或情境中，我们将断言……"① 其结论的获得往往基于人的直觉，并且更多的是依赖于哲学家个人的直觉。但问题是，哲学家个人的直觉是否可靠？是否能够代表大众而具有普遍性？虽然他们大都受过严格的哲学训练，但哲学家的思想实验也只是他们凭借自己的想象力针对某些特殊案例或情境展开的特殊思维过程。因此，他们的这些个人直觉不见得那么真实、可靠，具有代表性。已有很多经验性结果显示出，受过哲学训练的分析哲学家的观点并不能代表所有人的直觉判断。然而，他们依旧端坐在"扶手椅"上沉思，而不去询问普通人对此类问题的直观看法。

与之不同的是，实验哲学家则通过真实的经验性实验将哲学命题诉诸普通人的直觉判断，用现实的经验证据来检验哲学家的观点和主张。和分析哲学家不同的是，面对实验案例或情境，实验哲学家一般的套路是："在这个案例中，79%的被试说……"② 这种"操作主义"似的做法，往往收到意想不到的效果，在许多哲学家视阈中看似言之有理的观点却遭到了经验证据的反驳。这些哲学命题本就争论不休，再面对大量的经验反驳，习惯于思辨的哲学家不得不重新审视自己的观点及其论证过程。"为何会出现如此差异？""问题出在什么地方？""如何改进？"如此等等。这样一来，问题的探讨便进一步深入了。

---

① Knobe, J. & Nichols, S., *Experimental Philosophy*, New York：Oxford University Press, 2008, pp. 4-10.

② Knobe, J. & Nichols, S., *Experimental Philosophy*, New York：Oxford University Press, 2008, pp. 4-10.

第三节　批判与反驳

实验哲学将社会科学、认知神经科学等领域的方法手段应用在哲学领域的做法遭到了很多主流哲学家的质疑与批判。

观点1："实验哲学"是一种矛盾的修饰法。他们批评道，如果你在做实验，你就不是在做哲学，而是在做心理学或者一些其他科学活动。致力于实施实验、搜集数据以及统计分析等工作是科学家的专属而不是哲学家的必选科目。

观点2：哲学问题的探讨是哲学家的"专利"。哲学研究应该是受过专业训练、有着良好哲学素养的哲学家或哲学研究者的专项工作，哲学理论的建构与哲学观点的得出是经过哲学家缜密的哲学思维和理性推理而来的，纵使在哲学直觉的使用上，哲学家专家式的直觉洞见也是普通大众的直觉无法比拟的。

面对上述批评，笔者做出澄清和回应。

回应1：面对观点1的质疑，需要说明的是，实验哲学有两类活动，一是设计、实施实验，二是哲学分析论证。实验的设计是为了解决哲学中的争论，实验哲学家设计、实施、完成实验后，他们的工作并没有结束。他们还必须把实证的结果注入哲学争论领域，分析、论证、反思实证研究中揭示出来的东西——这一部分确实需要哲学。"按照通常意义而言，也许这不是哲学，尽管如此，它依然还是哲学。"[①] 实验方法的引入

---

① Beebe, J. R., "Experimental Epistemology", in Cullison, A. (ed.), *The Continuum Companion to Epistemology*, New York: Continuum, 2012, pp. 1-13.

是为了更好地继续探讨哲学，而非仅仅实施实验。

回应 2：面对观点 2 的责难，实验哲学家无须进行理论辩驳，他们采取的方式是继续做实验，将所谓的哲学家专家式的哲学直觉与普通大众的哲学直觉进行实证比照，最后"让事实说话"。譬如，已有实验结果发现，在面对道德困境等实验情境时，道德哲学家或者伦理学家的直觉判断同样存在着严重分歧，与普通大众的直觉相比，专家式直觉并不高明多少，甚至更加糟糕。实证研究的结果似乎说明哲学家直觉与普通大众直觉相比，在面对一些人类共通的哲学问题时并不存在多大的优势，二者可以在一个平台上进行比较研究。①

概言之，作为一种新的方法论运动，实验哲学家声称他们只是给"哲学工具箱"里增添一套"新工具"；实验方法，只是在哲学家进行哲学实践的过程中起到助探性作用。实验哲学的目的依然是更好地探讨、解决哲学问题，并不打算取代哲学。当然，或许"工具"还不够锋利，或者"工具"的使用还略显蹩脚，达到的效果还不尽如人意，屡遭非议也在所难免。然而，作为一种方法论变革，在学科融合日趋紧密的今天，实验哲学保持开放的姿态，不断完善在手的方法手段，并继续吸取其他学科成熟的研究方法来拓展哲学研究路径，其发展前景还是可以期待的。

---

① 参见 Machery, E., "Expertise and Intuitions About Reference", *Theoria: Revista de Teoria, Historia y Fundamentos de la Ciencia*, Vol. 27, No. 1 (2012), pp. 37-54。

第二章

专家直觉与大众直觉之辨

上一章已经谈及了哲学家直觉与大众直觉的优劣问题，本章将进一步对此问题进行深入探讨。如著名哲学家赫尔曼·卡佩伦(Herman Cappelen)所言，在当代分析哲学领域中，直觉拥有一种基础性的证据地位：哲学家相当普遍地把直觉当作哲学理论的证据——尽管他们并没有这样普遍公开承认。[1]"诉诸直觉"的认知方式被广泛地当作衡量理论、信念与知识之间一致性的途径。[2] 随着实验哲学的兴起，越来越多的哲学家改变了坐在"扶手椅"上援引直觉的研究方式，转而借助科学化的研究方式，对一些传统哲学命题或理论进行了实验研究。通过收集被试在哲学实验中"被激发的答案"(prompted answers)以及对人们的直觉判断进行大样本分析，实验哲学家对以往许

---

① 参见 Cappelen, H., *Philosophy Without Intuitions*, Oxford：Oxford University Press, 2012, p. 77。

② 参见 Kuntz, J. R. & Kuntz, J. R. C., "Surveying Philosophers About Philosophical Intuition", *Review Philosophical Psychology*, Vol. 2, No. 4 (2011), pp. 643-665。

多哲学命题进行了验证或反驳，取得了丰硕的成果。[①]

　　实验哲学的调查样本，大部分取自非哲学专业人群，是对大众直觉哲学回应的数据采集。[②] 柯克·路德维格（Kirk Ludwig）、蒂莫西·威廉森和史蒂文·黑尔斯（Steven Hales）等一些哲学家对此持否定态度，提出：未经哲学专业知识学习的普通大众在思想实验中的直觉判断不具备足够的效度和信度；[③] 相比大众直觉，哲学家自身的直觉，即"专家直觉"显然更为可靠，其在思想实验中的发挥也应当更具有稳定性，关于哲学的研究应当主要依靠哲学家直觉的判断。

　　对于此类质疑，韦斯利·布克沃尔特、乔纳森·温伯格以及爱德华·麦锡瑞等实验哲学家认为柯克·路德维格等人提出的"专家辩护"（expertise defense）观点，是将哲学与其他学科的专家直觉进行横向类比，但哲学有其学科特殊性，不应当直接否定大众直觉具有的证据性价值，专家直觉在思想实验中的可靠性应当通过实验方法予以验证和测量。

第一节　大众直觉的检测与依据

一、对哲学观点的实验检验

　　乔舒亚·诺布、肖恩·尼科尔斯等指出，哲学家们在对哲学的命

[①] 参见 Bengson, J., "Experimental Attacks on Intuitions and Answers", *Philosophy and Phenomenological Research*, Vol. 86, No. 3（2013），pp. 495–532。

[②] 参见张学义：《实验哲学：一场新的哲学变革》，《哲学动态》2011 年第 11 期。

[③] 参见 Sinnott-Armstrong, W., "Framing Moral Intuition", in Sinnott-Armstrong, W.（ed.），*Moral Psychology*（Vol. 2），*The Cognitive Science of Morality: Intuition and Diversity*, Cambridge, MA: MIT Press, 2008, pp. 47–76。

题或假设做出直觉判断时很容易高估自身直觉的代表性抑或过高地估计哲学家个人与大众的相似度，甚至会将这种思维习惯化，也忽视了哲学家所在的这个学术团体是由着相似教育背景和研究兴趣的人所构成的，① 换言之，这一群体本身具有一定的单一性，可能并不能就一些直觉性哲学命题做出具有普遍性和代表性的断言。尽管哲学家们有时也会基于对大众直觉的厘清和反思提出自身的观点和理论，但囿于所参考的大众直觉样本，哲学家可能因少量样本的非客观性，陷入某种实在论的困境，认为存在一种普遍的、客观实在的道德价值和道德真理，而忽略道德认知和判断中的某些分殊性。实验哲学家以思想实验为途径，收集大众对思想实验的判断直觉，以统计分析等科学方法对其进行量化研究，能够在一定程度上对以往诉诸哲学家直觉的哲学命题进行较为客观的验证、拓展与补充。这一研究路径目前业已取得了一些有价值的成果，如在"哥德尔案例""决定论世界案例"中，得到了很多与以往观念相反的论断。

（一）语义学直觉的非普遍一致性

在语言哲学的指称争论中，克里普克曾构造出一个思想实验，即"哥德尔案例"②：

假设哥德尔盗用并发表了自己的好友施密特发现算术不完全定理的手稿，人们因而误认为哥德尔才是这条定理的发现者。尽

---

① 参见 Knobe, J. & Nichols, S. (eds.), *Experimental Philosophy*, New York：Oxford University Press, 2008, p. 40。
② 参见索尔·克里普克：《命名与必然性》，梅文译，上海译文出版社 2005 年版，第 66—68 页。

管它的实际发现者是施密特，但该定理被不知真相的大众称作哥德尔定理。那么问题是，当后人说起哥德尔定理时，他们实质上指的是施密特还是哥德尔？

不同思想流派对此的回答各有不同，在克里普克的"因果—历史"语言链条当中，专有名称的指称与其历史传递链条相关，虽然施密特是定理真正的发现人，但人们说起"哥德尔"时，这一摹状词仍指代真正的"哥德尔"。与克里普克相反，描述主义语言学认为，在上文的思想实验中，人们提到"哥德尔"时实际指代的是定理的真正发现者"施密特"。

实验哲学对这一指称直觉摹状词的争议进行了问卷调查检验，发现普通大众在语义直觉方面并不具有克里普克等人预设的一致性，人们对于专名的指称直觉在东西方文化背景下甚至表现出截然相反的特征：东方文化背景下的被试更认同描述主义的指称假说，而西方文化背景下的被试则对因果—历史指称论的认同度更高。[①] 这一差异在统计学层面上具有显著性。关于这部分，第四章实验语言哲学再详细讨论。

（二）决定论与道德责任的相容论倾向

除这一语言直觉方面的例证以外，另一个较为典型的案例则是在"决定论世界"中对决定论与道德责任的相容性假设进行检验。

在主流分析哲学家的一些观点中，人们对于"决定论"和"道

---

① 参见 Machery, E., Mallon, R., Nichols, S. & Stich, S., "Semantics, Cross-Cultural Style", *Cognition*, Vol. 92, No. 3(2004), pp. B1–B12.

德责任"天然地有着不相容的直觉倾向，即人们认为某一道德主体能否担任道德责任与其是否拥有自由意志密切相关，若这一主体处于无自由意志的"被决定"状态（如处于一个强决定论的世界中），则无须承受由其行为所引发的道德责任或荣誉归属。

埃迪·纳米亚斯（Eddy Nahmias）据此设置了一个"决定论世界"的思想实验。在一个强决定论的世界中，可以借助类似"拉普拉斯妖"（Démon de Laplace）的超级电脑推演出世界上一切人和事物的发展轨迹，该电脑在一个名叫保罗的人出生前，便能够推演出他会在未来的某一天抢劫某地的银行，事实上，保罗也确实在长大后的某天抢劫了该银行，与电脑推演的时间地点分毫不差。那么，保罗是否对抢劫银行负有责任以及他是否应该受到道德谴责？

在实验伦理学调查中，83%的人认为保罗对其行为负有责任且应该受到道德谴责，即大众直觉性地认为，决定论与道德责任具有相容性；这一结果与传统哲学家的直觉判断呈现出显著的差异。①

由以上案例可以发现，传统哲学中的某些结论并不具有想象中的可靠性，而实验哲学的路径有助于研究者们重新思索和验证这些在过往被视为"理所应当"的问题，并对其进行更好的论证和反思。

二、大众直觉效度的数理依据

大众直觉作为实验哲学的关键点，它的信度与效度一直受到研究者们的广泛关注，其是否具有证据性价值也是争论的焦点之一。

---

① 参见 Nichols, S. & Knobe, J., "Moral Responsibility and Determinism: The Cognitive Science of Folk Intuitions", *Noûs* 41 (2007), pp. 663–685。

阿利文·戈德曼等哲学家认为大众直觉作为直觉验证的论据是可靠的，并提出哪怕大众直觉的判断并没有极高的准确度，哪怕他们的正确率只略高于50%，大众直觉数据总体的准确率依然远高于单个主体做出判断时的准确率。[①] 这一论断的理据来源于孔多塞侯爵（Marquis de Condorcet）18世纪时提出的"陪审团定理"（Jury Theorem）[②]：

$$P_N = \sum_{i=m}^{N} \frac{N!}{(N-i)! \ i!} p^i (1-p)^{N-i}$$

其中 N 为陪审团员数量，p 为陪审团员所做判断的正确率，m 为做出其中一种判断的人数。当群体成员判断正确的概率大于一半（$p >$ 0.5），做出正确判断的人数大于总体人数的一半（$m > N/2$）时，随着团体规模的增加，陪审团判断的正确率会无限趋近1。由公式可以看出，即使大众直觉只有中等的准确度（如60%），只要他们是在各自独立的情况下做出直觉判断的，大众直觉的总体正确率仍远高于个体平均正确率。该公式其实也是"少数服从多数"合理性的一个证据。

陪审团理论论证了大众直觉的证据价值。但不难发现，当 $p <$ 0.5，$m < N/2$ 时，作为整体的"陪审团"正确率无法保证。这一局限使问题的关键回到了大众直觉的准确性能否保持在 $m > N/2$ 的水平线上。这引出了哲学家们对大众直觉与专家直觉评估的关键分歧，即实验哲学观点默认大众直觉准确性在水平线之上，而反对者则认为普通大众未受过专业哲学训练，其直觉的准确性堪忧，哲学研究应当主要

① 参见 Goldman, A., "The Evidential Status of Philosophical Intuitions: Is There a Role for Cognitive Science", *Journal of Xiamen University* 5 (2014), pp. 1-6。

② 参见 Condorcet, Marie-Jean-Antoine-Nicolas de Caritat, *Essai sur L'application de L'analyse à la Probabilité des Decisions Rendues à la Pluraltté des Voix*, Paris: Imprimerie Royale, NABU PR, 2010, pp. xxviii-xxx。

依靠哲学家直觉。①

第二节　从"专家直觉"到"哲学家直觉"

一、专家直觉的判断机制

对专家直觉的研究最早并不是出自哲学领域，而是由科学领域中对科学专家直觉优越性的探索发展而来。

专家直觉以及"专家辩护"源于对棋类竞技的研究。早在 1946 年，科学家阿德里安·德赫罗特（Adriaan de Groot）发现一流棋手可以在几秒之内凭直觉找到棋局中的关键手，国际象棋世界冠军 5 秒内做出的直觉判断，远优于一个普通爱好者 15 分钟的苦思冥想。德赫罗特认为，这表明在行棋的直觉判断方面，象棋大师的专家直觉显著优于业余爱好者的大众直觉。② 除棋类竞技外，对物理以及经济学等范畴中直觉因素的优势研究也普遍验证了专家的直觉优于非专业人士这一观点。③

赫伯特·西蒙（Herbert Simon）在此基础上对专家直觉的发生机制

---

① 参见 Ludwig, K., "The Epistemology of Thought Experiments: First Person Versus Third Person Approaches", *Midwest Studies in Philosophy*, Vol. 31, No. 1 (2007), pp. 128 - 159。

② 参见 Chassy, P. & Gobet, F., "A Hypothesis About the Biological Basis of Expert Intuition", *Review of General Psychology*, Vol. 15, No. 3 (2011), pp. 198-212。

③ 参见 Larkin, J. H., McDermott, J., Simon, D. P. & Simon, H. A., "Expert and Novice Performance in Solving Physics Problems", *Science* 208 (1980), pp. 1335-1342; Prietula, M. J. & Simon, H. A., "The Experts in Your Midst", *Harvard Business Review* 1 (1989), pp. 120-124。

进行了分析和研究，提出专家直觉的优越性在于其范式辨别机制，专家直觉含有大量的感知范式，这些范式由相互关联的一系列组块元素建构而成，如在医学领域当中，组块是由专业人员所知的一系列病例症状解释组成的知识系统，组块的存在使专家可以做出超越常人水平的精准判断。①

休伯特·德赖弗斯（Hubert Dreyfus）不赞同赫伯特·西蒙对专家直觉的"组块"式机械主义解释。② 他认为人们对直觉的应用是随着技能熟练度而逐渐增加的，具有一种现象层面上的阶段特征，由入门到成为专家通常需经历以下几个阶段：新手期、初学期、熟练阶段、精通阶段以及专家阶段。主体在"精通阶段"会逐渐出现类似于专家直觉的直觉能力，但通常要到"专家阶段"时，直觉才能发挥出较稳定的功用。③

费尔南·戈贝（Fernand Gobet）和菲利普·沙西（Philippe Chassy）则认为，直觉是在没有明确觉知的条件下对所遇到的事件和问题的迅速解读和判断，专家直觉源于长时间的学习，由主体本身的认知、知识以及相关情绪的系统性组合，反映了连接无知觉与高层次知觉认知网络的紧密度和可塑性。④ 他们吸收了休伯特·德赖弗斯的直觉整体观和赫伯特·西蒙的组块观点，并在此基础上提出了专家直觉的

① 参见 Gobet, F., Lane, P. C. R., Croker, S., Cheng, P. C. H., Jones, G., Oliver, I. & Pine, J. M., "Chunking Mechanisms in Human Learning", *Trends in Cognitive Sciences* 5 (2001), pp. 236-243。

② 参见 Dreyfus, H. L. & Dreyfus, S. E., "Expertise in Real World Contexts", *Organization Studies* 26 (2005), pp. 779-792。

③ 参见 Dreyfus, H. L. & Dreyfus, S. E., *Mind over Machine: The Power of Human Intuition and Expertise in the Era of the Computer*, New York: Free Press, 1988。

④ 参见 Gobet, F. & Chassy, P., "Two Theories of Expert Intuition in Nursing: A Discussion Paper", *International Journal of Nursing Studies* 45 (2008), pp. 129-139。

"模板理论"（Template Theory of Expertise）。"模板"指专家在学习和训练中由诸多组块建构起来的系统性认知组合，这一概念在心理学中也被称为"图式"（schemata）。戈贝和沙西认为尽管专家与新手有着相同的认知局限（如短时记忆、注意力范围等），但模板的存在使得专家可以更迅速地将新组块粘连（glue）起来，成为与记忆关联的一部分，并使专家直觉拥有更高的准确性。①

二、哲学家直觉的辩护

专家直觉在很多学科领域中都表现出不同于大众直觉的优越性，那么这一优越性是否适用于哲学领域？一些认同"专家辩护"的哲学家提出，从学科类比的角度看，哲学家的专家直觉与其他学科专家的专家直觉是可类比的关系，若科学家对于科学问题的直觉判断比非专业的大众更可靠，那么相比普遍大众，哲学家的直觉在思想实验中的优越性也应该是显而易见的。②

此外，蒂莫西·威廉森提出了专家直觉与专业知识之间的正向促进关系，认为思想实验作为哲学中独有的研究范式，通常涉及诸多哲学专业相关概念，因而哲学家在思想实验中的反应显然应该优于普遍大众。同时，大众在思想实验中的直觉判断也常会受到自身的内在因素以及外部因素的渗透，而哲学家则可以依靠自身的专家直觉减弱这

---

① 参见 Chassy, P. & Gobet, F. A., "Hypothesis About the Biological Basis of Expert Intuition", *Review of General Psychology*, Vol. 15, No. 3 (2011), pp. 198–212。

② 参见 Hales, S. D., *Relativism and the Foundations of Philosophy*, Cambridge, MA: MIT Press, 2006, pp. 171–172。

些由诸多复杂因素带来的渗透和干扰。[1]

况且，与普通大众相比，哲学家对于哲学术语和相关理论有着更好的概念图式和系统性了解，[2]因此，面对哲学实验时，专家们可以更为轻松地厘清实验中涉及的问题的理论来源和相关知识，能够更迅速且精准地确定解决问题的方法。同时，哲学家的专业背景也使得他们能够援引相关领域的概念和理论，回溯现有的研究，为思想实验的问题找寻可能的解决之道，这也是非专业人士无法做到的。

三、实验哲学的反驳

针对哲学家直觉具有优越性的观点，实验哲学家们大多持反对态度，提出虽然哲学家是哲学领域的专家，但这一前提并不等同于哲学家在运用直觉方面也是专家。首先，面对哲学实验，哲学家的概念图式并不等同于其直觉在判断时有着一贯的精准性和稳固性，因为丰富的哲学知识是不能直接化简为直觉的。其次，更重要的是，哲学家在思想实验中的判断仍然无法完全摆脱自身内在因素和外在环境因素的影响。[3]为了验证这一观点，实验哲学家们尝试通过实施实验对比哲学家直觉与大众直觉，以检验两者的稳定性与可靠性。

---

[1]　参见 Williamson, T., "Philosophical Expertise and the Burden of Proof", *Metaphilosophy*, Vol. 42, No. 3 (2011), pp. 215-229。

[2]　参见 Weinberg, J., Gonnerman, C., Buckner, C. & Alexander, J., "Are Philosophers Expert Intuiters?", *Philosophical Psychology* 23 (2010), pp. 331-355。

[3]　参见 Weinberg, J., Gonnerman, C., Buckner, C. & Alexander, J., "Are Philosophers Expert Intuiters?", *Philosophical Psychology* 23 (2010), pp. 331-355。

（一）哲学家直觉的非一致性

在以往的思想实验中，语言哲学方面的命题通常会涉及摹状词、语词指称以及赋值等概念，是非专业群体直觉判断的准确性最易令人产生疑问的领域之一。在语言哲学的领域，哲学家直觉与非哲学家直觉的准确性与"直觉的中央过程概念"相关，即直觉由人自身的信念（beliefs）建构而成，直觉的使用受到信念真实性的影响。[①] 因此，哲学家与非专业人士依靠自身的直觉判断"哥德尔案例"当中的摹状词问题时，他们本身具有的相关信念将直接影响他们对这一问题的直觉判别。

实验哲学家爱德华·麦锡瑞 2012 年在"哥德尔案例"的基础上改造性地设计出"祖冲之案例"，对专家和非专家的语言指称直觉进行了检验，试图阐明哲学家们的直觉并不具备想象中的稳定性：

> 高中生埃薇在她的地理课上学到祖冲之是中国最先测出夏至和冬至日期的人。这同时也是她对于祖冲之这个人物掌握的唯一知识。假设祖冲之并非真正发现夏至和冬至日期的人，而是盗用了某个已经去世的同行的科学发现。没有人知道祖冲之盗用了这一发现，祖冲之也因此被当作一位伟大的地理学家。

阅读这一材料之后，你认为当埃薇说出"祖冲之"这个词时，她实质上指的人是：

---

① 参见 Machery, E., "Expertise and Intuitions About Reference", *Theoria: Revista de Teoria, Historia y Fundamentos de la Ciencia*, Vol. 27, No. 1（2012）, pp. 37–54。

（1）盗用了别人的研究成果，因而被大家误认为发现了夏至和冬至日期的祖冲之。

（2）埃薇不知道姓名的真正发现了夏至和冬至时间的人。

在组间对比中，哲学家组与非专业人士组对摹状词指称的直觉判断较为近似，有超过 65% 的人（被试均来自西方国家）倾向于"因果—历史指称论"（见图2-1）。[①]

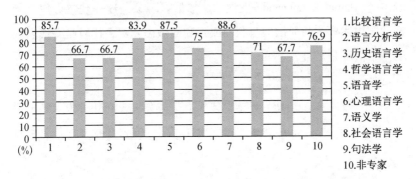

图2-1 哲学家组与非专业人士组的指称直觉对比

同时，专业与语言学相关但研究方向略有差异的语言哲学家之间表现出了对思想实验各具差异的专家直觉，且这一哲学家组内差异远大于其与非专业人士组的组间差异，哲学家具有的专业知识并未提高他们在直觉方面的精准性与稳固性，相反，其直觉倾向表现出了更大的不稳定性。

---

① 参见 Machery, E., "Expertise and Intuitions About Reference", *Theoria: Revista de Teoria, Historia y Fundamentos de da Ciencia*, Vol. 27, No. 1 (2012), pp. 37–54。

(二)"框架效应"对专家直觉的影响

自乔纳森·海特(Jonathan Haidt)在道德判断的实验研究中加入对"框架效应"的考察之后,[①]哲学家逐渐开始关注"框架效应"在道德判断情境实验中造成的影响。

"框架效应"是阿莫斯·特维尔斯基(Amos Tversky)与丹尼尔·卡内曼(Daniel Kahnehman)发现的认知偏差现象,这一现象会使人依据问题描述模式凸显出的有利面或不利面做出判断,比较具有代表性的一个例证是"亚洲病实验"[②]:

假定现在发现某种棘手的亚洲疾病会使得600名感染这一病症的人死亡。这种病症有两种治疗计划。对两种计划的疗效预估如下:

情境一:

若使用A计划,能够保证200名亚洲病患者生还。

若使用B计划,有33%的概率保证600名亚洲病患者生还,但有67%的概率会导致患者全部死亡。

情境二:

若使用C计划,将会导致400名亚洲病患者死去。

若使用D计划,有33%的概率无人死去,但有67%的概率使600名患者死去。

---

① 参见 Haidt, J. & Baron, J., "Social Roles and the Moral Judgement of Acts and Omissions", *European Journal of Social Psychology* 26 (1996), pp. 201-218。

② 参见 Tversky, A. & Kahneman, D., "The Framing of Decisions and the Psychology of Choice", *Science*, Vol. 211, No. 4481 (1981), pp. 453-458。

尽管两个情景所表述的内容和数据在实质上是相同的，但在情境一中有 72% 的人表示自己赞同 A 计划，在情境二中却有 78% 的人表示自己赞同 D 计划。这一差异表明情境的表述方法使参与者的认知参照点产生了变化，并引发了截然相反的选择倾向。

沃尔特·辛诺特-阿姆斯特朗（Walter Sinnott-Armstrong）将框架效应的检验加入到道德两难情境实验当中，发现这一效应对人们的道德直觉也产生了影响。[①] 在框架效应实验中，当电车困境的表述关键词为"救人"时，被试更愿意扳动铁轨上的道岔，以岔道上 1 名工人死亡的代价，换取主轨道上 5 名工人的生还，然而若电车困境表述的关键词变成"招致死亡"时，被试更倾向于不扳动道岔。此外，属于框架效应大类的"顺序效应"也常会对实验的数据结果产生影响，若被试在阅读顺序上，先对天桥困境进行判断，再对电车难题进行判断，则更倾向于做出功利主义式（舍少救多）选择。[②]

之后，实验哲学家爱德华·麦锡瑞和费伊瑞·库什曼（Fiery Cushman）通过框架效应再次对哲学家直觉的可靠性进行了检验。对比一个哲学专业组（哲学专业的硕士和博士）以及两个业余组（其他专业的硕博学生与非硕博人士）在思想实验中的判断倾向，顺序效应对两组被试在电车难题的道德认知倾向上产生了类似的影响（见图 2-2）。[③]

---

① 参见 Sinnott-Armstrong, W., "Framing Moral Intuitions", in W. Sinnott-Armstrong (ed.), *Moral Psychology* (Vol. 2), *The Cognitive Science of Morality: Intuition and Diversity*, Cambridge, MA: MIT Press, 2008, p. 53。

② 参见 Petrinovich, L. & O'Neill, P., "Influence of Wording and Framing Effects on Moral Intuitions", *Ethology and Sociobiology* 17 (1996), pp. 145−171。

③ 参见 Schwitzgebel, E. & Cushman, F., "Expertise in Moral Reasoning? Order Effects on Moral Judgment in Professional Philosophers and Nonphilosophers", *Mind & Language*, Vol. 27, No. 2 (2012), pp. 135−153。

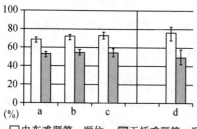

a：获得硕博学位的非哲学专业人士
b：非硕博的非哲学专业人士
c：获得硕博学位的哲学专业人士
d：c组中获得硕博学位的伦理学专业人士

□ 电车难题第一顺位　■ 天桥难题第一顺位

图 2-2　哲学专业组与非哲学专业组电车难题框架效应直觉判断对比

实验中哲学专业组的被试受到顺序效应的影响，尽管稍稍低于业余组，但三组间的数据差别在统计学层面上均不显著。

此外，在涉及"行动者—观察者偏见"的电车难题实验中，哲学家组（美国哲学协会的成员）与非哲学家组（非哲学专业的本科生）均表现出了较大的"行动者—观察者"视角偏差（见图 2-3）。①

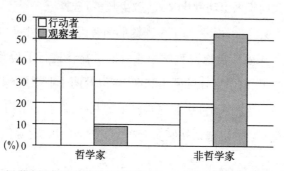

图 2-3　哲学家组与非哲学家组"行动者—观察者偏见"直觉判断对比

① "行动者—观察者偏见"指人们倾向于将自身行为受到的影响归因于外在环境因素，把他人行为受到的影响归因于自身内在特性。行动者和观察者的不同视角常常导致选择被逆转。这一偏见的消失在于两个情景中选择的趋同。参见 Jones, E. & Nisbett, R., *The Actor and the Observer: Divergent Perceptions of the Causes of Behavior*, New York：General Learning Press, 1971, p. 80。

哲学家组的直觉与非哲学家组的直觉在实验中表现出了方向层面的差异。相比非专业人群,哲学家们在直觉方面并未呈现出消除"行动者—观察者偏见"的稳定性,这一实验结果也表明非专业人群的直觉,即大众直觉具有成为实验哲学方法论基础的合法性,也具有成为实然层面客观性证据的可靠性。

第三节　专家直觉的局限

一、区域特定性:专家的直觉边界

专家直觉尽管有其优越性,但也普遍受到"区域特定性"(domain-specific)的影响和限制。[①] 专家的专业范围有其特定的领域边界,当面对的情境超出这一边界时,专家的表现可能不会比新手更优。

哲学是包含了众多流派与研究方向的系统性学科,不同的层级概念间往往有着不同的特定概念领域。哲学家的认知和判断会无可避免地受到自身专业领域边界范围的影响,在思想实验中进行判断时也是如此。

韦斯利·巴克沃尔特提出,根据专家普遍领域模式(domain-general model of expertise),如果伦理学领域的专家在语言学或知识论

---

① 参见 Gobet, F. & Simon, H. A., "Recall of Random and Distorted Chess Positions: Implications for the Theory of Expertise", *Memory & Cognition*, Vol. 24, No. 4 (1996), pp. 493–503。

领域中的表现与该领域的专家在同一水平线上，这将是令人惊讶的。[1] 即便同样被称为哲学家，他们在超出自身的特定研究范畴之外时，也并不会有期待中的优异而稳定的直觉判断水平。

此外，爱德华·麦锡瑞发现即便在专业领域之内，也存在一个专业能力的"适度领域"（proper domain），哲学家在自身专业领域内的可靠性依然要视"域"而定。例如，当一个射击能手向一个超出以往射程范围的目标开枪时，他的准确性将变得难以预估。[2] 同时，当思想实验所假设的情况超出人们正常心理能力的范畴时，如专家直觉，特别是哲学家直觉的框架效应研究实验中，专家直觉的可靠性也将是难以预测的。

二、功能固着：专家的直觉定势

专家直觉的可靠性不仅与专业领域的范围局限性相关，其自身具备的敏捷性优势有时也会促使专家们产生"功能固着"（functional fixedness）的认知倾向，从而影响直觉的可靠性。

"功能固着"是卡尔·邓克（Karl Duncker）发现的，指人们对一些事物产生特定的心理定势后，无法应用不同于往常的、非固化的物品使用方式去解决新问题的心理瓶颈。[3] 在最具代表性的火柴盒烛台

---

[1]　参见 Buckwalter, W., "Intuition Fail Philosophical Activity and the Limits of Expert-ise", *Philosophy and Phenomenological Research* 3 (2016), pp. 378-410。

[2]　参见 Machery, E., "Expertise and Intuitions About Reference", *Theoria: Revista de Teoria, Historia y Fundamentos de la Ciencia*, Vol. 27, No. 1 (2012), pp. 37-54。

[3]　参见 Duncker, K., "On Problem Solving", *Psychological Monographs*, Vol. 58, No. 5 (1945), pp. i-113。

实验中，当实验要求被试使用一根蜡烛、一盒图钉以及一盒火柴完成将燃烧的蜡烛固定在教室墙壁上的任务时，被试通常会将图钉盒的功能固化为装图钉的容器，认为它与任务无关，但如果被试打破了这种固化的心理，他们通常很快便能找到完成任务的有效方法（例如，把空图钉盒用图钉固定在房间的墙壁上作为烛台，再把蜡烛放进固定好的图钉盒里）。[①]

相比普通人，专家在自己的专业领域更容易受功能固着效应的干扰。因为专家直觉本身便代表一种在解决本领域问题时采用固定方式的快捷性与直接性，这是专家直觉的优势所在，但这一优势也会使专家们无意识地消除原本存在的多种可能性，从而导致认知偏差并错失关键点，如围棋竞技中，职业棋手更易因为围棋约定俗成的"愚形""俗手"而忽略相关的落子方法，导致错过一些看似是"愚形"和"俗手"的行棋关键手。在语言学领域，如在词语联想实验当中，专家组也比非专家组更易受专业领域知识的干扰，而在一些事后回忆词语的实验情境中，功能固着还会使专家组在复述词语时，由于本身知识造成的词汇联想，产生错误记忆。[②]

在思想实验中，哲学家的直觉也不可避免地受到功能固着这一效应的渗透，因为"哲学家面对思想实验时，并不是单纯地进行评价，他们还在运用'先见'（foreknowledge）做出假设，以便对实验描述的

---

① 参见 Adamson, R. E., "Functional Fixedness as Related to Problem Solving: A Repetition of Three Experiments", *Journal of Experimental Psychology* 44 (1952), pp. 288-291。

② 参见 Castel, A. D., McCabe, D. P., Roediger, H. L. & Heitman, J. L., "The Dark Side of Expertise: Domain-Specific Memory Errors", *Psychological Science*, Vol. 18, No. 1 (2007), pp. 3-5。

情境进行构想和反思"①，而哲学家的先见在道德判断、认识论等哲学实验中都将对其后续直觉判断产生功能固着等方面的定势性影响。

三、光掩效应：专家的直觉壁障

尽管"专家辩护"的理论提出专家直觉可以使哲学家在思想实验中注意到更多被常人忽视的细节，但专家直觉往往也会使专家受到"光掩效应"（glossing effect）的影响。②

"光掩效应"指专家无意识地默认某些情境中的细节与需解决的问题不相干，直觉性地忽略这些细节的行为。这一效应来源于詹姆斯·沃斯（James Voss）1980 年对体育专家和非体育专家的观察与研究。沃斯发现体育专家在观看比赛时通常会直觉性地把外部环境以及选手和观众的某些行为归类为"与赛事无关的辅助行为"（auxiliary and non-game action），从而忽视一些十分明显的细节（如比赛场地旁边的横幅文字等等）。③

亨克·施密特（Henk Schmidt）和亨尼·博斯赫伊曾（Henny Boshuizen）在医学领域中也发现了类似的效应，他们提出这是由医生

---

① Buckwalter, W., "Intuition Fail Philosophical Activity and the Limits of Expertise", *Philosophy and Phenomenological Research* 3（2016）, pp. 378−410.

② 参见 Williamson, T., "Philosophical Expertise and the Burden of Proof", *Metaphilosophy*, Vol. 42, No. 3（2011）, pp. 215−229。

③ 参见 Voss, J. F., Vesonder, G. & Spilich, H., "Text Generation and Recall by High-Knowledge and Low-Knowledge Individuals", *Journal of Verbal Learning and Verbal Behavior* 19（1980）, pp. 651−667。

们在临床经验当中发展出的启发式认知(cognitive heuristic)引发的。[1]

光掩效应在哲学的知识论领域也常会发生作用，如在纯粹主义认识论(epistemological purism)中，提出"真信念(true belief)是否可以被称为知识取决于它是不是真理相关的认识因素"，[2] 因而知识的"正确类型因素"(right sort of factors)提高了信念为真的可能性。但思想实验却揭示出，能够影响知识真实性的很多因素以往是被划分在"错误类型因素"(wrong sort of factors)中的。[3] 这些因素在"认识副作用效应"(epistemic side-effect effect)、"认知与行为分歧"的实验当中均有所呈现。[4] 对于这些早先被认为与知识论不相关的因素，"光掩效应"可能是哲学家们对思想实验进行评估时忽略它们的诱因之一。也即是说，由于光掩效应的存在，哲学家很可能会误将正确的研究关键排除在外。

四、零效领域：专家的直觉盲点

除受到直觉领域边界、功能固着以及光掩效应等方面的影响，直觉的不同来源也会影响其在哲学实验中做出的判断的可靠性。丹尼

---

① 参见 Schmidt, H. G. & Boshuizen, H. P., "On the Origin of Intermediate Effects in Clinical Case Recall", *Memory & Cognition*, Vol. 21, No. 3 (1993), pp. 338–351。

② Fantl, J. & McGrath, M., "On Pragmatic Encroachment in Epistemology", *Philosophy and Phenomenological Research* 75 (2007), pp. 558–589.

③ 参见 Buckwalter, W., "Non-Traditional Factors in Judgments About Knowledge", *Philosophy Compass*, Vol. 7, No. 4 (2012), pp. 278–289。

④ 参见 Fantl, J. & McGrath, M., *Knowledge in An Uncertain World*, Oxford: Oxford University Press, 2009; Beebe, J. & Jensen, M., "Surprising Connections Between Knowledge and Action: The Robustness of the Epistemic Side-Effect Effect", *Philosophical Psychology*, Vol. 25, No. 5 (2012), pp. 689–715。

尔·卡内曼指出，专家的直觉实际上源自这些专家精熟的专业技能。[①] 因而，在专家技能层面受到的局限也将反映在专家直觉的层面上。

根据"一万小时定律"，培养专家技能的要点在于对技能进行刻意的长时间反复练习。[②] 从神经生理方面而言，专家技能形成总是伴随着特定神经网络的产生，这一通路由主体长时间的刻意练习而来，可以促进信息在神经元中更快速地传导，从而使得专家能够更迅捷地调用所需知识以解决相关问题。此外，刻意练习的一个关键点是这一练习必须包含对练习者的行为或答案正确与否的反馈。反馈可以有效促进技能与技艺的熟练和提高，这也被称为技能学习的"高效领域"，而若在练习者的技能培养过程中不能提供答案正确与否的反馈，这种情况便被称为"零效领域"（environment of zero-validity）。[③]

与其他学科相比，哲学领域的专家虽然可以对专业技能进行长时性练习，但其对答案的反馈却通常只能被归属在零效领域当中，哲学与生俱来的思辨特征，以及能校准直觉的客观参照点的缺乏使得这一领域的专家基本无法借由经验性的实然反馈来检验思维和直觉的正确性。由于专业内部的知识与专家直觉间非线性的因果特征，人们在回答思想实验中的问题或选择对应选项时，通常很难准确回溯自己对相关问题做出判断的直觉的具体来源，因此也不易为自身的直觉提供客

---

① 参见 Kahneman, D. & Klein, G., "Conditions for Intuitive Expertise: A Failure to Disagree", *American Psychologist*, Vol. 64, No. 6 (2009), pp. 515-526。

② 参见 Ericsson, A., Th. Krampe, R. & Tesch-Romer, C., "The Role of Deliberate Practice in the Acquisition of Expert Performance", *Psychological Review*, Vol. 100, No. 3 (1993), pp. 363-406。

③ 参见 Kahneman, D. & Klein, G., "Conditions for Intuitive Expertise: A Failure to Disagree", *American Psychologist*, Vol. 64, No. 6 (2009), pp. 515-526。

观精确的证据或答案以对其进行修正和精进。

零效领域的特征在很大程度上妨碍了哲学家直觉的产生，并因此影响了哲学家直觉在思想实验中的稳固性与可靠性，也使得哲学家与大众的直觉在实验情境中并不存在非常显著的优劣性差异。

第四节 大众直觉的证据性意义

大众直觉作为实验哲学的经验性论据和客观参照点，在一定程度上转变了哲学家在"扶手椅"上依靠自身的直觉并由之进行反思平衡的研究方法，证实了在语言学、道德哲学以及知识论等领域的思想实验中，专家直觉未能达到很多哲学家所期望的稳定性和可靠性。对于这两种直觉，认同"专家辩护"的哲学家主要通过横向类比将哲学与其他学科串联起来，将专家直觉在很多其他学科领域中的优越性和可靠性作为论据，论证专家直觉在哲学领域中的优越性和可靠性。

认为大众直觉有其证据性价值的实验哲学家从不同层面上对此进行了反驳：

首先，专家直觉领域局限性问题，即尽管专家直觉存在明显的优越性，但这些优越性也同时引发了对应的局限性，两者难以分割，互为因果。

其次，专家直觉的不稳定性问题。通过收集专家直觉在哲学实验中的反应，爱德华·麦锡瑞、费伊瑞·库什曼等研究者指出，哲学家的直觉在语言学、知识论以及伦理学领域中并未达到预期的、高于大众直觉的群体稳定性和可靠性。

最后，正如阿利文·戈德曼和麦锡瑞指出的那样，大众直觉在群体上而言与专家直觉的不稳定性类似，可以成为考察哲学直觉的调查对象，同时，若通过增大样本量等方式，大众直觉也可以在统计学层面上取得较高的可靠性和稳定性。[①]

综上所述，尽管实验哲学所采用的大众直觉研究方法仍存在某些争议点，但正如亚里士多德指出的，人们对哲学问题进行探究的起点源于"大家认同的观点"（endoxa），关于哲学论题的大众直觉应答的研测仍可拓宽、扩展哲学探索的边界。[②] 同时，哲学直觉在思想实验中也不是只能发挥单一的客观证据作用，如"沼泽人"等哲学实验的意义更多地在于引发人们关于某个特定哲学概念的思考。总体而言，哲学实验的采用可以在传统"扶手椅"式思考之外，提供一条通过经验层面的证据检验道德判断等哲学命题，以探求哲学真理的"可操作""可测量"的实验之路，这显然是有益的。[③]

[①]　包括笔者研究团队的研究成果在内，已有越来越多的实证证据表明了大众直觉的统计稳定性。

[②]　参见 Machery, E., "Thought Experiments and Philosophical Knowledge", *Metaphilosophy*, Vol. 42, No. 3 (2011), pp. 26-1068。

[③]　参见张学义、隋婷婷：《专家直觉与大众直觉之辨——实验哲学的方法论基础新探》，《哲学动态》2018 年第 8 期。

下　篇

实验哲学的方法应用

第三章

实验知识论

知识论是关于知识构成条件的哲学探讨。在分析哲学语义三角的链条中，它属于"心灵—实在"一支，主要探讨认知主体如何认识世界、获取真知识的问题。在分析哲学的研究领域中，知识论是一个非常重要的领域，也是争论最多、研究成果最为丰富的领域。实验哲学家运用实验方法也加入到这样的争论中，展现出独具特色的研究成果。不过，在阐述实验哲学的研究成果之前，有必要介绍一下分析哲学中有关知识理论的来龙去脉。

第一节 传统知识论及其困境

一、知识定义的构成

"知识论"一词，在英文中是"epistemology"，也可为"theory of knowledge"，也可译为"认识论"。这里译作知识论，是因为在美国当代哲学中，这一概念研究的主要是知识的定义、条件与证成的问题，而不是如同近代哲学那样以研究认识的起源、范围与有效性问题为主。后者译为"认识论"为宜。

此外，当代知识论属于一种"分析的"知识论。这意味着它属于分析哲学的范畴，或者说是在分析哲学背景下的产物，着重分析知识及其"证成"概念的构成与条件，包括对知识的定义进行分析，对证成的内在与外在条件进行分析。这与近代以来对认识过程进行综合把握，借以提取有关认识的普遍法则正好相反。

西方哲学家们传统的观点是，知识就是得到辩护或证成的真信念。这种观点最早是由柏拉图在《美诺》和《泰阿泰德》中提出来的。根据这种观点，将认知主体设定为 S，P 设定为信念，那么，S 知道 P，当且仅当：

（Ⅰ）S 相信 P；（Ⅱ）P 为真；（Ⅲ）S 相信 P 得到了辩护或证成。

从词源学上来看，当我说"我拥有关于某个东西的知识（knowledge）"时，就是在说"我知道（know）这个东西"。那么，什么又是"知道"呢？在分析知识构成的定义之前，我们先来考查"知道"（know）一词的含义。根据《牛津英语词典》，"知道"有如下定义："对事实或者真理的承认、识别、分辨、熟悉、理解或了解。"下面，我们来看看"知道"的几种用法：

（1）"我知道我朋友的性格"；

（2）"我知道如何开汽车"；

（3）"我知道我国的首都是北京"。

以上三个语句中三种"知道"的用法分别对应了三种知识的类型：

语句（1）中的"知道"指涉一种亲知的知识（knowledge by acquaintance）。认知主体 S 知道某人某事 P，P 是句子的直接对象。"我知道我朋友的性格"，即我对这个朋友的性格很了解。这种亲知的知识有着直接的、可知觉的对象，而该对象不是命题式的，因此有时称为对象知识、知觉知识。

语句（2）中的"知道"指涉一种能力知识（competence knowledge）。认知主体 S 知道如何做 M，即 know-how。这种知识是指认知主体具有一种技能、能力，并且可以有意或无意地去执行。类似的句子如"我知道如何使用电脑""他知道如何游泳"等。

语句（3）中的知识是一种命题知识（propositional knowledge）。认知主体 S 知道 P，而 P 是具有真值的，即可真可假。当我说我知道 P 时，就说明我相信 P 是真的。类似的命题如"我知道 1+1＝2""我知道进化论是达尔文提出的"等。[①]

知识论主要讨论的是命题知识。当我说"我拥有关于某事实或命题的知识"时，即我知道该事实或命题，并且主张该事实或命题是真的。

根据以上对知识的定义，可以得出，知识是信念，该信念为真，该真信念是得到辩护或证成的。下面我们来逐个分析构成知识定义的三个条件：

条件 1，信念（belief）。由上述定义可知，信念是知识的一个必要条件，即知识一定是信念。为什么这么说呢？知识若要成为知识，它必须被认知主体所思考，成为认知主体思维的对象或内容。认知主体

---

① 参见路易斯·P. 波伊曼：《知识论导论：我们能知道什么？》，洪汉鼎译，中国人民大学出版社 2008 年版，第 3—12 页。

若要知道某个东西，首先必须让这个东西成为其所思考的内容，成为其相信(believe)的对象。比如，一个水分子是由两个氢原子和一个氧原子构成的，这是一个科学常识。但是这个常识如果从未进入认知主体的思维领域，或是认知主体不相信这一常识，那么，对于该认知主体而言，该科学常识就不是知识。总之，若要使某一事实成为认知主体的知识，首先要使其成为该主体的信念，即要让认知主体相信该事实。这里需要说明的是，知识首先是信念，但是信念未必都是知识——信念是知识的必要条件，没有信念就没有知识，有了信念却不一定有知识，知识只是信念的一种。信念要成为知识，还需具备其他条件。

那么，信念为何物呢？"信念通常为某一特殊的认识主体所持有，是认识主体内在的一种心理状态，或是在自己的思维活动中对某一思维内容的断定。"信念是认知主体私人性、隐匿性、内在性的心理表征，我有何信念，你可能不会知道，同样，你的信念状态，我也很难理解把握。不过，认知主体的信念状态有时可以通过言语或者行动来表达，别人对其信念的把握也常常诉诸该主体的言语或行动，所谓"听其言，观其行"。然而，人的言行并不总是真实反映其内心信念状态，听的言、观的行很有可能误导旁观者的判断。同时，就特殊的认知个体而言，其信念也是容易变化的。譬如，在中世纪的一段时间里，一开始人们信奉托勒密理论，相信地球是宇宙的中心，太阳围绕地球转，后来哥白尼理论问世，人们可能就信奉日心说了，从而认为地心说是错误的知识。因此，人们的信念既是难以把握的，又是易于变化的。要使得信念成为知识，需要"绑定"其他条件。①

---

① 参见胡军：《知识论》，北京大学出版社 2006 年版，第 57—66 页。

条件 2，真(true)。如前所述，知识是信念，但不是所有的信念都是知识，知识指涉的信念必须是真的。那么，何为真呢？这涉及真理问题。哲学史上主要有三种关于真理的理论：真理符合论(correspondence theory of truth)、真理融贯论(coherence theory of truth)和真理实用论(pragmatic theory of truth)。真理符合论大意为命题或语句与证实或者肯定该命题的事实符合，用柏拉图的话说就是"真(语句)陈述事实如其所是"。① 真理依赖于实在世界里的客观之物，表征的命题或语句与之相一致。维特根斯坦所说的"命题是实在的图像。命题是像我们所设想的实在的模式"② 就是这个道理。这基本符合我们的常识直观，我们日常理解的真理观大致如此。真理融贯论是这样一种理论，即如果一个命题或信念是真的，那么该命题或信念就与其命题或信念系统的其他成员相融贯。真理系统是一个内部各个子系统逻辑自洽、相互协调的整体。这里需要注意的是，它把真理看作是一个整体系统，诸部分则不能完全为真，只能是脉络上的真，或者是程度上的真，而人类作为有限的个体，可能永远不能知道全部真理，永远不能把握完全融贯的真理集合，因此，在某种意义上，我们永远无法获得完全为真的信念。真理实用论是说，一个信念若是真的，该信念就是有用的或者适当的。用它的提出者威廉·詹姆斯(William James)的话说就是"真在我们的行为方式中只是权宜的，在几乎任何形式里是权宜的，以及最终和整体过程是权宜的"。③ 可见，真理实

---

① 参见路易斯·P. 波伊曼：《知识论导论：我们能知道什么？》，洪汉鼎译，中国人民大学出版社 2008 年版，第 3—12 页。

② Wittgenstein, L., *Tractatus Logico-Philosophicus*. London：Routledge & Kegan Paul, 1921, 4.01.

③ James, W., *Essays in Pragmatism*, New York：Hafner Publishing Co., 1948, p. 170.

用论诉诸实际效用，指向行动，旨在达到未来的目的，但是它否认任何客观的、独立于实际利益的实在，以至于成为一种相对主义的认知形式。

综上，当代知识论采取的是符合论的真理观或者变种，即命题或语句表述事实为其所是的方式，或者命题或语句的表征以事实为依据，客观存在的事实是判断信念为真的根据所在。虚假的、不存在的或者错以为真的事实是不能产生知识的，因为那些事实所指的对象不存在或者不在认知主体认识的范畴之内，因此不能产生真的信念。

那么，真的信念一定产生知识吗？答案是否定的。譬如，前几日，一位朋友没有任何理由地预测，北京将会有强降雨，而且强度非常大。这位朋友没有看或者听任何天气预报，北京很多年来都没有下过特大暴雨，而且他预测时北京的天气还非常晴朗，结果，没过几日，北京确实遭遇了 60 年来从未有过的特大暴雨，而且受灾严重。强降雨发生后，该朋友没有任何理由的信念变成了事实，那么，他的这个真信念是知识吗？很遗憾，根据知识论的定义，他的这个真信念依然不能称作知识，因为他不能提供任何充足的理由来证明为什么北京会下这么大的雨，而只是很碰巧地猜测到了。又如，在数学考试中，有某位学生大多数题目都不会做，但是他凭借直观毫无任何理由地认为某些题目的答案是对的，结果是他依据猜测做对了大部分的选择题，但是这些答案如何得来，他丝毫不知道。在以上这些案例中，认知主体持有的都是与事实相符的真信念，但是我们都不能说，他们拥有了相关的知识。真的信念要转化为知识，还需要认知主体提供充足的理由来证实为何他持有的信念是真的，这就涉及知识构成的第三个条件——证成。

条件 3，证成（justification）。所谓证成，就是认知主体不仅要拥有与客观事实相符的真信念，还必须提供完全充足的理由来为之辩护，这个时候我们才能说，该认知主体拥有了知识。然而，知识的证成却是一个相当复杂、困难的问题，在知识构成的三个条件中也是争议最多的话题。这里涉及证成的标准与程度、证据的充分性和完全性等。关于证成的理论，一般来说有以下四种。

（1）基础主义证成论（foundation theory of justification）。该理论指出，证成是建立在某种初始前提的基础之上的，是有底的，是不能再进行怀疑和继续追问的。知识是各种真信念的集合，而这个基础就是最为基本的真信念，是不需要诉诸其他信念就能证成的。就如笛卡尔提出"我思故我在"，他试图用理性的眼光怀疑一切，唯独"我思"不能再怀疑，否则就会陷入无法自拔的怀疑主义泥潭，这里的"我思"就是其哲学论证的基础。因此，基础主义者试图寻求一个牢固的信念根基，从而构建起宏伟的知识大厦。从这里可以看出，基础主义是为了规避知识证成过程中无穷倒退或者循环论证的逻辑困境，其出发点是好的，但是结果却是"成也萧何，败也萧何"，牢固的基础成为其理论的掣肘：它所预设的牢固基础本质上要求作为根基的基本信念不可错误。这种不可错原则如同一个口径极小的漏斗，很少有所谓的基本信念通过这样严苛的漏眼而成为知识大厦的根基。即便如此，它所预设的自明的基本信念仍然不是直接获得的，而是需要理由、需要证实的，这样，该基本信念就变得不再基本了。

（2）融贯证成论（coherence theory of justification）。融贯之内涵与之前真理融贯论中的融贯基本一致，这里用于证实意指真信念系统内诸部分之间须是一种和谐一致关系，个别信念的证实依靠它所融贯的系统整体来实现，或者依据该信念体系中的其他成员来彼此支持。所有的证实都是推论的，而不是直接自明的，因此，不需要所谓的基本信念。融贯论反对基础主义有关基本信念的假设，试图避免基础主义以前提为前提而无休止地回溯论证。但是，融贯论自身也有其困难。譬如，在无数和谐一致的信念系统中，彼此相互融贯、相互支持，那么，认知主体如何判断系统内部哪个信念更接近真理呢？另外，如果要在两个都融贯的信念系统之间做出取舍，认知主体又该选择相信哪个系统呢，亦即系统之间的选择如何得到证实？

（3）内在主义证成论（internalist theory of justification）。内在主义强调，认知主体对于自己的真信念必须具有证成该信念的理由，即有能力把握、接受这些理由，如通过内省或反思，认知主体不仅能够直接发现所相信的东西，也能认识到为什么相信它。[①] 除了可把握性（accessibility）之外，内在主义还主张认知主体对待知识真理的追求应该具有负责任性（responsibility），即形成一种追求知识的内在机制：最大化地增加真信念的数量，同时使得假信念最小化，并且对持有的真信念有证实的能力，如基础论的自明性、不可错原则一样，但是主观的可把握性"把握"的理由常常是虚假的或者错误的，内在主义也有其难以"把握"的困境。

（4）外在主义证成论（externalist theory of justification）。外在主义既反对基础主义的基本信念，又反对融贯论的信念间的融贯和谐，同时也意在消除内在主义的困境。外在主义所寻求的是信念系统与外在事物或实在之间的某种外在关系，如因果关系等。这种关系的寻得便

---

① 参见徐向东：《怀疑论、知识与辩护》，北京大学出版社2006年版，第318页。

可证成信念为真。

以上种种证成理论，虽各有差异，然并非彼此对立，常常采取的策略是，各取所长，寻求更加适恰的证成理论。[①]

概言之，在哲学史上，不管分歧如何，作为构成知识的定义的三个条件得到广泛的共识，学界取得了相对一致的看法，即认为知识是得到证成或辩护的真信念。

二、盖梯尔反例

这一关于知识的传统看法在 20 世纪 60 年代却受到了美国哲学家埃德蒙·盖梯尔(Edmund Gettier)提出的反例的挑战。1962 年，在韦恩国立大学的咖啡馆里，盖梯尔在和阿尔文·普兰廷加(Alvin Plantinga)喝咖啡，当时他正为可能因发表论文的数量不足而难以获得教职发愁。他试图发表一些针对传统知识论定义的小反例，并认为自己的这项工作只是修修补补的小事情。次年，他就在《分析》杂志上发表了一篇题为《得到辩护的真信念就是知识吗?》的短文，文章不足三页。然而，就是这篇不足三页的小短文，却一石激起了千层浪，从此，知识论领域便不再安宁。

盖梯尔在文章开始就指出，传统知识的定义是有问题的，接着他给出两点看法：

(1) 如果"S 相信 P 并得到了证实"是"S 知道 P"的必要条件，则仍然可能出现这样的情况，即某人相信了得到了证成的某个命

---

① 参见路易斯·P. 波伊曼:《知识论导论：我们能知道什么?》，洪汉鼎译，中国人民大学出版社 2008 年版，第 110—117、148—157 页。

题，但是这个命题却是错误的；

（2）对于任一命题 P，S 相信 P 并得到了证成，并且 P 蕴涵 Q，因此，S 从 P 推演出 Q，并且接受这一演绎的结果 Q，那么，S 相信 Q 也得到了证成。①

以此两点为据，随后他提出了两个反例，用以证明得到证成或辩护的真信念只是知识的必要条件而不是其充分条件。盖梯尔的两个反例如下。

例一，史密斯和琼斯都在申请某一份工作。假设史密斯有理由相信下列命题：

（a）琼斯将得到这份工作并且琼斯的衣服口袋里有 10 枚硬币。

史密斯相信命题（a）的理由可能是：公司经理刚才私下告诉他公司将要雇用琼斯了，而他在十分钟前出于某种原因亲自数过琼斯衣服口袋里的硬币。假定史密斯由于命题（a）正确地推出了下列命题：

（b）将得到这份工作的人的衣服口袋里有 10 枚硬币。

现在进一步假设，最后真正得到这份工作的人其实不是琼斯而是史密斯本人，并且史密斯自己的口袋里恰好也有 10 枚硬币。那么，尽管命题（a）是假的，但史密斯由之推出的命题（b）却是真的。于是对于史密斯来说，

（Ⅰ）（b）为真；

（Ⅱ）史密斯相信（b）；

（Ⅲ）史密斯相信（b）得到了辩护或证成。

但是史密斯知道（b）吗？显然他是不知道的。史密斯相信命题

---

① 参见胡军：《知识论》，北京大学出版社 2006 年版，第 67—69 页。

(b)为真的根据来自琼斯口袋里钱币的数量。以上反例说明，得到证成的真信念并不一定是知识。

例二，假设史密斯有充分的理由相信下列命题：

(c)琼斯有一辆福特牌轿车。

史密斯相信命题(c)的理由可能是：在史密斯的记忆中，琼斯过去很长一段时间里一直开着一辆福特牌轿车，并且琼斯还让史密斯坐过这辆福特牌轿车。假定史密斯还有另一个朋友叫布朗，史密斯已经很多年不知道布朗在何处了。于是再假定，史密斯任意选择了三个地方作为对布朗下落的猜测，并因此由命题(c)推出了下列命题：

(d)或者琼斯有一辆福特牌轿车，或者布朗在波士顿。

(e)或者琼斯有一辆福特牌轿车，或者布朗在巴塞罗那。

(f)或者琼斯有一辆福特牌轿车，或者布朗在布加勒斯特。

由于三个选言命题(d)、(e)、(f)都蕴涵在命题(c)中，所以史密斯有理由相信其中的任意一个，尽管他并不知道布朗身在何处。

现在进一步设想另外两个偶然的事实成立：第一，琼斯并没有一辆福特牌轿车，他开的那辆福特牌轿车实际上是租来的；第二，命题(e)提到的地方(巴塞罗那)碰巧是布朗所在的地方，而这仅仅是巧合，史密斯本人并不知道。在这种情况下，尽管史密斯对命题(e)拥有有理由的真信念，即

(Ⅰ)(e)为真；

(Ⅱ)史密斯相信(e)；

(Ⅲ)史密斯有理由相信(e)。

但是史密斯还是不知道(e)。①

这样，综合例一、例二，盖梯尔就得出，证成了的真信念也不是知识。②

盖梯尔提出反例，引发了知识论领域旷日持久的争论。信念在什么条件下才能转化为知识，成为哲学家们热衷解决的疑难，但是这一问题至今仍无定论，仁者见仁，智者见智，众论纷纭，莫衷一是。在盖梯尔之后的哲学史上，有许许多多的哲学家纷纷投身于知识论领域，试图找到一个关于知识的充分而必要的定义，以应对盖梯尔反例，尤其是在知识定义的语义学分析上，使用方法之精细，运用技巧之娴熟，论证证据之充分，常常达到让人叹为观止之境界。然纵使哲学分析的成果颇丰，至今仍未取得突破性进展。下文笔者将结合实际案例，详述不同阵营的相关理论探索。

第二节　多样性的认知直觉

如前文所述，埃德蒙·盖梯尔用两个简单的思想实验，似乎成功地破坏了得到辩护或证实的真信念是知识的哲学分析。在思想实验中，认知主体似乎拥有得到辩护或证成的真信念，但是并未拥有知识。后来的很多知识论哲学家都投身于此，试图解决盖梯尔难题。其中，有针对传统知识论构成的三个条件来增加第四个条件的，有以外在主义、内在主义、语境主义等构造新的案例来探索知识证实的。

---

① 参见陈真：《盖梯尔问题的来龙去脉》，《哲学研究》2005 年第 11 期。
② 参见 Gettier, E., "Is Justified True Belief Knowledge?", *Analysis* 26, pp. 144-146.

在这些构建的思想实验中，有很多基于这样的假定，即由这些思想实验的具体情境引发人们的直觉判断，而这些直觉应该是广泛地被分享、普遍而稳定的——事实上，这些看似共通的直觉应该被任何拥有知识概念和得到辩护信念的人所共有，或者至少应由那些能够正确应用这些概念的那部分人所享有。实际情况是否如此？近年来，实验知识论的一些论著已经对这样的假设进行了测试，实验知识论学者已经收集了面对相关实验情境人们直觉反应的数据，结果是令人吃惊的。

一、基于直觉的判断：盖梯尔检测

根据盖梯尔反例，实验哲学家乔纳森·温伯格、肖恩·尼科尔斯和斯蒂芬·斯蒂克（2001）实施了实验调查。[①]

从实验结果看，实验哲学家似乎反驳了盖梯尔的结论，至少质疑了其理论的合理性。然而，哲学实验本身是否会受到实验之外的因素影响，譬如描述实验的语言？实验哲学家用什么样的语言呈现实验情境，被试是否能够如同实验设计者所期望的那样理解实验中的情境，乃至一些语词？正如在解释学中所探讨的那样，语言在表述对象的过程中必然会造成损失，会被污染，会与所指之物存在"延异"，那么，处于不同文化背景的普通民众对于实验语词的理解所表现出的差异程度可能更加严重。除此之外，描述语言的适恰性也是影响实验结果的不可忽视的因素，譬如，相同或相似内涵的不同表述、语词的抽

---

① 参见本书第一章，第 24—27 页。

象性与具体性等都可能对实验结果产生影响与干预。关于实验语言的使用问题，笔者将在后文中进一步论述。

　　就盖梯尔问题而言，就出现了类似的实验差异。西蒙·卡伦(Simon Karen，2010)试图重复温伯格等人的盖梯尔案例研究，但是只是在最后问题的选项上稍加修改。卡伦指导被试只选择鲍勃是"知道"还是"不知道"吉尔开着一辆美国汽车，而不是让他们选择"真的知道"和"仅仅相信"的选项。卡伦正确地指出，"真的知道"似乎明显不同于"知道"，也许更类似"带有确定性地知道"。

　　当实验哲学家只提供"知道"和"不知道"两种选项时，西方被试中有42%的人选择了"知道"，这个数据明显地超过了温伯格等人设计的"真的知道"的实验结果。实验哲学家詹姆斯·毕比(James Beebe)认为，卡伦的结论表明，要得出有关被试的知识概念，不应该通过询问他们类似"真的知道"这样的问题，尽管如此，虽然结论出现了偏差，但是这并不破坏人们可能想要得到被试是否"真的知道"的结论，即并不影响"被试并不认为鲍伯真的知道吉尔开着一辆美国汽车"的结论。① 然而，笔者以为，因提供给被试的语词答案不同而导致实验结果出现偏差，便可见这种以语言表征和语词理解为前提的哲学实验的可靠性会受到质疑。

　　在另外一项调查中，克里斯蒂娜·斯塔曼斯(Christina Starmans)和奥里·弗里德曼(Ori Friedman)展现出影响人们直觉的其他因素。他们也通过两个相似的盖梯尔案例检验不同性别的群体之间是否存在直觉差异。结果，在被试的回答中发现了重要的性别差异：有41%和

---

　　① 参见 Beebe, J. R., "Experimental Epistemology", in Cullison, A. (ed.), *The Continuum Companion to Epistemology*, New York：Continuum, pp. 1-13。

36%的男性认为案例中的人物(如鲍伯)拥有知识，71%和75%的女性认为案例中的人物拥有知识。斯塔曼斯和弗里德曼认为，这种差异的产生并不是因为男性比女性更不愿意做知识归因，或者是因为女性比男性更倾向于知识归因。于是他们假设，这种性别差异在某种程度上是由于女性一般比男性更情绪化，更容易采纳别人的观点。[①] 这里，我们可以看到，性别差异对认识论直觉的影响。

实验哲学家认为，分析哲学家针对知识论问题尤其是盖梯尔反例构造的思想实验是基于认知主体的直觉共通性和普遍性。思想实验的过程推进和结果判断不仅仅是哲学家个人性的直觉判定，更是具有广泛意义和哲学普遍性的直觉裁定。在分析哲学中，哲学家常常通过语言和逻辑澄清概念或建构理论，但是他们对于概念的论证习惯诉诸常识或直觉理解，如"通常意义上，人们认为……""直觉上，我们可以理解为……"等等。这似乎表明，哲学家的概念分析是基于人们广泛认可、普遍接受的常识或者直觉。另一些与之竞争的哲学家则通过构建经验事实或假设性经验案例来反驳竞争理论。分析哲学家以上两种惯常做法便给实验哲学家提供了挑战的理由：首先，哲学家的概念分析是基于人们普遍接受、广泛共享的直觉，还是仅仅依靠哲学家坐在书斋里的个人论断？其次，既然用来反驳概念分析理论的事实或假设性案例是经验性的，那么，是否可以通过经验性手段来检测这样的案例所要论证的哲学话题，检验这种哲学话题所依赖的直觉是否具有普遍性、稳定性？

---

① 参见 Starmans, C. & Friedman, O., "Is Knowledge Subjective? A Sex Difference in Adults' Epistemic Intuitions", unpublished manuscript, Poster to be presented at the Biennial Meeting of the Cognitive Development Society, San Antonio, TX, October, 2009。

以上实验哲学家所做的诉诸普通被试直觉的哲学实验结果，却与那些坐在"扶手椅"上的分析哲学家所依赖的、以为是广泛共享的直觉判定结果产生了分歧，对相关的哲学命题构成了质疑和威胁——作为证据的直觉似乎并没有那么可靠，基于直觉判断的哲学论断也就难以站稳脚跟。认识论直觉的多样性和不稳定性甚至指向一个更为激进的结论，即直觉根本不应作为证据在哲学理论化中应用。

不管这样的结论是否过于激进和草率，实验知识论学者至少给人们留下了这样的警示："对粗略案例的反应涵盖了一系列复杂的因素，人们不应该仓促地假设自己最初的反应就是决定性的。"[①] 类似的情况在后续的知识论探讨中依旧存在。

二、可靠主义可靠吗：Truetemp 案例检测

在当代知识论中，为了应对盖梯尔问题，内在主义和外在主义进行了激烈的交锋。前面已经讲过，两者的区别主要在知识辩护或证实方面，对此劳伦斯·邦茹有过恰当的评论，如果"一个辩护理论是内在主义的，当且仅当对一个人的信念来说，它要求所有的因素应是认识上得到辩护的，即这个人对信念的辩护在认知上是可接受的或可把握的，是内在于他的认知视角的；对于外在主义而言，它至少允许一些辩护因素不需要是可接受、可把握的，因此它们是外在于相信者的认知视角、超越他的知识范围的"[②]。

---

① Nagel, J., "Epistemic Intuitions", *Philosophy Compass* 2(2007), pp. 792–819.

② BonJour, L., "Externalism/Internalism", in Dancy, J. & Sosa, E. (eds.), *A Companion to Epistemology*, Oxford：Wiley-Blackwell, 1992, pp. 132–136.

关于外在主义理论，前文已经有所论述，这里再做进一步阐释。总的来说，外在主义的基本观点是，要使得知识的条件得以成立，就要寻得信念与外在实在或者真理之间的某种规律性的外在关系。外在主义的代表阿姆斯特朗在其《信念、真理和知识》一书中，用一种隐喻的方式阐述了其外在主义的证实理论。他首先和基础主义者一样，承认存在基本信念，认知主体拥有的基本信念如同有规律的温度计一样，能够可靠地反映外在世界的变化，而且这种基本信念是非推论的。主体的这种非推论基本信念的可靠性保证了信念得以证实。阿姆斯特朗把非推论证实的知识模式称为"非推论知识的温度计模式"（the thermometer-model of noninferential knowledge）。阿姆斯特朗的隐喻基于外在主义的一个原则：可靠性（reliability）。[①] 由此而产生的可靠主义是外在主义最常见的形式。

所谓"可靠主义"，是试图按照不确定的概率，通过诉诸知识主体认知过程的可靠性来实现知识的辩护：一个信念得到辩护，当且仅当该信念是一个可靠的认知过程的产物。阿利文·戈德曼是这方面的典型代表，他将可靠主义表述为："如果 S 在 t 时对 P 的信念来自一个可靠的认知过程，并且没有另外的可靠的或有条件可靠的认知过程可供 S 采用，除了实际采用的过程外，一旦 S 采用了这一另外的可靠的认知过程，这一过程将导致 S 不相信 P，那么，S 在 t 时对 P 的信念就是得到辩护的。"[②] 可见，可靠的知觉输入就能产生得到辩护的信念。随后的推理产生进一步的信念，这些信念通过有条件的、可靠

① 参见 Armstrong, D. M., *Belief, Truth and Knowledge*, London：Cambridge University Press, 1973, p. 179。

② 转引自约翰·波洛克、乔·克拉兹：《当代知识论》，陈真译，复旦大学出版社 2008 年版，第 140 页。

的认知过程产生，因此是得到辩护的，而这些认知过程又是以已经得到辩护的信念为基础的。一个信念的被辩护性不仅依赖于该信念的产生过程，还依赖于这样的过程在现实世界中是否可靠。

针对外在主义的可靠主义原则，内在主义也发起了攻击。基思·莱勒(Keith Lehrer，1990)根据阿姆斯特朗的隐喻构造了一个 Truetemp (字面意义为"准确的温度")先生的思想实验，抨击了可靠主义的不可靠：

> 假设有这么一个人，Truetemp 先生，被一位外科医生实施了一次脑外科手术。这位医生将自己发明的小设备——一只精准的温度计，它同时还具有概括思想的计算功能——植入 Truetemp 先生的大脑里，设备的尖端与头皮连接，如同一个传感器，可以将关于温度的信息传递到他头脑中的计算机系统，然后设备可以发出指令，让其思考传感器报告给他的温度信息。假设该设备是可靠的，那么他关于温度的思想就是正确的。这样的信念形成过程就是一种可靠的过程。

Truetemp 案例满足可靠主义者关于知识辩护的信念条件，但凭直觉判定，Truetemp 先生似乎缺乏知识或知识并没有得到辩护。Truetemp 案例中温度计提供的温度是准确的，但是 Truetemp 先生并不知道它反映的温度是正确的，即使它以正确的方式呈现出来，Truetemp 先生只是非反思地接受着这些信息。

对此，实验哲学家温伯格等人同样模仿 Truetemp 先生的故事，构造了一个实验情境：

一天，查尔斯突然被一个落下的石头击倒，他的大脑变得像重装了一样，以致他总是以为他所处地方的温度是绝对正确的。然而，查尔斯完全没有意识到他自己的大脑已经发生了改变。几周后，这个受损的大脑使他相信自己的房间里有71华氏度。除了他的估计，他没有其他理由认为，那是71华氏度。而事实上，当时他的房间里确实是71华氏度。查尔斯是否真的知道房间里是71华氏度，或者他仅仅是相信？

对于类似 Truetemp 先生的情境，几乎所有的知识论者都认为，案例中的主角如查尔斯一样缺乏信念的辩护性，而得到辩护是知识成立的必需条件，因此他们大都认为查尔斯并不拥有知识。在温伯格等人的调查中，西方被试中，有68%的人认为查尔斯仅仅是相信而没有知识。然而，东亚血统的被试中这一比例却更大——88%的被试同意查尔斯没有知识（表3-1、图3-1①）。东西方被试反应的差异在数据统计上是非常明显的，东亚人似乎更倾向于否定案例主角具有知识。

这种不同让人联想到社会心理学家所验证的东西方人在认知过程方面的差异。根据社会心理学家理查德·尼斯比特（Richard Nisbett）、乔纳森·海特等人的研究，来自不同背景的东西方人在基本的认知过程中表现出明显的差异：东方人表现出更具集体主义倾向、追求社群内的整体和谐以及更喜欢结合语境和相互关系综合地来理解事件和对象；西方人更注重个人的独立性、惯于使用分析思维来归因事物属性、根据规则来预测对象的行为等。在认识论直觉上，是否也存在这样的东西方差

---

① 图表引自 Weinberg, J. M., Nichols, S. & Stich, S., "Normativity and Epistemic Intuitions", *Philosophical Topics*, Vol. 29, Nos. 1&2（2001）, pp. 429-460。

异，或者这些不同文化特性是否会影响他们各自的认识论直觉?

刚才的版本似乎过于个人化——查尔斯大脑的变化仅仅是他个人的偶然遭遇。于是，为了验证上述猜测，温伯格等人又建构了具有社群和谐及集体主义倾向版本的 Truetemp 案例，看看在上一个实验中统计上的显著差别会不会消失。以下是带有社区和谐和集体主义倾向的两个版本：

表 3-1　个人化版本的 Truetemp 案例直觉判断

个人化 Truetemp 案例	真的知道	仅仅相信
西方人	32%	68%
东亚人	12%	88%

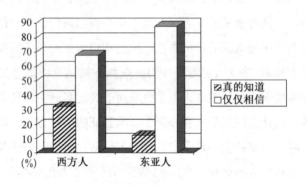

图 3-1　个人化版本的 Truetemp 案例直觉判断

版本 1　一天，约翰突然被一个部落的长者派去的科学家击倒。大脑重新恢复后，他总是以为自己所处地方的温度是绝对正确的。约翰完全没有意识到自己的大脑已经发生了改变。几周后，这个受损的大脑使他相信自己的房间里有 71 华氏度。除了他的估计，他没有其他理由认为那是 71 华氏度。而事实上，当时他的房间里确实是 71 华氏度。约翰是否真的知道房间里是 71 华氏度，或者他仅仅是相信？

版本 2　Faluki[法卢基(音译)]是一个面积广大但联系紧密的部落，位于一个偏远的岛上。一天，这个岛屿被放射性陨石击中，随即一个显著的变化产生了——放射性陨石改变了岛上居民大脑的化学结构，以致他们估计温度的时候，总是以为所处地方的温度是绝对正确的。法卢基部落的人完全没有意识到他们的大脑已经发生了改变。卡尔是这个部落的一分子。陨石击中部落的几周后，当他在海滩上散步时，他的大脑使他相信自己所处的地方温度有 71 华氏度。除了他的估计，他没有其他理由认为温度是 71 华氏度。而事实上，当时卡尔所处地方的温度确实是 71 华氏度。卡尔是否真的知道温度是 71 华氏度，或者他仅仅是相信？

在版本 1 中，部落长者命令对约翰的大脑进行重组，使之失去正常知觉判断能力，即使他所相信的温度与实际上当时的温度相一致，依然不能认为约翰拥有知识。但是与个人化版本不同的是，部落长者一定程度上是整个部落的象征，对约翰大脑的社会处罚式的重组可能是为了整个社群的和谐稳定。版本 2 的特点是，卡尔的遭遇不仅仅是他个人的遭遇，而是和整个社群共同分享了这样的新的感知过程，在他所处的社会环境下，他的个人信念就是整个社群的信念。然而即便如此，作为局外人，我们依然不能判定卡尔拥有知识。

哲学分析如此，实验的结果如何呢？正如预测的一样，实验哲学家发现，在改装的两个版本中，在以部落、社群等集体主义为基础的影响因素下，原本西方人和东亚人之间在统计上显著的差异消失了。

在版本 1 中，75%的东亚人回应称，被长辈惩罚式批准的大脑重组的主角约翰仅仅相信而并不是真的知道，65%的西方人也认为主角仅仅是相信，两者差异不明显。在版本 2 中，东西方人也大都认为案例主角卡尔仅仅是相信而不是真的知道（80%的西方人认为仅仅是相信，68%的东亚人认为仅仅是相信）（如表 3-2、表 3-3 及图 3-2、图 3-3①）。

表 3-2　长者版 Truetemp 案例直觉判断

长者版 Truetemp 案例	真的知道	仅仅相信
西方人	35%	65%
东亚人	25%	75%

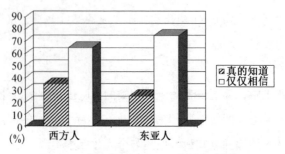

图 3-2　长者版 Truetemp 案例直觉判断

表 3-3　广泛社群版 Truetemp 案例直觉判断

广泛社群版 Truetemp 案例	真的知道	仅仅相信
西方人	20%	80%
东亚人	32%	68%

① 图表引自 Weinberg, J. M., Nichols, S. & Stich, S., "Normativity and Epistemic Intuitions", *Philosophical Topics*, Vol. 29, Nos. 1&2 (2001), pp. 429-460。

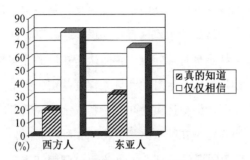

图 3-3　广泛社群版 Truetemp 案例直觉判断

　　在实验知识论关注这些情境之前，知识论哲学家也大都同意，Truetemp 案例中的主角不是真的知道的直觉是正确的，并且这样的直觉也是被普遍分享的。即便是可靠主义的两个捍卫者阿利文·戈德曼和威廉·奥尔斯顿(William Alston)也同意这样的观点，认为 Truetemp 案例对他们的理论构成了一个深刻而严重的挑战。

　　实验哲学家的研究结果似乎也印证了内在主义的观点，人们的认识论直觉也大都认为上述案例主角并不拥有知识，可靠主义不可靠。然而，与内在主义又有不同的是，似乎相当一部分的普通被试看待这些案例的观点是不同的：被试的直觉依然不那么稳定而普遍，易受到多种因素的影响。[①]

三、语境主义反驳：错误的可能性与风险

　　为应对盖梯尔问题，有的哲学家提出其他解决办法，即不依赖增

---

　　① 参见 Knobe, J. & Nichols, S. (eds.), *Experimental Philosophy*, New York：Oxford University Press, 2008, pp. 23-35。

加第四个条件的解决办法。其中，语境主义就是一例。它试图用知识归属句真值的语境敏感性来审视日常知识。它并不想回答知识是什么以及知识辩护的特定理解等问题，转而认为知识的证实与否是相对于特定语境的。知识虽然是绝对的并且无程度差别，但是对于认知主体来说，其信念是否能够被证实为知识，则依赖于说话者以及讨论话题所处的语境；换言之，在某些语境下，S 知道 P，在另一些语境下，S 不知道 P。知识归因者(knowledge attributer)归因知识——所谓知识归因(knowledge attribution)，就是把一个命题知识归于某个认知主体，如 S 知道命题 P，就是把 P 所表征的知识归属于 S——一方面受认知主体自身的知识背景、思维方式、采取的知识标准等主观因素的影响，另一方面受归因对象所处的时间、场所、获取知识的途径等外在因素的影响。譬如，在一些极高的知识标准下，知识归因者似乎很难归因知识属性，而在一些日常语言情境下或者在一些常识意义上，知识归因者可以归因知识，如在上文的盖梯尔案例中，我们有时可以说"鲍伯真的知道吉尔开着一辆美国汽车"，不管鲍伯开的是别克还是庞蒂亚克。

于是，一些语境主义者如基思·德罗斯(Keith DeRose，1992，1995，2005)、斯图尔特·科恩(Stewart Cohen，1988，1999)以及大卫·刘易斯(David Lewis，1996)进一步预测，当一种错误的可能性与风险性在某些语境中充分凸显出来时，知识归因者可能会不能正确地判定知识的归属，即不能正确地认为"S 知道 P"，即使在那些错误的可能性与风险性上升之前，归因者还一直认为"S 知道 P"是正确的。并且，他们还宣称，随着错误的可能性与风险性不断增加，知识归因者原本认为"S 知道 P"是正确的，也有可能因为一旦判定"S

知道 P"发生错误，付出的代价将是高昂的，就改变自己原初的信念，即认为"'S 知道 P'是不正确的"。同样，在一些错误的可能性与风险性较低的语境下，原本不是很明确的知识归属也很容易被归因者判定为拥有知识，即认为"S 知道 P"。

语境主义者的以上假定依然是建立在每个智力正常的人的认识论直觉基础上的。在有些非哲学语境下，一般普通大众将哲学中探讨的难以得到辩护的信念称之为知识，在另外一些语境下，又否认它。无论如何，对于知识属性的判定都基于人们的普遍而共通的认识论直觉。

事实情况是否如上述知识论语境主义者预测的那样，当一种错误的可能性存在或提升时，被试可能会因判定错误将承担较大风险，进而更不愿意归因知识于他人或自身？温伯格、尼科尔斯、斯蒂克等实验哲学家（2001）为此进行了实验设计，给出如下情境：

情境1 很明显，吸烟会增加患癌症的可能性。然而，现在有大量的证据表明，只服用尼古丁而不吸烟(例如，服用尼古丁药丸)不会增加患癌症的可能性。作为一种结果，吉姆知道这样的证据，于是，他相信使用尼古丁不会增加患癌症的可能性。然而，更有可能的是，烟草公司不诚实地制造、宣传这个证据以表明使用尼古丁不会增加患癌症的可能性，并且，证据确实是虚假的、具有误导性的。现在，烟草公司实际上并没有制造证据，但是吉姆没有意识到这个事实。吉姆是否真的知道使用尼古丁不会增加患癌症的可能性，或者他仅仅是相信？

情境2 迈克是一个年轻男子，他带着他的儿子参观动物园。他们来到斑马笼子前，迈克指着动物说："这是一匹斑马。"
迈克是正确的——那是一匹斑马。然而，正如他社区的长者知道
的那样，有很多种方法能够让人们受骗并相信那些并不真实的东
西。事实上，社区的老人们知道，动物管理员伪装骡子，使之看
上去像斑马，而来参观的人并不能够区别出来，这是有可能的。
如果迈克称之为斑马的这个动物当时确实是一个被巧妙粉刷的骡
子，而迈克还依然会认为，这是一匹斑马。那么，迈克是否真的
知道这个动物是一匹斑马，或者他仅仅是相信？

在这两个案例中，尽管读者被告知这两个情节并不是真实的，但
是情节中都凸显了欺骗的可能性。根据上文语境主义者的观点，在知
识论中应该广泛共享的假定是，在这样的案例中所有参加者都应该平
等地不愿意判定案例的主角拥有知识，因为存在着外在的欺骗行为以
致归因者判定知识归属错误的可能性增加了。然而，实验的结果与之
相反，温伯格等人发现，虽然在总体比例上西方人、南亚人大都同意
两起案例中的主角都仅仅是相信而不具有知识，但是南亚血统的被试
相对于西方人似乎并不太愿意否认案例主角拥有知识——癌症阴谋案
例中30%的南亚人、斑马案例中50%的南亚人认为案例主角真的知
道，而西方人的比例是仅仅11%和31%。尽管错误的可能性增加了，
但是南亚血统的被试依然比西方人更倾向于归因知识属性，似乎并不
是所有被试都平等地享有否认知识归因的判定（如表3-4、表3-5及
图3-4、图3-5①）。

　　① 图表引自 Weinberg, J. M., Nichols, S. & Stich, S., "Normativity and Epistemic Intuitions", *Philosophical Topics*, Vol. 29, Nos. 1&2 (2001), pp. 429-460.

表 3-4　癌症阴谋案例的跨文化直觉判断

癌症阴谋案例	真的知道	仅仅相信
西方人	11%	89%
南亚人	30%	70%

表 3-5　动物园斑马案例的跨文化直觉判断

动物园斑马案例	真的知道	仅仅相信
西方人	31%	69%
南亚人	50%	50%

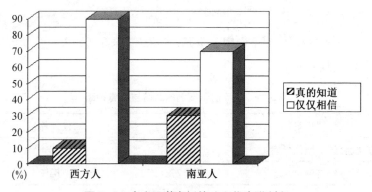

图 3-4　癌症阴谋案例的跨文化直觉判断

以上是不同文化背景的被试对于同一情境的不同认识论直觉，那么在同一文化背景中，不同层次、阶层的人对于同一实验情境是否也有多样的认识论直觉呢？温伯格等人在不同社会经济地位的人群中进行了实验研究，结果发现，不同社会经济地位的被试在判定上述癌症阴谋案例和动物园斑马案例时也表现出不同的反应。社会经济地位高的参与者比社会经济地位低的参与者更倾向于否认案例主角拥有知

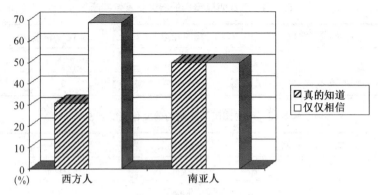

图 3-5　动物园斑马案例的跨文化直觉判断

识。同样的结论是，人们也没有平等地分享语境主义者的认识论直觉——一致否认两起案例中主角拥有知识(如表 3-6、表 3-7 及图 3-6、图 3-7[①])。

表 3-6　癌症阴谋案例的跨阶层直觉判断

癌症阴谋案例	真的知道	仅仅相信
社会经济地位低者	50%	50%
社会经济地位高者	17%	83%

表 3-7　动物园斑马案例的跨阶层直觉判断

动物园斑马案例	真的知道	仅仅相信
社会经济地位低者	33%	67%
社会经济地位高者	12%	88%

韦斯利·巴克沃尔特模仿德罗斯提出的"银行"案例版本，测

---

① 图表引自 Weinberg, J. M., Nichols, S. & Stich, S., "Normativity and Epistemic Intuitions", *Philosophical Topics*, Vol. 29, Nos. 1&2 (2001), pp. 429-460。

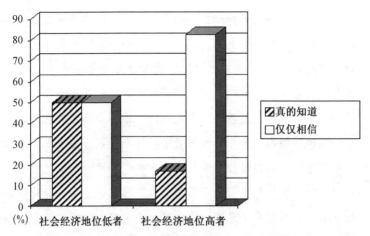

图 3-6 癌症阴谋案例的跨阶层直觉判断

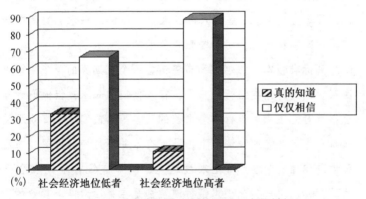

图 3-7 动物园斑马案例的跨阶层直觉判断

试错误的可能性与高风险对知识归因的影响。

　　一般版本　萨尔维和布鲁诺在一个星期五的下午下班开车回家。他们计划在银行停一下，存入他们的薪水，但他们开车经过银行时，注意到银行排着很长的队。虽然他们通常喜欢尽快存入薪水，但是在这种情况下，马上存入并不是特别重要。布鲁诺告诉萨尔维："我上周还来过这儿，我知道银行星期六会开门的。"于是，布鲁诺建议他们开车直接回家，星期六再过来存入他们的薪水。当第二天他们再次来到银行时，银行是正常营业的。

高风险版本　萨尔维和布鲁诺在一个星期五的下午下班开车回家。他们计划在银行停一下，存入他们的薪水，但他们开车经过银行时，注意到银行排着很长的队。布鲁诺签了一笔数额巨大的支票，如果钱在下星期一前不按照规定存入银行的话，这笔钱将不再属于布鲁诺，而归债权人。布鲁诺告诉萨尔维："我上周还来过这儿，我知道银行星期六会开门的。"于是，布鲁诺建议他们开车直接回家，星期六再过来存入他们的薪水。当第二天他们再次来到银行时，银行是正常营业的。

高标准版本　萨尔维和布鲁诺在一个星期五的下午下班开车回家。他们计划在银行停一下，存入他们的薪水，但他们开车经过银行时，注意到银行排着很长的队。虽然他们通常喜欢尽快存入薪水，但是在这种情况下，马上存入并不是特别重要。布鲁诺告诉萨尔维："我上周还来过这儿，我知道银行星期六会开门的。"不过，萨尔维说："银行通常都是在星期六停止营业的，也许明天也不会开门。不过，银行也经常改变他们的营业时间，我记得这个银行曾经就有不同的营业时间。"于是，布鲁诺建议他们开车直接回家，星期六再过来存入他们的薪水。当第二天他们再次来到银行时，银行是正常营业的。

对于布鲁诺来说，在高风险版本中错误的风险性提高了，一旦错误，他将付出惨痛的代价，在高标准版本中，错误的可能性提高了，银行在星期六停止营业的可能非常大，只是没有太大风险。如果语境主义者是正确的，相对于以上两个版本，人们更可能判定一般版本中布鲁诺知道银行将在星期六开门营业。实验哲学家的结果如何呢？

巴克沃尔特发现，在一般版本中，74%的被试同意布鲁诺断定"我知道银行星期六会开门的"是真的，高风险版本中69%的被试、高标准版本中66%的被试认为，布鲁诺的判定是真的。统计分析的结果揭示出，在每个案例中，被试的平均反应都高于50%，即在以上"银行"案例的三个不同版本中，大多数人都同意布鲁诺的知识归因是正确的，而且三个版本中被试的反应没有统计上的显著差异。因此，从巴克沃尔特的研究中，上升的错误可能性和风险性并没有影响被试知识归因的意愿。

还有一些实验哲学家也实施了类似的实验，得出了同样的结论，即无论是上升的错误可能性还是增加的风险性都不能改变大多数人知识归因的判定。[①]

根据语境主义者的观点，知识属性的真值条件取决于归因者承认或者否认知识的那些语境。在这个基础上，一些语境主义者进一步假设：一般语境下，当高错误率、高风险的可能性增加或上升时，人们应该会很难判定或者否认知识的归属；在低错误率、低风险的语境下，人们应该更容易判定知识的归属。然而，事实并非如此，实验哲学家用他们的实验结果证明，高错误率、高风险的语境并没有影响人

---

① 参见 Alexander, J., *Experimental Philosophy*, first published by Polity Press, printed and bound in Great Britain by MPG Books Group Limited, Bodmin, Cornwall, 2012, pp. 25-32。

们对于知识归属的判定。语境主义者的上述假定就遭遇了质疑，甚至在某种程度上，语境主义赖以为据的论断——知识归因依赖于语境，语境的变化影响着知识归因与否，也受到了挑战。

第三节 评论与辩护

一、评述

综上，在知识论领域中，关于知识的定义或者知识要素构成的争论持续不断，盖梯尔反例的提出更是起到助推作用，其后的哲学家纷纷绞尽脑汁，试图想出种种对策或破解之道，但都难以给出令人满意的答案。在众多答案中，外在主义者提出的可靠的认知过程论一度看来可以提供知识辩护的可能，然而，内在主义者随即给出反例，指出认知过程的可靠性并不能保证对知识的辩护。为应对盖梯尔难题以及怀疑主义的诘难，语境主义者试图将标准极高的知识定义与日常语境下的知识加以隔离，进而区分出不同类型的知识，指出在通常语境下，知识的归因受制于归因者知识背景、思维方式等自身因素与归因对象所处的场合、场景、时间等外在因素的综合语境的影响。譬如，一些语境主义者认为：在错误的可能性与风险性提升的语境下，人们应该不愿意归因知识；相应地，在错误率低、风险性小的语境下，人们更具有知识归因的倾向。

以上的种种理论构想诉诸具体的案例情境时，往往依赖哲学家的认识论直觉，并且认为这种认识论直觉是为每一个智力正常人所广泛共享的，是普遍而稳定的。然而，实验哲学家将这些诉诸直觉的案例以实验情境的形式重新呈现给普通大众时，令人吃惊的结果却发生了：来自不同文化背景的普通民众面对盖梯尔反例时，并没有像盖梯尔那样一致判定案例中的主角不是"真的知道"，而是呈现出受制于文化背景、阶层差异等因素的认识论直觉多样性。人们面对内在主义者构造的 Truetemp 案例时，似乎也都呈现出（如同内在主义批判的那样）可靠主义不可靠的结果，但是依然在他们所依赖的直觉上表现出直觉的多样性和多变性。同样，根据语境主义者构造的癌症阴谋案例与动物园斑马案例中，这种直觉多样性依然存在。不过，在这些案例中，更具反驳意义的是语境主义者所设想的论断——在错误的可能性与风险性提升的语境下，人们应该不愿意归因知识；在错误率低、风险性小的语境下，人们更具有知识归因的倾向——并没有呈现，银行案例的实验更加清晰地反驳了这一假设，即在高错误率、高风险语境下，人们知识归因的意愿并没有受到影响。

　　概言之，知识论哲学家常常在其哲学论辩中诉诸直觉，尤其是将各自的理论具体到经验性的案例情境中时，应用直觉判断得出看似理所当然的结论，并且认为这种直觉是每个正常人广泛拥有的，具有稳定而普遍的特性。实验哲学家参与知识论问题的探讨，并不试图正面地直接回答知识是什么以及知识如何得到辩护等形上问题，而是从经验的角度实施实验，获取实证数据，审视人们的认知直觉。实验结果揭示，人们的认知直觉具有多样性、易变性，哲学家所依赖的直觉似乎并不是那么普遍而稳定，那么，哲学家所构建的理论根基自然也就没那么牢靠了。实验哲学家从一种经验的、间接的手段对知识论中的争辩做出了回应，给人一种新的启示，同时也招致了众多的批评。

二、辩护

如前所述，实验哲学在知识论领域的诸多实验对现代知识论中的不同派别的理论构成了挑战，但是也遭到了众多哲学家的反驳与批判。不过，笔者以为这些批判意见并不能对实验哲学构成实质性威胁。

1. 否定直觉的作用。譬如，马克斯·多伊奇(Max Deutsch)就通过质疑实验哲学家设计的模拟盖梯尔的案例以及下文即将提到的哥德尔案例中直觉是否存在，试图对实验哲学进行根本的否定。多伊奇认为，盖梯尔的论证过程并非依靠是不是直觉的，而是依靠这些反例是不是真实的，并且在类似的案例中，哲学的论证没有提及直觉：哲学家并没有说，"直觉上，鲍伯不知道"，而是断然下结论，"鲍伯不知道"。依据多伊奇的观点，在上文模拟盖梯尔的案例中，如果"吉尔真的开着一辆美国汽车——但不是别克，而鲍伯并不真的知道，尽管他有着一个得到辩护的真信念"等等这些都是真实的，那么这样的反例也是真实的，不管人们是否使用直觉去发现它们。[①] 可以看到，多伊奇试图通过否定哲学家对经验案例进行判断时使用直觉——而且是被认为得到广泛共享且稳定的直觉，进而否定实验哲学所批判的分析哲学家论证的逻辑前提，进而从根本上驳斥实验哲学。

然而，笔者以为，不可否认的是，哲学家在进行哲学论证时，那种直接的认知(笛卡尔意义上)或者理性的直观(戈德曼语)有时确实

---

① 参见 Deutsch, M., "Intuitions, Counter-Examples, and Experimental Philosophy", *Review of Philosophy and Psychology* 1 (2010), pp. 447-460。

起到非常重要的作用，而这种认知模式在哲学家看来就是直觉的。有些经验性反例可能是事实，但是还有很多经验性反例只能存在于思想实验中，只能依靠人们的直觉进行判断。比如，普特南构造的"孪生地球"思想实验，需要想象在空间的另一个地方存在一个地球的复制品，并且在这个复制品上，有一种被称为水的物体，其化学成分是 XYZ，与我们地球上水的化学成分 H_2O 显著不同。这样的经验事例在现实中存在的可能性极小——某种意义上，它只是哲学家个人思想的杜撰，我们也只能在思想中直觉地去想象它、把握它，而很难将其作为真实之物直接地感知。因此，多伊奇的反驳并不成立，而且事实上他也没有提供强有力的论据证明他的观点。

2. 否认直觉的多样性。还有一些哲学家，包括欧内斯特·索萨（Ernest Sosa）、威廉·林奇（William Lynch）等人认为，在哲学直觉中持续的文化多样性也许揭示的仅仅是"口头上的不一致"（verbal disagreement），并没有真正反映出不同文化群体的认知差异。[1]

然而，首先，以笔者的感知，"知识"在东方人口中表达的概念确与西方人不尽相同。在西方，"知识"与"知道"在词源上同根，知道某物就是拥有关于某物的知识，而在东方文化，如中国的传统观念中，"知识"并不必然与"知道"存在联系，虽然"知道"有"知其道"的含义，但是常识意义上，说某人知道什么，并不意味着某人拥有这方面的知识，至少不是传统知识论中严格意义上的"知识"。

其次，"相信"与"知道"之间的关联，或者说"信念"与"知

---

[1] 参见 Symons, J., "Intuition and Philosophical Methodology", *Axiomathes* 18（2008），pp. 67-89。

识"之间的关系也不那么明确，可能在很多中国人看来，知道的未
必一定是相信的，知识未必要与信念联系起来。因此，对于语词的理
解不同，答案所意指的内涵就存在差异，那么也就很难比较出，不同
文化背景的人们充分理解"知识"之后的区别。不过，也许实验哲
学家的目的不在于此，他们正是想通过测试对相同问题的不同理解，
探究不同文化背景中的人们的认知模式，以及影响人们认知的因素。

最后，即使在不同文化背景中对于"知识""知道"的理解似乎
不可通约，在相同文化背景中的不同阶层、教育背景等群体中，依然
存在认识论直觉的差异，上文中"癌症阴谋案例"与"动物园斑马
案例"的跨阶层直觉的研究结果就说明了这一点，这对于实验哲学
家旨在证明的直觉多样性同样成立。

3. 质疑实验哲学的方法论。有些哲学家声称"实验的知识论"
（或者是更广泛意义上的"实验哲学"）是一种矛盾的修饰法。

对此，笔者已在前文做出澄清。[①] 实验哲学方法应用的目的仍是
更好地研究哲学。

总之，实验知识论是认知科学、社会科学等学科领域的实验方法
在知识论领域内的应用。虽然批判声不绝于耳，但是正如毕比所言，
"按照通常意义而言，也许这不是哲学，尽管如此，它依然还是
哲学"[②]。

---

① 参见本书第一章第三节观点 1 与回应 1，第 34—35 页。
② Beebe, J. R., "Experimental Epistemology", in Cullison, A. (ed.), *The Continuum Companion to Epistemology*, New York: Continuum, pp. 1-13.

第四章

实验语言哲学

  如果说，知识论主要侧重于语义三角中"心灵—实在"关系链条，探究心灵主体如何认知世界、获取知识的问题，那么，语言哲学（本章主要涉及专名指称理论），则是探讨"语言—实在"这一关系链条，即认知主体如何通过语言表述对象的问题。一般来说，知识具有客观实在性，并且通过语言表达或表征出这种实在，那么，通过研究语言，我们也可以把握实在。这里会涉及认知主体的语义学直觉问题，实验哲学家同样把实证研究方法应用到该领域，以检测语言哲学中基于直觉的指称理论。

第一节　专名指称理论

  自 20 世纪初，指称理论和意义理论就已成为分析哲学的核心论题。其中，两种专名的指称理论引起了广泛的争论：一是弗雷格—塞尔的描述指称理论（Descriptivist View of Reference），二是克里普克的因果—历史指称理论（Causal-Historical View of Reference）。后者是在批判前者的基础上建立起来的。

一、描述的专名理论

所谓专名的描述理论思想，在早期分析哲学家弗雷格、罗素那里可见到一些脉迹。在弗雷格的涵义理论以及罗素的摹状词理论、普通专名与逻辑专名理论中，有过类似的论述：在弗雷格看来，涵义是确定指称的方式，但是指称的对象与涵义不一定有满足关系；不过，描述理论往往与涵义理论一起得到辩护。弗雷格引入涵义理论意在说明句子如何传达知识。如迈克尔·杜梅特（Michael Dummett）所言，涵义概念的引入，使得知识归因成为可能。如前文所说，知识归因就是把一个命题知识归于某个认知主体，如 S 知道命题 P，就是把 P 所表征的知识归属于 S。这样，S 知道 P，不仅仅表明 S 知道 P 的指称，还表明 S 知道该指称所表征的知识内涵。如"张三知道北京"，不仅仅是说，张三知道北京这个名称，还知道北京作为一个城市所代表的涵义。罗素的摹状词理论被认为是分析哲学的典范，所谓摹状词就是一组谓词的指称词组，如"一个红色气球""在写作的那个作家"等，前者指不特定的某个对象，称为"非限定摹状词"（indefinite description），后者指特定的某个对象，称为限定摹状词（definite description），都是对所指称对象的特性描述，不过是一种间接的指称描述，而专名则是直接的指称个体的名称。罗素进而讨论了普通专名和逻辑专名的区别，认为普通专名是伪装的摹状词，逻辑专名才是真正的指示词，即本质上不包含摹状词的名称。可以看出，罗素那里，普通专名并不具有指称功能，这与后面的克里普克的观点不同，后者认为，普通专名就是指示词，并且进而批评罗素所谓的普通专名是伪装的摹状词一说，因为这意味着普通专名可以分析成摹状词，使用专名指称对象就需要一个或一系列描述条件，所指称对象需要满足这些条件。

描述理论后经维特根斯坦发展，到塞尔逐渐形成了明确的描述理论。塞尔提出了"专名的簇摹状词理论"（the cluster description theory of proper names）。早期简明的描述理论可以概述为：一个专名 N 指称一个对象，当且仅当存在摹状词 P，使得存在一个唯一对象 m，且 P(m)为真。那么，塞尔则对此进行了修改，将原来的唯一摹状词 P 改为一组不确定的摹状词，只要对象 m 满足这组摹状词中足够多的摹状词，专名 N 就成功地指称对象 m 了。譬如，专名"柏拉图"，可以用一组摹状词"苏格拉底的学生""亚里士多德的老师""《理想国》的作者"来描述，不管一个人是否完全了解柏拉图的全部信息，但只要知道其中的一些信息，也就知道"柏拉图"这个名字指的是谁了。[①]

概括下来，描述的指称理论有以下两个特征：

D1：说话者将描述与某个专名联系起来，该描述指定了一系列属性；

D2：一个对象是一个专名的指称，当且仅当这个对象唯一地或者最能满足与该专名相关的描述。一个对象唯一地满足一个描述，当且仅当这个描述为真。如果没有对象完全地满足这个描述，很多哲学家就宣称，该专名指称能够满足大多数描述的唯一个体。如果这个描

---

① 参见黄敏：《分析哲学导论》，中山大学出版社 2009 年版，第 104—111、254—279 页。

述完全没有被满足，或者很多个体满足该描述，则这个名字不指称任何个体。[①]

但是，这样的描述理论在克里普克看来具有很多难以克服的困难，于是他提出所谓的"因果—历史理论"。

二、因果—历史理论

克里普克认为，专名和摹状词应该是截然分开的，专名是"严格的指示词"，摹状词是"非严格的指示词"。"如果一个指示词在每一个可能的世界中都指示同一个对象，我们就称之为严格的指示词。否则就称之为非严格的或偶然的指示词。"[②] 这里，有必要澄清一下克里普克模态逻辑（modal logic）中的一个术语"可能世界"（possible worlds）的内涵。我们生活的现实世界中实际存在的事物一般被认为是为真的事物。但是，在这个实际的现实世界之外，是否还存在其他可能的样式呢？克里普克的回答是"可能"，即这个世界以及世界上的各种事物存在多种可能的方式和状态。比如，存在奥巴马在2008年当选美国总统的可能，也存在奥巴马在2008年没有当选美国总统的可能。而克里普克的专名就是指在一切可能的世界中，该专名所指称的对象都没有变化。

专名可以直接地指称某一个对象，而这个对象不必有任何特性归属。因此，当严格指示词指称一个对象时，并不以世界上会发生的任

[①] 参见 Machery, E., Mallon, R., Nichols, S. & Stich, S., "Semantics, Cross-Cultural Style", *Cognition*, Vol. 92, No. 3 (2004), pp. B1–B12.

[②] 索尔·克里普克:《命名与必然性》，梅文译，上海译文出版社2005年版，第29页。

何偶然事件而转移，也就是说，无论该对象本质之外的属性发生多大变化，此专名所指涉对象都不发生变化。而摹状词常常是借助某些特性的归属来指称某一对象，因此，它的指称方式会受到外界种种偶然的、不确定因素的影响。一旦对象的属性发生了变化，确定摹状词的指称也会发生变化，那么，从这个意义上看，摹状词就是非严格的指示词。譬如，"拜登"这个专名就是严格的指示词，他不会因他年龄的增长或者政治生涯的结束而发生变化，但是"2024 年的美国总统"这个摹状词就是一个非严格的指示词，因为"拜登"始终指的是拜登，而"2024 年的美国总统"很有可能不是拜登，也许出于某种原因，拜登不再担任美国总统了。

克里普克认为，弗雷格等人的指称理论存在难以克服的困难，即对一个专名可能做出不同的解释和理解。譬如，前文提到的"柏拉图"这个专名，我们可以说是"《理想国》的作者"，也可以说成"苏格拉底的学生"。即使是很熟悉柏拉图的人，也很难找出一个完全确定的摹状词来取代"柏拉图"这个专名；柏拉图的任何一个特征，都是其众多特性中的一种。后来，维特根斯坦、塞尔等人修改了的"簇摹状词理论"在克里普克看来仍然存在上述困难。

克里普克认为，描述理论错误地将专名的含义与一个或一簇确定摹状词的含义混为一谈了。专名指称对象不取决于该对象本身具有的识别标记或某些特性，也不取决于专名的说出者相信或者知道的该对象具有的特性等。即使在某些特殊场合，某个对象因某些特殊识别标记或特性被命了名，这些特殊标记或特性也不能作为命题对象的同义词或缩写词，而是借此把该对象固定了下来。以后即使这些识别标记或特性发生变化，不再具备了，我们依然可以使用这个偶然而来的专名指称这个对象。也就是说，无论以后发生什么事情，该专名在一切可能的世界都指称同一个对象，不以任何偶然事件为转移。这就是所谓的严格的指示词。

概言之，克里普克的因果—历史指称理论提供了不同的图景：

C1：为了指称一个个体，一个名字被引入一个语言共同特性。通过后续使用者的连续使用，该名字继续指称这个个体。每一个使用者从另一个使用者那里获得了该名字，而另一个使用者反过来又从别人那里获得该名字，以此类推，可以追溯到最初使用该名字指称特定个体的使用者那里。

C2：说话者可能把名字与描述联系在一起。一个名字被引入之后，相关的描述在确定指称时不再起作用。指称对象可能完全不满足该描述。

按照因果—历史理论，专名这个严格的指示词常常凭借某些与之有关的历史事件或事实来指称特定对象。譬如，"奥巴马"这个名字，是奥巴马出生后，他的母亲给他起的，然后他的母亲将这个名字告诉了他的父亲，之后他的父亲又将这个名字告诉了其他邻居，这样，一传十，十传百，沿着一种"传递的链条"，一环一环传递下去，最后，人们都知道那个男人叫奥巴马，不管他是不是美国总统。

为反驳描述理论，克里普克构造了一个反事实的案例：

> 假定哥德尔不是"哥德尔定理"的发现者，实际上是一个叫作施密特的人发现了这个定理。出于某种原因，施密特的朋友哥德尔以某种莫名的方式得到了他的手稿，以后人们便把这个发现都归于哥德尔了。于是便出现如下结果：从分析哲学中的

"摹状词"理论来看，当我们普通人使用"哥德尔"这个词时，它事实上意指的是施密特，因为施密特是唯一一个能够满足上述条件的人，即"那个发现算术的不完全定理的人"。

其中，由于历史偶然性，说话者将一个专名"哥德尔"与一个描述联系起来，而这个描述对于该名字原始的持有者——个体"a"（这里指哥德尔）来说是完全错误的，相反，它实际上指的是另外一个不同的个体——个体"b"（这里指施密特）。根据描述主义观点，该专名实际指的是"b"，因为"b"满足该描述。描述主义直觉意指在这样的语境下有人使用"哥德尔"这个名字实际是在说"b"。然而，根据因果—历史观点，这个名字指称的是其原始持有者，因为说话者是历史地与该名字的持有者相联系的。克里普克式的直觉是指在那样的语境下，使用"哥德尔"名字的人说的是"a"。根据克里普克和很多哲学家的观点，我们的语义学直觉支持因果—历史观点。

相应地，克里普克又构造了一个"约拿案例"反驳描述理论。在该案例中，一个与专名"约拿"（Jonah）相关联的描述不符合这个专名。根据描述主义观点，"约拿"将不能有所指。根据描述主义的直觉，在这些环境下，某人使用名字时不是在说任何真实的个体。相反，根据因果—历史观点，满足描述对于指称一个名字来说不是必要条件。克里普克的直觉是，某人能够使用名字来言说名字的原初承受者，无论这个描述是否满足这个名字。再一次，我们的直觉被用来支持因果—历史理论：

假设有人说，从来也没有哪个预言家被一条大鱼或大鲸吞食过。据此，是否可以得出如下结论：约拿不曾存在过?《圣经》的叙述是虚构的传说，还是以某个真人为根据的传说，这看来仍然是个问题。在后一种情况下，人们会很自然地说，虽然约拿的确存在过，但没人做过通常认为是约拿所做过的事情。[1]

克里普克认为，虽然很多《圣经》的研究者一般都认为约拿这个人物确实存在过，但是关于他被大鱼或鲸鱼吞食，甚至他到过尼尼微城讲道或者做过别的事情等一切传说都是虚假的。但仍然有不少理由使人相信，这是一个关于真实先知的故事。[2]

在 20 世纪 70 年代以前，语言哲学家普遍接受描述理论;1972 年克里普克提出反描述理论的论证以后，语言哲学家则大多倾向于因果—历史理论。在克里普克的论证中，语义学直觉占据了核心地位，而且这种根据虚构案例引发的直觉似乎为人们广泛地共享，人们似乎也不能就直觉本身进行争论或质疑，而一旦接受克里普克的语义学直觉，人们就不得不接受他的结论。

第二节　实验的语义学直觉

从上面的论述不难看出，克里普克构造了反描述理论的经验性案

---

① 索尔·克里普克:《命名与必然性》，梅文译，上海译文出版社 2005 年版，第 49 页。

② 参见索尔·克里普克:《命名与必然性》，梅文译，上海译文出版社 2005 年版;威廉·G. 莱肯:《当代语言哲学导论》，陈波、冯艳译，中国人民大学出版社 2011 年版，第 56—72 页。

例以确立其因果—历史理论。他构建理论的基础仍然是一种普遍共享的语义学直觉。

然而，如同上一章节的认识论直觉遭遇的问题一样，是不是每个人都分享这种直觉呢？实验哲学家爱德华·麦锡瑞、罗恩·马伦、肖恩·尼科尔斯和斯蒂芬·斯蒂克教授等实验哲学家根据该故事情境并构造了新的模拟情境，对不同文化背景的被试实施了实验。

一、实验程序

麦锡瑞等人实施的具体实验程序如下：

1. 挑选被试　实验哲学家在美国罗格斯大学和香港大学分别找到 40 名和 42 名本科生——未受过哲学训练的普通人作为被试，他们都能熟练地使用英文。其中，有 9 名非西方的美国大学生和 1 名非华裔的香港大学生因不合标准被排除（另有 1 名学生问卷不合格，被取消）。

这里介绍一下样本规模（sample size，又称"样本容量"）的问题，指的是样本中所含个案的多少。统计学中通常以 30 为界，30 个个案以上的称之为大样本，30 个个案以下的称之为小样本。因为一般认为，30 个以上的样本规模，其平均数的分布将接近于正态分布，从而可以运用统计学公式，也可以根据样本的资料来推论总体。但是社会统计中，一般认为样本规模应该不少于 100 个个案，因为社会调查中可能还会根据不同的指标划分类型，分析不同变量之间的关系。一般样本规模可以根据置信度、总体标准差以及抽样误差等数值计算出来。样本规模受到总体规模、抽样精确性、总体异质性程度以及研究者经费、人力和时间等因素的影响。需要说明的是，并不是总体规模越大，样本就越大，总体规模大到一定程度时，样本规模就不与它保持同等速度增长了，而是趋向于某一稳定水平。这里的样本规模基本是符合要求的。

2. 设计实验情境　在这两所大学的学生中，分别呈现两份案例情境，一份是改编的克里普克的哥德尔案例，另一份是约拿案例。向美国大学生呈现的哥德尔案例和约拿案例如下：

哥德尔案例 A　假定约翰在大学里知道了哥德尔是证明了一个数学定理的人，即"算术的不完全定理"。约翰是一个精通数学的好学生，他能够精确陈述出"不完全定理"——它归功于它的发现者哥德尔。这是他听说的有关哥德尔唯一的事情。现在，假定哥德尔不是这个理论的作者，很多年前，一个叫作施密特的人在维也纳一个神秘的环境下与人讨论，发现了这个定理。出于某种原因，他的朋友哥德尔以某种莫名的方式得到了他的手稿，以后人们便把这个发现都归于哥德尔，因此哥德尔就成为"算术不完全定理"的发现者，大多数知道"哥德尔"这个名字的人都像约翰一样，只知道他是发现不完全定理的人。当约翰使用"哥德尔"这个名字时，他是在谈论谁？

（A）真正发现"算术的不完全定理"的人。

（B）得到手稿并宣称因发现定理而获得荣誉的人。

约拿案例 A　在高中，德国学生学到，公元 2 世纪，阿提拉（Attila）建立了德意志。他们被告知，阿提拉原本是东方游牧部落的首领，后来迁入德意志。德国人也相信阿提拉是位铁血的勇士和领导者，他将罗马人赶出了德意志。将罗马人驱逐出去之后，阿提拉建立了庞大而繁荣的王国。现在假定这不是真的。没有什么残忍的勇士将罗马人驱逐出去，德意志不是被一个单独的个人建立起来的。事实上，真实的情况是这样的。在公元4世纪，一个叫拉迪特拉（Raditra）的低等贵族统治着现在波兰的一个平静的小区域，距离德意志几百英里。拉迪特拉是一个睿智而颇具绅士风度的人，他统治的这片土地保持着和平。因此，他很快成为很多故事和传说的主角。这些传说被农民一代代传递了下去。但是，农民们传递这些故事时，往往加以修饰、渲染，增添一些虚构的细节，去除一些真实事件，使得故事听起来更加激动人心。从一个爱好和平的低等贵族，拉迪特拉逐渐变成了一个为了领地而抗争的勇士。当传说传到德国时，他变成了一个反抗罗马人的铁血勇士。到了公元8世纪，这个故事被演绎成一个来自东方的国王，驱逐了罗马人，建立了德意志。到那个时候，故事不再是一个单一的真实事件了。

与此同时，这个故事被多次传颂，"拉迪特拉"的名字逐渐发生变化：它慢慢地被"阿迪特拉"（Aditra）的名字所取代，随后在16世纪，变成"阿里特拉克"（Arritrak），在17世纪变成"阿里塔"（Arrita）和"阿里拉"（Arrila），最后变成"阿提拉"（Attila）。关于阿提拉的光荣一生是由18世纪一个细心的天主教修道士记录下来的，他是从之前我们所有关于这个故事的信念中推导出来的。当然，德国人一点也不知道这些真实事件，他们相信一个关于来自东方的铁血国王驱逐了罗马人，建立了德意志的故事。

当现在德国的高中生说"阿提拉是一个将罗马人驱逐出德国的国王"时，他是在谈论那个睿智而绅士的贵族拉迪特拉——阿提拉传说的最早起源，还是在谈论一个虚构的人物，这个人物并不真实存在？

（A）他是在谈论拉迪特拉。

（B）他是在谈论那个并不真实存在的虚构人物。

为了让香港大学生更好地理解实验内容，实验哲学家又构造了带有中国特色的实验情境——哥德尔案例 B 和约拿案例 B：

哥德尔案例 B　艾薇是香港一所高中的学生。在她的天文学课上，她知道了一个叫作祖冲之的人，祖冲之第一次确定了夏至与冬至的确切时间。但是，像她的其他同学一样，她只知道关于祖冲之的这个唯一的事情。现在假设，祖冲之不是真正的发现者，而是剽窃了另一位天文学家的成果，只不过这位天文学家发现后不久就去世了。但是，这一剽窃事件一直未被披露，祖冲之也就顺理成章地变成了著名的确定冬夏二至点的发现者。很多人像艾薇一样，声称祖冲之确定了冬夏二至点。这是他们听到的关于祖冲之的唯一事情。当艾薇使用"祖冲之"的名字时，她在谈论的是谁？

（A）那个真正确定冬夏二至点的人。

（B）那个剽窃了冬夏二至点发现的人。

约拿案例 B　刘梅玲是广州一所高中的学生。像每个在广州上学的人一样，梅玲相信陈伟文（Chan Wai Man）曾经是广州的一个贵族，在公元 11 世纪时逃往深山避难，因为陈伟文爱上了无情的政府大臣李老爷的女儿，而李老爷拒绝这门婚事。每一个在刘梅玲高中的人都相信陈伟文不得不像贼一样生活在广州城外的大山里。他经常盗取一些李老爷等官宦家的财物，分散给穷苦的农民。

现在假定，这些都不是真的。没有一个所谓的广州贵族生活在城外的深山里，盗取富人的财物分给农民。真实的情况是这样的。在广州城外有一所废弃的寺庙，有一个热心的和尚名叫梁耀邦（Leung Yiu Pang）。梁耀邦经常帮助寺庙周围的农民，冬天提供食物，帮助老弱病残。因为他的善举，他很快变成很多故事中的主角。这些故事被当地的农民一代一代往下流传。很多年以后，这个故事慢慢发生了变化，农民传播时忘记了一些基本元素，又增添了一些其他元素。其中一个版本就是，梁耀邦被描述成一个对抗政府大臣李老爷的反叛者。逐渐地，故事变成了描述这个慷慨盗贼的令人称颂的事迹。到了 14 世纪后期，这就变成了一个慷慨的贵族因为爱上了政府大臣的女儿而被迫流落为贼寇的故事。最后，这个故事已经不是一个单一的真实事件了。

与此同时，"梁耀邦"也发生了变化：它在 12 世纪逐渐被"张伟邦"（Cheung Wai Pang）取代，13 世纪又变成了"钟伟文"（Chung Wai Man），最后变成了"陈伟文"（Chan Wai Man）。陈伟文的传奇人生被一个 15 世纪的细心的历史学家记录了下来，他是从我们之前所相信的那些事件中推导出来的。当然，梅玲和她的同学，以及父母都不知道这些真实的事件。梅玲相信这是个关于一位慷慨的盗贼反抗恶劣的政府大臣的故事。

当梅玲说"陈伟文盗取富人财物救济穷人"时，她实际上是在谈论一个慷慨的和尚梁耀邦——他才是真正的关于陈伟文传说的人物原型，还是在谈论一个虚构的并不存在的人物？

（A）她是在谈论一个慷慨的和尚梁耀邦。

（B）她是在谈论一个虚构的并不存在的人物。

3. 数据分析　从案例设置的答案不难看出，回答（A）的属于描述理论者，回答（B）的属于因果—历史理论者。在统计的分数设置上，回答（A）的为 0 分，回答（B）的为 1 分，然后将这些分数加起来，累加的分数值范围在 0—2 之间（总分数的平均值与标准差见表 4-1）。

独立样本的 t 检验显示，东、西方学生关于哥德尔案例产生了显著的不同：$t(70) = -2.55$，$p < 0.05$。所有的检验都是双边检验。这里的 t 检验是对实验数据呈正态分布的一种检验方式，"$p < 0.05$"中的 p 在统计学上被称为显著性水平，这是假设检验中常用的指标符号。所谓假设检验就是先对要调查对象总体的某一参数做出一个假设，一般称之为原假设，记作 H_0，然后再用样本的统计量进行验证，来决定原假设是否应该为总体所接受。当经过抽样调查发现，有充分证据证明原假设 H_0 应该被否定时，就出现了与之相对立的备择假设，记作 H_1。假设检验的根据来自概率论中的"小概率原理"，即"小概率事件在一次观察中不可能出现"的原理，但是在现实中，小概率事件又恰恰发生了，对此如何判定呢？有观点认为，这只是碰巧发生，但另一种观点则主张这未必是小概率事件，而可能是大概率事件，于是实施检验假设来验证后一种情况。这里的 p 值为显著性水平，一般取值为 0.05 或者 0.01，当 $p < 0.05$ 时说明上述检验出错的可能性小于

5%，也就是说该检测结果是高度可信的，即东、西方学生在哥德尔案例中呈现了显著不同。双边检验就是为了验证备择假设的均值是否与原假设均值相同，而无须考虑备择假设的均值到底是大于还是小于原假设的均值。[①] 这里，只要检测出东、西方学生在哥德尔案例中表现出语义学直觉判断的显著性差异就行，而无须考虑其均值的具体大小。以下统计指标同理。

从表 4-1 实验的平均值（SD 为标准差）[②]中可以看出，西方学生比东方学生给出了更倾向于因果—历史理论的回答。然而，在约拿案例中，这种区别却不存在：$t(69) = 0.486$，n. s.。"n. s."意指无显著性差异。在哥德尔案例 B$[x^2(1, N=72) = 3.886, p<0.05]$和哥德尔案例 A$[x^2(1, N=72) = 6.023, p<0.05]$中，西方学生比东方学生给出了更多的倾向因果—历史理论的回答。

表 4-1　哥德尔案例与约拿案例总分数的平均值与标准差

	分数平均值（标准差）
哥德尔案例	
西方被试	1. 13(0. 88)
东方被试	0. 63(0. 84)
约拿案例	
西方被试	1. 23(0. 96)
东方被试	1. 32(0. 76)

---

① 参见卢淑华编著：《社会统计学》，北京大学出版社 2005 年版，第 222—231 页；凤笑天：《现代社会调查方法》，华中科技大学出版社 2001 年版，第 177—179 页。

② 引自 Machery, E., Mallon, R., Nichols, S. & Stich, S., "Semantics, Cross-Cultural Style", *Cognition*, Vol. 92, No. 3 (2004), pp. B1-B12。

实验哲学家据此得出在判断哥德尔案例时存在着文化的多样性直觉。如一些社会心理学家研究的那样，东方人更喜欢做相似判断，西方人更倾向于做因果判断。对于描述理论来说，指称需要满足描述，但是使用词项并不需要在词项和所指称对象之间建立一种因果联系。相反，对于克里普克的因果—历史理论来说，指称并不需要满足相关的描述，只需要找出说话者对当前语词使用的因果链条。

由此他们推测出：西方人对问卷的回应会与指称的因果解释一致，拥有因果—历史理论直觉，在哥德尔案例中，他们会认为"哥德尔"就是指哥德尔本人，而东方人对问卷的回应会与指称的描述解释一致，拥有描述主义直觉，即认为"哥德尔"实际上是指施密特。然而，这种预测在约拿案例中却没有体现出来。麦锡瑞等人认为，这可能是由于设置的情境过于冗长且复杂（如约拿案例），使得被试不能透彻把握实验内容，以至于难以产生有效的数据。另外的原因也可能是，说话者的术语没能有效地指称对象，等等。[①]

由此看来，哲学家通过思想实验虚构出的看似理所当然的直觉判断并不被所有人分享。该实验的结果似乎表明不同文化背景的人们对同一哲学命题的理解存在差异，分析哲学家个人的直觉判断似乎并不是那么可靠。

二、由实验引发的争论

同上一章节对知识论的考察一样，实验哲学家不是直接参与专名

---

① 参见 Machery, E., Mallon, R., Nichols, S. & Stich, S., "Semantics, Cross-Cultural Style", *Cognition*, Vol. 92, No. 3 (2004), pp. B1-B12。

指称理论的形上探讨，而是给出了新的方案：他们不再诉诸如何解决有关指称理论的各种困难，转而考察两种指称理论进行论证所依赖的直觉。麦锡瑞等人根据语言哲学家的思想实验，设置实验情境，进行问卷调查，考察哲学论证中哲学家所假设的语义学直觉。结果，他们的实证研究发现，在语义学(指称)直觉上存在着跨文化的系统差异：西方人更倾向于克里普克式的直觉，东方人则更倾向于描述主义的直觉。由此不难理解，克里普克对描述理论的反驳更容易被大多数西方哲学家接受。更为重要的是，实验的结果还表明：不同的文化群体具有不同的直觉，哲学家赖以为据的语义学直觉不是广泛共享、稳定而普遍的；东方人和西方人并没有共同的语义学直觉。因此，克里普克语义学直觉并非普遍存在，克里普克所做的反驳描述主义的论证不能被普遍接受。

对此，诸多哲学家从不同方面进行了讨论：有人提出起决定作用的不是大众的语义学直觉，而是哲学家强健的、反思性的直觉；也有人提出，实验语义学检测出的是元语言学直觉，而不是关键的语言学直觉；还有另外一些哲学家指出，哲学家对不同理论的选择，是出于认知角度的区分而非直觉上的差异。以下分别讨论这些意见的争辩：

第一，哲学家直觉与大众直觉之争。这种争论不仅仅体现在实验语义学领域，而且存在于实验哲学的很多领域，并且成为很多人难以接受实验哲学的强有力理由。譬如，亨利·杰克曼(Henry Jackman)就认为，哲学家并不需要考虑那些"没有经过教育的大众的语义学直觉"，也不用过分关注语义学直觉的普遍性，只有哲学家的反思性直觉才能洞见正确的指称理论。哲学家的直觉是一种专家型直觉，具有普通民众难以企及的优越性：他们受过正规的哲学思辨和逻辑推理的训练，他们对所讨论的哲学话题具有很好的透彻理解。实验哲学的研究成果似乎也说明了这一点：本科学生没有受过正规的哲学思维的训练，因此没有因果—历史直觉；他们进入研究生阶段接受系统的学术训练后，就会接受因果—历史直觉。因此，他认为，（西方）分析哲学家的直觉不仅可以与大部分来自东方文化背景的人们不同，也可以与大部分西方普通民众不同。这多少有点"真理往往掌握在少数人手里"的意味，也是很多哲学精英所持的观点。①

　　另一位批评者安蒂·考皮宁（Antti Kauppinen）也认为，实验哲学所使用的方法仅能探究民众的所谓"表面直觉"（surface intuitions），然而，哲学家从事的是概念分析，应该对探究"强健的直觉"（robust intuitions）感兴趣——说话者在理想条件下和没有被不相关的因素影响的情况下所表达的直觉。考皮宁论证，实验哲学使用分离的和非共享的社会科学方法，阐明强健的民间直觉是值得怀疑的，虽然它不是不可能。相反，哲学上感兴趣的直觉只能依靠特殊的方法——他称之为哲学对话和反思的方法——来揭示。②

　　然而事实并非如此。如前文所述，在20世纪70年代以前，克里普克理论还未出现的时代，哲学家似乎都普遍接受描述的专名理论，具有描述主义直觉。克里普克理论提出以后，很多哲学家才开始转向接受因果—历史理论，具有因果性直觉。前后两个阶段的直觉选择都是受过正规哲学训练的哲学家的理论取向，然而，这些哲学家的直觉

---

　　① 参见 Jackman, H., "Semantic Intuitions, Conceptual Analysis, and Cross-Cultural Variation", *Philosophical Studies* 146 (2009), pp. 159-177；梅剑华：《实验哲学、语义学直觉与文化风格》，《哲学研究》2011年第12期。

　　② 参见 Kauppinen, A., "The Rise and Fall of Experimental Philosophy", *Philosophical Explorations*, Vol. 10, No. 2 (2007), pp. 95-118。

并没有因为受过哲学规训而一致保持相同的理论取向，亦即在哲学家内部也没有保持一贯的直觉普遍性。因此，杰克曼所谓的哲学家的反思性直觉和考皮宁所说的通过对话、反思获得的"强健的直觉"在哲学论证中起到关键作用的观点是站不住脚的。它无法解释学术共同体内部的不同理论之争，譬如描述理论与因果—历史理论之争。

第二，语义学直觉是否具有决定性作用？有哲学家，如迈克尔·德维特（Michael Devitt）认为，哥德尔案例等经验性案例中探讨的语义学直觉实验不能成为克里普克反驳描述理论的判决性实验证据。他从克里普克反对描述理论的大前提出发，指出克里普克的这一前提存在问题，试图从根本上驳斥实验语义学的结论。他认为克里普克的论证应该分成三种类型：a."不需要的必然性"（Unwanted Necessity）论证；b."失去的严格性"（Lost Rigidity）论证；c."无知和错误"（Ignorance and Error）论证。① 德维特进一步认为，在这三种类型的论证中存在不同类型的直觉。哥德尔案例中的直觉在"不需要的必然性"论证与"无知和错误"论证中才发挥作用，而且不是决定性的作用。

德维特区分了两种情况以及两种情况下的语义学直觉。首先，他认为存在两种情况，一种是关于日常对象的实际情况，一种是假想情况。前者产生关于实际情况的语义学直觉，后者产生关于假想情况的语义学直觉。哥德尔案例属于假想情况，产生的直觉也是假想的语义学直觉，但在"不需要的必然性"论证中，并不需要所谓的"假想情况"的语义学直觉。而实际情况的语义学直觉在"无知和错误"论证中起重要作用，但是假想情况的语义学直觉在其中则没有起到任

① 参见 Devitt, M. & Sterely, K., *Language and Reality: An Introduction to the Philosophy of Language*, Cambridge, MA: MIT Press, 1999, pp. 48–53。

何作用。为什么实际情况的语义学直觉要比假想情况的语义学直觉有力呢？德维特认为，这源于实际情况要比假想情况发生得更普遍。

其次，德维特又区分了语义学直觉和形而上学直觉。他认为，在论证中，形而上学直觉发挥的作用要比语义学直觉的大。关键性的、起决定性作用的直觉属于形而上学直觉，而不是所谓语义学直觉，更不是语义学直觉的子类——假想情况的语义学直觉。

最后，德维特阐释了其关于"失去的严格性"的论证。按照克里普克的观点，一个词项是严格的，当且仅当所有可能世界都指称同一个对象。专名是严格指示词，但是描述短语不是。德维特对此给出了四个不同版本的论证，其中前三个依赖于形而上学的直觉，第四个则依赖于假想情况的语义学直觉。

国内学者梅剑华教授认为，德维特对语义学直觉的这种划分是否适恰以及如何反驳对实验哲学的批评，实验哲学家无须在理论上加以驳斥，只需要按照其对直觉的种类划分继续实施实验，来检验是否存在这样的直觉种类。譬如，可以设置实验检测"假想的直觉"和"实际的直觉"是否存在重合的可能，"形而上学直觉"是否和"语义学直觉"相同，等等。[①] 实验结果出来之时，就是检验何种理论更具有合理性之日。德维特攻击实验哲学乃至克里普克所用的矛反转过来就成为后者反击的靶子。在这个意义上，我们可以说，实验哲学家使用的工具有时正是他们用以反驳理论攻击者的有力武器。

第三，元语言学直觉与语言学直觉之辨。杰诺韦瓦·马蒂

[①] 参见 Devitt, M., "Experimental Semantics", *Philosophy and Phenomenological Research*, Vol. 82, No. 2 (2011), pp. 418-435；梅剑华：《实验哲学、语义学直觉与文化风格》，《哲学研究》2011 年第 12 期。

（Genoveva Martí）认为，语言学直觉有两种类型：元语言学直觉和语言学直觉。"元语言学直觉是关于所提到的语词语义学性质的判断，而语言学直觉是关于个体的判断。"① 马蒂认为：在上文的哥德尔案例中，"哥德尔"指称哥德尔而不是施密特，这是一个有关元语言学直觉的判断；哥德尔不应该偷窃手稿，则是一个有关语言学直觉的判断。马蒂指出，只有语言学直觉才可以在实际使用中确定名字的指称，而麦锡瑞等人在实验中却启用了元语言学直觉。在麦锡瑞等人的实验中，文化的差异虽然导致元语言学直觉发生了变化，但是这并不能说明语言学直觉也会发生变化。因此，文化的差异导致语义学直觉的差异一说并不能成立，语义学实验无法起到驳斥克里普克理论的作用。②

麦锡瑞不甘被批判，他与克里斯托弗·奥利沃拉（Christopher Olivola）和莫莉·德布朗（Molly de Blanc）通过新的实验证明，马蒂的批判不成立。他们承认存在马蒂所说的两种不同类型的直觉，但是认为，马蒂的结论建立在元语言学直觉与语言学直觉不一致的前提之下。他们通过对印、蒙、法等三个国家的实验调查显示，元语言学直觉与语言学直觉在大部分情况下是一致的，很难做出区分。

该实验设计了两种不同的问卷：元语言学直觉的问卷和语言学直觉的问卷。两种问卷故事的结构相同，只是在问法上有所差别。譬如，元语言学问卷会问：在读完哥德尔故事并接受其为真之后，当约翰说"哥德尔是一个伟大的逻辑学家"时，你认为他会接受哪个为

---

① 梅剑华：《实验哲学、语义学直觉与文化风格》，《哲学研究》2011 年第 12 期。

② 参见 Martí, G., "Against Semantic Multi-Culturalism", *Analysis*, Vol. 69, No. 1 (2009), pp. 42–48.

真呢？A 还是 B？语言学问卷的问法则是：在读完哥德尔故事并接受其为真之后，当约翰使用"哥德尔"这个名字时，你认为实际上他在谈论谁？A 还是 B？

麦锡瑞等人的调查结果显示：三个国家的被试对元语言学提问所做的回答和对语言学提问所做的回答，在统计学上接近于等同；人们在实际的语言运用中很难区分元语言学直觉和语言学直觉。实验结果似乎说明，元语言学直觉和语言学直觉基本上是一致的，并非马蒂所说的那样。因此，马蒂的批评不能成立。正如梅剑华教授所言："这种关于人们判断的经验证据，对于发展一种指称理论是相当有益的。实验哲学的新实验辩护了旧实验所得出的结论。"①

第四，案例叙事的模糊性。贾斯廷·西茨玛（Justin Sytsma）和乔纳森·莱文古德（Jonathan Livengood）认为在哥德尔案例等经验性事例中，是案例本身的其他要素导致被试产生了不同的理论选择。这些其他要素就包括案例叙事的模糊性。譬如，在麦锡瑞等人后续设计的案例中，人们很难搞清楚，对实验的提问做出的回答是应该从叙述者的认知角度出发，还是从约翰本人的认知角度出发。或者是说话者的意向不明，譬如约翰在使用"哥德尔"一词时，他真正想指称什么，等等。于是他们也做了三个不同的哲学实验。

第一个原初实验：当约翰使用名字"哥德尔"的时候，他在谈论谁？

（A）实际上发现算术的不完全定理的人。

（B）获得手稿并宣称自己发现算术的不完全定理的人。

---

① 梅剑华：《实验哲学、语义学直觉与文化风格》，《哲学研究》2011 年第 12 期。

第二个站在约翰视角的实验：当约翰使用名字"哥德尔"的时候，约翰认为他在谈论谁？

（A）实际上发现算术的不完全定理的人。

（B）获得手稿并宣称自己发现算术的不完全定理的人。

第三个站在叙述者视角的实验：当约翰使用名字"哥德尔"的时候，约翰实际上在谈论谁？

（A）实际上发现算术的不完全定理的人。

（B）获得手稿并宣称自己发现算术的不完全定理的人。

该实验是针对匹兹堡大学的本科生群体做的。实验结果显示：在原初实验中，有39.4%的被试回答"B"；在约翰视角的实验中，仅有22.0%的被试回答了"B"，大部分被试选择了"A"；在叙述者视角的实验中，有57.4%的被试回答了"B"，另有不到一半的被试选择了"A"。三个实验中被试群体没变，然而他们的回答却发生了变化。从中我们似乎可以看出，认知视角的变化的确影响了答案的选择。[①]

西茨玛等人的实验似乎说明，确实存在约翰视角与叙述者视角的区别，也存在语义学指称与说话者指称的区别。但在麦锡瑞等人的实验中，认知视角只能是第三人称的，被试只能对他认为约翰指称谁给出答案，却不能对他认为约翰实际上想指称谁给出回答。而一旦视角转变，实验的结果就大相径庭了。[②]

本来麦锡瑞等人想要论证的只是语义学直觉的多样性影响实验的

---

① 参见 Sytsma, J. & Livengood, J., "A New Perspective Concerning Experiments on Semantic Intuitions", *Australasian Journal of Philosophy*, Vol. 89, No. 2 (2010), pp. 315-332.

② 参见梅剑华：《实验哲学、语义学直觉与文化风格》，《哲学研究》2011 年第 12 期。

结果。但西茨玛和莱文古德的实验似乎表明，认知视角的模糊性和说话者指称的模糊性都会对问题的回答产生影响。如此一来，麦锡瑞等人的工作就不能证明语义学直觉随着文化环境而变动这一结论。

一言以蔽之，实验哲学就是在这样的相互激辩中将问题推向深入的。由上可见，语义学直觉是否在反驳描述指称理论中起到决定性作用成为哲学家关注的核心论题。而这些反驳意见又展现了一个共同特征：在反驳语义学直觉的作用时，他们都试图用其他替代因素来解释克里普克论证。这些因素包括反思性、强健性直觉，语言学、元语言学直觉，认知与说话者视角，不一而足。而这些反驳意见要么承认直觉的普遍性与稳定性，要么否认直觉的普遍性与稳定性。到底直觉是稳定的还是易变的，直觉的本质如何？这似乎已不仅仅是个哲学问题了。

第三节　评论与辩护

从上一章的认识论直觉到本章的语义学直觉（不管是语言学直觉还是元语言学直觉），实验哲学家及其批评者们围绕直觉的一系列问题进行了激烈的争辩。针对这些批判与反驳，笔者认为，有必要分层次整理一下这些问题。

一、再论"直觉"

针对"直觉"的问题，笔者在这里再次做一下集中梳理与回应。

第一层次的问题是，关于"直觉"的本质，不管是笛卡尔的"直接的认知"，还是戈德曼的"理智的直观"，以及温伯格等人所说的"信念以及信念倾向的集合"，虽无定论，但是都指向了一种与理性推理相对应的直接的信念系统。既然是一种信念系统，那么就是构成知识的一个必要条件——知识首先是信念。因此，从这个意义上讲，直觉是通达知识的一种途径。于是，我们也就能理解前文所说的，尽管对于直觉的理解没有定论，但是很多哲学家、科学家以及普通大众都会在做判断时使用直觉，而且常常将直觉作为一种论证的证据。另一方面，直觉这一信念系统又属于一种"前理论"的认知状态，这种状态常常是难以确切把握的，处于一种说不清、道不明的模糊状态，往往只能意会而不可言传。这种模糊状态从另一方面说明了直觉的脆弱性，即易受到其他因素的影响，譬如文化背景、经济地位、受教育程度等，从这个意义上讲，直觉又具有易变性、不稳定性等特征。直觉本身的不确定性使得以直觉为论证基础的哲学问题变得争议不断。

第二层次的问题是，不去讨论直觉的本质，而把问题转移到哲学家进行判断时，是否使用了直觉。上文提到的多伊奇就是一例。他认为无论是知识论中的盖梯尔问题还是语义学中的哥德尔问题，哲学家对这些经验性事例做出判断时都无须启用直觉，而是直截了当地做出判断，只需要这些事例是真实的就行。然而，笔者以为，直觉的启动和直截了当的判断之间并不是界限分明的，人们很难分清在做直截了当的判断时是否已经使用了直觉。再者，在一些反事实的思想实验中，我们无法保证这些事实是真实存在或者真实发生的。因此，试图从根本上否认直觉的存在就像不能断定"直觉的本质是什么"一样缺乏说服力。

第三个层次的问题是，在悬置了直觉的本质，并且承认哲学家在对经验性案例进行判断时确实使用了直觉之后，实验哲学的批评者们（如考皮宁、杰克曼等）批评实验哲学家获得的民众直觉并不是真正的直觉，即反思性、强健的直觉。这些专业性的哲学直觉只有经过规范的哲学规训才能获得，普通民众的直觉只能是表面的直觉，实验哲学家使用问卷调查等方法也只能获得表面的直觉而不可能获得真正的直觉。对于这样的批评，笔者以为应该从三个方面加以回应：

首先，哲学家虽然经过了专业的训练，但是他们在进行哲学论证时，往往诉诸常识或者大众理解的概念，如他们经常会说，"在直觉上，人们认为……""在通常意义上，人们以为……""众所周知……"等。这些短语虽然有时只是充当语句联结词，但却也反映出，哲学家进行概念分析时有时必须诉诸概念的常识意义，或该概念内涵是为人们普遍接受的。既然如此，那么，哲学家的直觉在某种程度上必然与普通民众的直觉具有一致性。

其次，关于哲学家的反思性、强健直觉相对于民众直觉具有优越性，诚然，在很多领域，专家型的直觉在进行判断时似乎比普通人的直觉更具有优越性，但是正如上文所说，既然专家型直觉比民众直觉更具有优越性，那么，在同样具有专业性反思直觉的哲学家群体中，为何之前大多数人持有描述主义直觉，而克里普克理论之后又具有了因果—历史直觉呢？为何传统知识论者之前持有柏拉图意义上的认识论直觉，盖梯尔反例之后又具有新的认识论直觉了呢？同样具有专家型直觉的哲学家群体面对同一问题却表现出不同的直觉反应，那么如何保证直觉的普遍性与稳定性呢？情况远非如此，实验哲学家进一步的实证研究发现，在对一些经验性案例进行判断时，持有专家型直觉的哲学家回答的结果并未表现出比普通民众更加优越的专业性，甚至比普通民众的直觉判断结果更糟。这似乎说明了那些批评者们所主张的反思性、强健直觉并不是那么强健。

最后，如考皮宁等人所说的，实验哲学家所依靠的问卷调查、民意测验等手段和方法并不能获得真正的直觉，只能获得表面的直觉。[①] 这里需要澄清的是，实验哲学家的目标依然是获得所谓真正的直觉，如果说不能达到这个目标，则说明目前使用的方法不当，而不能说实验哲学家的目标在于获得表面直觉。既然是方法不当，那么只需要调整、改进方法工具，而无须完全放弃使用这类方法。况且，很多实验哲学家的工作已经表明，哲学家的直觉也像普通人的直觉一样，会受到如文化背景、经济阶层，甚至是问卷中案例的顺序的影响，因此，哲学家的直觉也未必就是考皮宁所说的真正直觉。[②] 不过，考皮宁的批评也给实验哲学研究者提出了要求，就是如何避免或者减少一些其他不必要的因素对直觉乃至对最后实验结果的影响，以保证哲学实验的可靠性。关于哲学实验的问题，笔者将在下文中论述。

综上所述，实验哲学中关于直觉及其在哲学分析中所起的作用问题，俨然成为实验哲学家与其批评者交锋的主要阵地，这样的争论如同直觉本身的复杂性一样，众说纷纭，难分高下。然而，笔者以为，可以暂时悬置直觉的争论，实验哲学可以再退一步，即暂不讨论直觉是否存在、哲学直觉与民众直觉相比是否更有优势等问题，单单这种将来自普通民众素朴的常识认知作为一种经验性数据结果来与哲学家

---

① 参见 Kauppinen, A., "The Rise and Fall of Experimental Philosophy", *Philosophical Explorations*, Vol. 10, No. 2 (2007), pp. 95-118。

② 参见 Nadelhoffer, T. & Nahmias, E., "The Past and Future of Experimental Philosophy", *Philosophical Explorations*, Vol. 10, No. 2 (2007), pp. 123-149。

所谓理智直观的直觉进行比较的研究方式，便可视为一种有益的哲学方法探索了。在不断探索过程中，不断完善其方法工具，以求获得信度和效度都比较高的实证结果。

二、哲学实验的考量

实验方法是近现代自然科学最为重要的工具，是科学家确证自己理论，并使其理论在诸多竞争者中脱颖而出的有效手段；实验的成功可能引导某一科学领域发展的走向。卡尔·亨普尔（Carl Hemple）对此也表达了相似见解，他说："一个实验……如果能说明相互对立理论的其中一方具有严重的不足，那么就可能给另一方提供强大的支持；所以，它在随后的理论和实验的方向上可能具有关键的作用。"[1]

用实验方法研究哲学，作为一种方法论的引介，其实早有渊源，从19世纪30、40年代的实证主义开始就略有体现，早期的实证主义试图使用科学方法来研究社会问题，如孔德等人，其实质依然是自然科学对社会科学的渗透。到了20世纪的逻辑实证主义，他们试图利用逻辑语言等工具建立起科学的哲学体系，只不过这种唯逻辑论的方法自身存在着难以克服的困境。如今，实验哲学结合其他社会科学以及认知科学、脑科学等新兴学科，将自然科学、社会科学较为成熟的方法引入哲学，试图开拓出一条哲学研究的新路径。不过，这种实验的方法本质上仍然无法摆脱实证主义、经验主义，乃至自然主义路径，其局限性也是显而易见的。

---

[1]　转引自 Robert L. Solso、M. Kimberly MacLin：《实验心理学：通过实例入门》，张奇等译，中国轻工业出版社2004年版，第37页。

众所周知，经验科学的方法在哲学论证上本身就面临诸多挑战，如理论与数据的关系问题。当经验数据与理论相符时，一般认为是数据证实了理论，而当经验数据与理论不符时，我们很难确定是数据证伪了理论，还是数据本身出了问题。于是，科学家常常通过相应的技术手段进行重复实验来保证其自身的可靠性，然而，这在逻辑上就难免陷入用经验的方法来证明其自身的循环论证的困境。虽然难以摆脱这样的逻辑困境，但是在经验范围内，实验仍然是人类认识自然及自身较为行之有效的方法，而在社会科学领域，社会科学家（如经济学家、社会学家等）依靠数学、统计学上的高概率来保证经验结果的可靠性（如前文提到的小概率原理），实验哲学中更多的也是依靠这样的技术手段。

虽然如此，由于实验哲学面对的对象不是相对客观的自然界，而是活生生的人类自身，保证实验结果的可靠性以及实验的可重复性始终是一个需要谨慎面对的问题。这里，笔者认为，需要注意以下几种易对实验结果造成影响的事项：

第一，实验语言的使用。从上一章节中温伯格等人与西蒙·卡伦的类比研究中，我们发现虽然是相同或者相似的实验情境，但是最后询问的选项不同就产生了较为明显的差异。另外，实验哲学家尼科尔斯和诺布等人在关于自由意志和道德责任的实验中也发现，虽然都是测试决定论、自由意志与道德责任的关系，但仅仅是有些实验情境描述的语言过于抽象，而与之相对的实验情境所使用的描述语言偏于具体，就会得出有明显差异的结果。[1] 有些实验，由于问题选项的顺序

---

① 参见 Knobe, J. & Nichols, S. (eds.), *Experimental Philosophy*, New York: Oxford University Press, 2008, pp. 61–89。

不同，也产生了一些差异。在本章节中，部分案例的实验情境过于冗长而繁琐，也会对实验结果造成影响，以及在由语义学实验引发的争论中，不管是元语言学直觉还是语言学直觉，不管是叙述者视角还是约翰视角等争论，都涉及实验语言的使用问题。一个实验的成果在一定程度上受制于描述实验所使用的语言，语言的使用不当或者理解出现偏差会大大削弱实验结果的说服力和可靠性——虽然这着实反映了认知主体的各种直觉认知的易变性，然而，笔者以为，用一种不稳定、不可靠的实验方法来论证这种不稳定性、易变性的做法起码是在逻辑上很弱的论证方式，在这种方式下，实验哲学家所称道的一些"令人惊奇的结果"也就大打折扣了。

当然，这背后反映的是语词的所指与能指、指称与意义之间的复杂关系问题，这已经超出实验本身，而牵涉到语言哲学的根本问题，即语言如何表达实在；同时，也涉及认知主体的心理状态等问题，如前文所说，早期分析哲学家（如弗雷格等人）试图在命题与客观知识之间直接对接，然而后来发现，这样的过程不可能离开认知主体的心理状态而独立存在，需要一个认知主体的桥接，即语言的表征者与接受者的理解能力问题。

第二，认知主体的内在因素。实验哲学寻找的被试可能来自不同文化背景、不同种族、不同阶层以及不同专业领域，可以说涵盖各色人等，而且多是未受哲学训练的普通大众。在进行实验测试的过程中，被试对于问卷的理解，或者由于粗心、困惑、思维混乱、情绪消极以及故意搞恶作剧等来影响调查的客观性，而且这些非正常因素有些并没有很明显地表现在问卷上，而是以一种隐蔽的方式呈现。概言之，在测试认知主体的直觉时，必然掺杂着主体复杂的心理状态。正如考皮宁所说，要获得真正的强健的直觉，需要在一个理想化的条件下，如此掺杂着其他非正常因素的实验难以获得期望的效果。

第三，实验者偏向（Experimenter Bias）问题。这是耶鲁大学的布伦特·斯特里克兰（Brent Strickland）等人提出的说法。所谓实验者偏向是指实验者通常会在无意识的情况下具有获得其正在寻找的经验数据的倾向，而这样的经验结果并不必然反映真理。实验者偏向存在于各种实验科学中，特别是在心理学的某些领域，而实验哲学作为一种与心理学有着紧密互动的运动难免也受此影响。当然，有人会认为，实验哲学一般是通过问卷调查（有的是通过网络在线调查）而不直接与被试进行面对面接触，因此实验者偏向不太可能强烈到影响实验结果。而斯特里克兰等人却认为其实不然，虽然实验哲学家不会或者很少直接面对被试，但是早在进行实验情境设计乃至问卷设计时就已经或多或少地暗含着实验者偏向的因素了。随后，他通过对实验者群体进行哲学实验，发现在实验群体中存在实验者偏向。[1]

以上这些问题在哲学实验中更加突出——实验语言的使用、实验对象的心理表征以及实验者偏向都会以各种微妙、细微的方式影响实验结果，而哲学实验测试的目的往往就是对某种哲学概念、命题、理论的理解。这是哲学实验微妙的独特之处，但同时也是最易遭受实验损失之所在。显然，实验哲学家业已意识到这些问题对实验哲学的发展构成了威胁，他们也试图采取相应的策略应对这些挑战，力求将实验损失降至最低程度。

---

① 参见 Strickland, B. & Aysu Suben, A., "Experimenter Philosophy: The Problem of Experimenter Bias in Experimental Philosophy", *Review of Philosophy and Psychology*, Vol. 3, No. 2 (2012), pp. 457-467.

　　实验哲学家试图避免被试被某些不相关的因素影响——考皮宁所说的"非理想化条件"。一般情况下，他们会现场指导被试仔细阅读实验情境及相关问题，给他们提供充裕的时间让他们思考并完成问卷；有时，他们会仔细观察被试是否认真地填写问卷。另外，实验哲学家会在问卷中使用互测选项来检验被试是否真正懂得实验情境的描述以及验证被试是否遵照指示来做问卷。如果发现有遗漏问题者，或者不合适的以及理解能力不是很充分的被试，其问卷就视为废卷，其回答就被排除在结果分析之外。

　　这些防范措施能够保证被试的回答都符合要求吗？也不尽然。有些被试也许能够猜测、控制检查选项，会故意搅乱测试结果的回答，但是，这种故意的意外在统计上只是小概率事件，在大样本的统计中，依然会出现较为稳定的分布态势；如果真有特别的大规模的意外，那么背后必然也会有内在的因素值得进一步探讨。另外，实验哲学家可以通过使用相似概念的多重问题来测试同一被试群体在表达他们的直觉时是否保持前后一致，用不同的情境和跨越不同的总体的重复实验来测试不同被试群体之间的一致性，用实验情境以及问题顺序的随机抽取来测试被试是否受到描述顺序的影响。上述实验误差在社会科学中也或多或少地存在，社会科学家使用相关统计学工具及数据指标对这些误差加以控制、避免，实验哲学家同样可以借鉴其中的经验，以便将这些不必要因素对实验的影响降到最低。

　　对于实验者偏向问题，斯特里克兰等人也提出了相应的应对策略。他们认为要避免实验者偏向的影响，首先可以采用外部评论（external review）的方式来检验实验者设计的实验情境或实验刺激（experimental stimuli）是否存在偏向。外部评论者可以是相关研究领域的专家，也可以是实验研究所关涉的公众群体；他们可以以局外人的身份发觉实验设计中细微的失衡以及可能存在的偏向。因此，在进行正式实验之前，采取预调查以及意见征集等措施便是防范实验者偏向的必要手段。当然，外部评论者也不可能发现实验设计中的所有偏向，因为有些偏向以非常细微的形式存在；另外，也可能外部评论者与实验者分享同样的偏向而不能发现实验设计中的这种偏向。因此，斯特里克兰等人认为外部评论的方式也不是一项完美策略，还需要同时使用第二种策略，即指导实验的参与者或者低阶研究者（junior researchers）设计实验情境或实验刺激，这些参与者并不知道实验哲学家或者高阶研究者（senior researchers）的真正意图以及假设背后的研究目的，然后由后者根据某种清晰的标准来排除不符合要求的实验情境或刺激，筛选出符合实验要求的实验案例。① 笔者以为，这种策略虽然可以在一定程度上消除实验者偏向，但是如何确定与选择所谓"清晰的标准"是个问题，在这个过程中依然存在实验者偏向的可能。

　　总之，哲学实验相对于自然科学、社会科学的实验有着更多的复杂性和不确定性，这对实验哲学家提出了更高的挑战和要求。不过，从以上的论述中我们也发现，实验哲学家正以积极的姿态去面对、解决这些棘手的问题。虽然他们采取的策略依然存在不足，但是正如实验哲学这项新兴的哲学运动本身一样，这是一个不断探索、完善的过程，不能因存在问题而放弃前行。

---

① 参见 Strickland, B. & Aysu Suben, A., "Experimenter Philosophy: The Problem of Experimenter Bias in Experimental Philosophy", *Review of Philosophy and Psychology*, Vol. 3, No. 2 (2012), pp. 457-467。

第五章

实验心灵哲学

本章以心灵哲学、心理学乃至认知神经科学领域经常讨论的心灵理论(Theory of Mind，简称 TT，或译作"心理理论""心智理论")作为案例，探讨实验心灵哲学的可能性。

在日常生活中，我们每个正常人都能或多或少地意识到，我们往往都是根据自己的信念、愿望等心理状态(mental states)来理解、解释、归因和预测自身或者他人的行为。譬如，当我们看到某人拿起桌上的水杯喝水时，我们便据此推知其有口渴的欲望或信念，反之，当我们知道某人有口渴的想法或信念时，我们也会以此预测其可能会实施"拿起桌上的水杯"的行为，如此等等。一般说来，如果一个人能把心理概念归属给他人，能够解释、预测他人的行为，我们就可以说这个人拥有作为常识的心理学知识。对自我或他人进行心理状态的归属的能力被称为心灵理论，它与心灵哲学中探讨的"读心"(mindreading)或他心问题(problems of other minds)等概念密切相关，也因此成为心理学、心灵哲学[尤其是常识心理学(folk psychology)]、认知科学等领域一直关注的话题。①

　　作为一场新兴的哲学运动，实验哲学也参与到心灵理论的讨论中；实验哲学家兼认知神经科学家利亚纳·杨、丽贝卡·萨克斯（Re-becca Saxe）等人利用现代技术手段，提供了具有助探性的实验证据。

第一节　心灵理论溯源

一、逻辑前提

　　心灵理论最早是在 1978 年由戴维·普雷马克（David Premack）和盖伊·伍德拉夫（Guy Woodruff）发表的《黑猩猩是否具有心灵理论?》（"Does the Chimpanzee Have a Theory of Mind?"）一文中提出的。他们在文章中探讨了黑猩猩在多大程度上能够像人类一样归因、理解他人心理状态等问题。之所以称之为"理论"，主要是由于"个体将心理状态归因于其自身以及他人（同类或其他生物体）。这样一种推理系统应被视作一种理论，首先是由于这类状态并非直接可见，其次是因为该系统不仅能够被用来预测自我的行为，还尤其能对其他生物体的

----

　　① 参见高新民、沈学君:《现代西方心灵哲学》，华中师范大学出版社 2010 年版，第 171—197、313—344 页; Sodian, B. & Kristen, S., "Theory of Mind", in Green J. A., et al. (eds.), *Handbook of Epistemic Cognition*, New York: Routledge, 2016, pp. 68–87; 陈巍:《读心理论四十年:从常识心理学到心智化系统》，《西南大学学报（社会科学版）》2020 年第 46 卷第 3 期。

行为加以预测"①。而究其根源，心灵理论源于人们原始的灵魂观念：人们认为灵魂是一个不同于身体的实在。基于一种好奇心，人们不仅想知道自己的灵魂，也想探知他人的灵魂。于是原初的心灵理论问题就产生了。心灵理论本质上以二元论思维为其逻辑前提——它潜在地承认人由身体和心灵两部分组成，也承认存在物理现象与心理现象的区别。这种古老的二元论思想在笛卡尔那里得到了极致的发挥。

笛卡尔的"身心"二元论与他的普遍怀疑论紧密相连。笛卡尔指出：人和动物不同，人是有灵魂的，而动物没有，人的灵魂藏在"松果腺"里；灵魂与身体是两个平行的实体，身体有广延性，而灵魂没有，两者可以相互作用。这样，在本体论上，就承认了灵魂、心灵的存在，继而也就承认了身体和心灵、肉体与灵魂二元实体的分立。对心灵认识的不对称性问题就蕴含在这样的心身二元的本体论构架之中。

在认识论上，我们如何认识这个世界呢？笛卡尔在"我思故我在"的著名论断中指出，"我"可以怀疑一切，唯独"我思"不可怀疑，"我"在思考是"我"存在的确据。这种思考的能力来源于我心，即我有一颗独立于肉体的、能思考的心，而且每一个当下的我都能感知到我心的存在，感知到我自己的心理状态。因此，笛卡尔认为，自我认识有两个特点：第一，它只对本人开放，其他人没有直接通达的途径，即所谓的"第一人称优势"；第二，自我认识具有不可错性，即思考者对自己的意识内容有着比较清晰的把握，且正常情况下不会出错。

---

① 陈巍：《读心理论论四十年：从常识心理学到心智化系统》，《西南大学学报（社会科学版）》2020 年第 46 卷第 3 期；Morton, A., *Frames of Mind: Constraints on the Common-Sense Conception of the Mental*, Oxford: Clarendon Press, 1980, p. 15.

于是，这里就出现了一种认识论上的不对称性：自我认知较于他人认知的优先性。正是承认了对自我认知的优先地位，才产生对他心认知的一系列困难：我只能认识我心而对于他心无法直接认识，我甚至不能确证他人是否也拥有和我一样的心灵；我只能根据他人外在的行为及从对自我的感知来推测他人的心理状态。然而，从对自我心灵的认识能够知道，行为往往具有欺骗性或者心理状态与身体行为之间并非始终保持着实时的一致性，那么，通过他人行为来阅读他人心灵就变得不那么可靠。

总之，心灵理论难题的产生基于以下的逻辑前提——本体论上的二元论假定。它预设了人有身体、心灵两个实体，身体在外，心灵在内。继而在认识论上，承认了自我心灵认知的优先地位，即认知主体拥有直接通达内心的特权访问（privileged access），而无直接通达他人心灵的特权访问；要认识他人心灵，只能通过间接途径。那么，他人是否有心灵？如果有，我能否认识以及如何认识他人心灵？由于身体行为与心灵状态并非始终保持一致，因此，在认识他人心灵之时，仅靠他人的行为来阅读他心则是不可靠的。由于这些问题难以很好地解决，心灵理论问题就成了心理学、心灵哲学、认知科学等领域探讨的主要论题之一。①

二、哲学论证

面对上述逻辑困境，传统的哲学家们从各自的视角提供了不同的

---

① 参见高新民、刘占峰等：《心灵的解构：心灵哲学本体论变革研究》，中国社会科学出版社 2005 年版，第 307—314 页。

解决方案，试图克服这些难题。

（一）类比论证

如果按照笛卡尔怀疑一切的推论方式，会极端地陷入我心之外是否存在他心不得而知的不可知论的窘境，我们无法证明对他人心灵的感知和阅读，但是日常的经验又无数次告诉我们，他人存在着和我心一样的心灵。我被一杯开水烫到时会痛苦地叫起来，我自己能够深切地感受到那种疼痛感；同样，别人被开水烫到时，也大都会和我一样痛苦地叫起来，至少会作痛苦状。于是，我们会据此认为，他人与自我都有同样的心灵感应系统。这就是所谓的类比论证。

对此，罗素解释道："我们从自己身上观察到象记忆、推理、感到快乐和感到痛苦这一类事件。我们认为手杖和石头没有这些经验，但是其它的人都有这类经验。我们大多数人都不怀疑高级动物有快乐和痛苦的感觉。"再比如，我们一起观看经典爱情影片《泰坦尼克号》时，大都会为主人公杰克和罗丝感人至深的爱情感动，也会为杰克为救心爱之人而舍身的凄美结局而落泪。我们自身不仅有快乐、痛苦的感觉，也常常会因看到别人享受快乐而开心，为别人遭遇不幸而痛苦。因此"我们必须求助于某种可以比较含混地叫作'类推'的东西。别人的行为在许多方面与我们自己的行为类似，因而我们假定别人的行为一定有着类似的原因。人们所说的话是我们在有某些思想时所要说的话，因此我们推论他们大概也有这些思想……他们的行为方式与我们在应当高兴（或不高兴）的外界条件下高兴（或不高兴）时的行为方式一样"。①

---

① 罗素：《人类的知识：其范围与限度》，张金言译，商务印书馆1983年版，第575、576页。

比罗素更早的密尔对此也做过类比论证。他指出，断言他人与自我拥有同样的情感是因为他人与我一样拥有身体，而我的身体是具有丰富情感的前提。再者，从自我的经验看，有一个统一的"心理—行动"事实序列：先是以体内发生的变化为开端，经过中间的情感环节，再以外向行为表现为终端；没有中间环节，终端环节是产生不了的。那么，对于他人，我们可以了解到其体内变化（通过技术手段）以及后面的外向行为，只是不能把握中间环节。但是，他人与我一样都是人，因此首尾环节应该与我自身的序列一致，那么，中间环节也应该是与我相同的。从密尔的论证可见，这种事实序列是一种具有时间性的因果链条，即心灵与身体之间存在因果关系：行为是由心理引起的，他人的行为和自我的行为一样都受到心灵的影响。

类比论证似乎能够解释很多日常现象，但是仍然存在很多困难。首先，诺尔曼·马尔科姆（Norman Malcolm）对类比论证进行了批判，他认为，类比论证将对他心的认识建立在对自心认识的基础之上，而实际上自心与他心二者之间并不存在逻辑上的连贯性，并不能使得对他心的论证严密有力。其次，密尔的观点也遭到了质疑。密尔的论证在于他人与自我具有行为的相似性，并且相似的行为背后具有相似的心理原因。但是，行为与心理之间并不存在必然因果联系，相似的行为也有可能由不同的心理状态引起。[1]

（二）假说—演绎论证

当代心灵哲学家、认知科学家杰里·福多（Jerry Fodor）等人试图

---

① 参见高新民、刘占峰等：《心灵的解构：心灵哲学本体论变革研究》，中国社会科学出版社 2005 年版，第 314—327 页。

运用假说—演绎法来论证他心认知的问题，其基本主旨是：他心确实存在于自我的观察范围之外，但是正如科学研究中其他不可观察的对象一样，科学家可以假定这些不可观察物为某种物理实在（如电子等），并掌握它们的规律，进而构建科学理论，再根据科学理论来预测、解释可观察的但尚未得到很好说明的物理现象，从而演绎出更多的理论陈述。如果这一切理论解释和预言都与现象相一致，那么之前假定的不可观察的物理实在就是可靠的、可信赖的。这就是所谓的假说—演绎方法。将这种方法应用到他心认知上，假定我心之外有他心存在，然后根据这样的前提来构建理论，解释心灵理论的难题。如果它比其他理论能够更好地解决这些难题，如预测他人的行为等，那么，这便是一个可以信赖的、可靠的假说。实际上，他人行为可以通过其内在的心理状态如愿望、信念等加以解释和描述。因此，这是一个理解日常生活中大多数人的行为较为有效的办法，那么，假定他心存在便是一个可以信赖的假说。①

以上这些哲学论证仅仅是在理论上、逻辑上加以论证，而且其中还存在难以克服的逻辑上的弱点。然而，随着经验科学，尤其是认知神经科学的迅速发展，加之相应的技术手段不断提升，以实证的方式研究心灵理论所争论的话题似乎有了可能。

---

① 参见高新民、刘占峰等：《心灵的解构：心灵哲学本体论变革研究》，中国社会科学出版社 2005 年版，第 327—328 页。

第二节　实验哲学的研究路径

一、心灵认知的技术基础

随着脑科学、神经科学、认知科学的发展，fMRI、TMS 等技术得到应用，人们对大脑的认识在技术条件、方法论、本体论与认识论上都产生了惊人成就和影响。

第一，在现实的技术条件下，脑科学、神经科学等已经突破大脑皮层而深入到皮质下的脑干，这为进一步研究大脑的内在结构和运行奥秘提供了更多的经验资料，使得人类认识自我有了实质性进展，虽然这仍然只是个开始。这些技术手段在临床医学上产生了积极的效果，如治疗脑损伤病人等。另外，脑科学、神经科学的发展也带动了其他交叉学科的兴起，如神经心理学、神经伦理学等。这些现实技术条件的深刻变化都会在不同程度上影响人类对于自身的全面认识。

第二，在方法论上，无论是在哲学领域还是科学领域，原来对于人类意识、心灵、大脑的认识基本上采取一种思辨的、臆测的、类比的传统方式，即使采用科学的手段，也常常是对低等动物的脑解剖，或者停留于对死亡大脑、麻醉后病患大脑的分析，抑或通过输入与输出之间的关系推测大脑内部的工作机理等。而随着脑科学、神经科学等领域技术手段的发明和更新，人类开始或者能够试图对大脑进行直接的研究，通过直接观察大脑神经元的内在结构、生化变化以及运动机制与原理等，揭示大脑静态与动态的结构与功能。正如著名生物学家、诺贝尔奖获得者弗朗西斯·克里克（Francis Click）所说，"泛泛的哲学争论无助于解决意识问题，真正需要的是提出有希望解决这些问题的新的实验方法"①。这也正是实验哲学需要借鉴的方法。

　　第三，在本体论、认识论上，人们试图重新界定心灵本体论的实质与地位以及动摇第一人称的优势地位。认知神经科学家一般认为，心理状态或事件与物理状态或事件是同一的，认识心理状态或事件就等同于认识物理状态或事件。反过来，只要认识了物理状态或事件，那么心理状态或事件就可以认识。而心灵、意识的物理状态便是大脑中的神经元；据称，意识可能与大脑中的神经元在40—70赫兹范围内的振荡模式有关。克里克是这种观点的典型倡导者，"从神经元的角度考虑问题，考察它们的内部成分以及它们之间复杂的、出人意料的相互作用的方式，这才是问题的本质"，"只有当我们最终真正地理解了脑的工作原理时"，才能对思维本身做出更深层次的解释与把握。② 根据既有成果，他断言，任意时刻的意识与瞬间神经元集合的特定活动的类型之间是一种对应关系。而且，他还认为，认识他人心灵的特权通道不仅仅对第一人称的他心主体开放，而且可以通过技术手段对第三人称也保持开放状态。这些技术手段虽然在细节上或者在进一步的研究中还存在很多不足，但是确实提供了一种进入大脑"黑箱"的可能；它们可以帮助人们更好地认识自我和他人心灵，阅

---

　　① 弗朗西斯·克里克：《惊人的假说：灵魂的科学探索》，汪云九等译校，湖南科学技术出版社2001年版，第20页。
　　② 弗朗西斯·克里克：《惊人的假说：灵魂的科学探索》，汪云九等译校，湖南科学技术出版社2001年版，第263页。

读自我与他人心语。①

　　笔者就实验哲学家对心灵理论的实验分析成果展开讨论。实验哲学家利亚纳·杨、丽贝卡·萨克斯等人试图通过设置实验情境，利用统计分析和 fMRI、TMS 等技术在行为分析与神经激活两方面来检测心灵理论的神经基础及人类认识自我与他人心灵的可靠性。②

二、心灵理论的实验过程

（一）理论假设

　　基于心灵理论的假定，实验哲学家利亚纳·杨、丽贝卡·萨克斯等人设计了如下任务：一方面，给被试观看某些图像，让其自然地产生关于该图像正确或者错误的信念，然后再向被试显示图像的真实样态，让其知道自己信念的正误，最后引导他们回忆自己最初看到图像而形成的信念，做出判断；另一方面，给被试呈现他人形成关于相同图像的正确或者错误的信念情形，即让被试观看另外一个人显示其信念的正误的情形，随后揭示这个人信念的正误，最后引导被试回忆其刚才关于他人的信念，并做出判断。

　　该任务旨在测试被试回忆他们自身与他人的过去信念的准确性，以及在回忆自身和他人信念时相关脑区的神经元激活强度是否一致。

　　根据以上目标，实验哲学家根据心灵理论中有关第一人称优势以

---

　　① 参见高新民、刘占峰等：《心灵的解构：心灵哲学本体论变革研究》，中国社会科学出版社 2005 年版，第 130—156 页。
　　② 参见张学义、陶迎春：《实验哲学：哲学工具箱里的助探器》，《科学技术哲学研究》2014 年第 31 卷第 1 期。

及自我心理状态认知（以下简称"自心认知"）和他人心理状态认知（以下简称"他心认知"）是否一致的争论设置了以下两个假设：

假设1　如果自心认知存在某种特权访问，被试在回忆自己信念时是否会比回忆他人信念时更加准确？

假设2　如果在自心认知和他心认知时，被试具有相同的心灵理论机制，那么被试在回忆自己信念和他人信念时是否有相同的大脑区域被激活？

（二）实验方法

1. 选择被试：随机选择24位健康的成人作为被试，12人参与"自我"版本的测试，12人参与"他人"版本的测试。

2. 刺激物（stimuli）：使用48幅图片作为刺激物引发被试进行判断，其中的36幅作为完整图片和部分图片（只显示其中一小部分图片而遮住其余部分）来呈现给被试。其中，有些"部分图"被故意画成诱导被试形成错误信念的样式；而有些"部分图"能够提供准确的图片表征，引导被试形成正确的信念；还有些图片起到干扰项的作用。剩下的12幅图片被作为整体图片呈现，在实验的最后一部分作为"新图"使用。

（三）实验过程

1. 自心认知版本

实验哲学家首先对自我心理状态认知进行检测，简称为"自心认知版本"。在该版本中，他们设计了三项任务："语词任务""揭示任务"和"思考任务"。

　　首先，在语词任务中，被试在指导下观看带有四个词语的"部分图"：这四个词语显示在图片屏幕的下方，是描述该图片中呈现之物的属性的可能选项，被试需要从中选择一个他们认为最能体现呈现之物属性的词语。

　　需要说明的是，四个词语当中，只有一个是"正确的"，它能够反映呈现之物的真实属性，还有一个是"诱导"词，它与所要误导的事物属性相符合，即与要诱导被试产生的错误信念相一致，使之做出错误选择（譬如，"部分图"看起来像条鱼，其实是条蛇，但下面的语词就有"游行"的选项）。

　　"语词任务"分两轮放映，每一张图片都要放映一定的时长，以便被试有充分的时间做出选择。在随后的"揭示任务"阶段，被试在看过 36 幅"部分图"之后，在工作人员的指导下按动按钮，看到每幅图片真实的整体图景。

　　（a）我是正确的（图中呈现之物与我的信念一致）。

　　（b）我是错误的（图中呈现之物与我的信念不一致，且是诱导词引发的错误）。

　　（c）这是新的（图中呈现之物与我的信念不一致，但非诱导选项）。

　　"思考任务"也被分成两轮，每一轮有 24 张图片。每一张图片放映 6 秒，然后固定 10 秒，让被试有充分的反应时间进行判断。

　　以上是自心认知的实验检测。在这个过程中，被试在做出直觉判断的同时，接受着 fMRI 和 TMS 的扫描，其大脑神经元的瞬时激活程度会被仪器记录下来。

　　2. 他心认知版本

　　实验哲学家接下来开始测试他人心理状态认知，简称为"他心认知版本"。在他心认知版本中，实验哲学家使用相同的刺激物——相同的图片和实验装置，同样要完成上述的三个任务，只是任务的顺序有所不同，这体现出在自心认知和他心认知时，认知主体所处的位置或者视角不同——自心认知时，认知主体处于第一人称的位置，具备所谓的第一人称优势；他心认知时，认知主体则处于第三人称的位置，不能直接通达他心，只能处于旁观者的角度。于是，本阶段的实验便设置这样的认知次序：当认知主体观察他人对事物做出判断时，已经知道事物的真实状态，认知主体作为旁观者观察他人信念的产生以及由信念引发的行动表现。因此，被试在他心认知版本中首先要完成的是"揭示任务"：每一个"部分图"在屏幕上呈现一定时长后，其真实样态的"整体图"就被揭示出来。当图片由部分到整体呈现时，被试便在工作人员的指导下按动选项按钮。

随后进入"语词任务"阶段。此时，被试被告知还有另外一名被试也在执行语词任务，并且该被试还没有看见"整体图"，他或她会在这四个词语中选择一个自己认为最能描述呈现之物属性的词语。被试还被告知第二被试选择的答案将会被投射到自己的屏幕上。被试的任务就是选中第二被试"按动"的相同按钮，确认被试"编码"他人的行为反应。不过，事实上并没有这个"第二被试"，另外的反应是由电脑随机产生的。呈现给被试的"第二被试"选择结果是：选择正确的有 12 个，诱导错误的有 12 个，其他的语词有 12 个（不相关信息图片）。

稍作休息后，被试在相关人员的指导下进入"思考任务"。实验工作人员要求他们回忆第二被试看到部分图片后形成的信念，然后从下面的选项中如实地选择：

（a）她或他是正确的（其信念与图中呈现之物一致）。

（b）她或他是错误的（其信念与图中呈现之物不一致，且是诱导词引发的错误）。

（c）这是新的（其信念与图中呈现之物不一致，但非诱导选项）。

这便是对他心认知的实验。认知主体以第三人称旁观者的身份阅读他人由信念引发的行为，并根据自己之前在揭示任务中看到的真实图像而形成的信念比照，从而判断他人行为正确与否。

（四）结果分析

1. 行为结果

在自心认知版本中，"语词任务"初步的分析结果显示，所显示的图片成功引发被试形成正确或者错误的信念：在 36 个图片选择中，被试信念正确的占 48.5%，信念错误的占 51.5%。

根据假设 1，首先要验证，人们在回忆自己信念时是否会比回忆他人信念时更加准确。如果是，似乎就可以说明，自心认知确实存在某种特权访问，有着第一人称的不可错优势。然而，结果让实验哲学家感到惊讶，被试回忆自己之前的正确信念时准确性为 66%，还不如回忆他人正确信念那么准确（回忆他人的准确率为 79%，$p < 0.05$）；他们回忆自己先前的错误信念时准确性为 71%，也不如回忆别人错误信念时准确（回忆他人错误信念的准确性为 92%，$p < 0.001$）。不过，被试在选择"这是新的"时，两组没有显著区别（自心认知版本中占 67%，他心认知版本中占 72%，$p = $ n.s.。p 为显著性水平，"$p < 0.05$"和"$p < 0.001$"都说明显著性水平高，检测的可靠性程度高；以下数据就不再赘述）。

这些数据结果似乎揭示，人们在回忆自己信念时并没有比回忆他人信念时做得更好。相反，甚至做得更糟。这是否说明，人们在自心认知时不存在所谓的特权访问？或至少，即使存在所谓的特权访问，也并不存在自我认知上的优先性、权威性或更加准确性。

2. fMRI 结果

根据假设 2，实验哲学家要检测在自心认知和他心认知时，大脑中被激活的神经元区域是否相同以及其强度是否一致。实验结果显示，在自心认知版本和他心认知版本中，认知主体在回忆自己信念和他人信念时在相同的脑区都有神经元激活。在自心认知版本和他心认知版本中，右、左颞交界（RTPJ、LTPJ）和内侧前额叶皮层（MPFC）都有激活；只不过在他心版本中，还有一些其他区域也有激活，如在左额下回（LIFG）、喙外侧前额叶皮层（RLPFC）、双边额中回（MFG）、左顶下小叶（LIPL）等脑区。这似乎说明这些激活的区域是心灵理论所涉及的脑区网络，这得到了后来研究结果的印证。①

综上，实验结果显示，双边 TPJ 和背内侧前额叶皮层（DMPFC）区域，不管认知主体是思考自己的信念还是思考他人的信念都会被激活，只是在强度上略有差异。

后续的研究表明，心灵理论所关涉的脑区——双边 TPJ 和DMPFC 区域，经常参与到人们的心理状态（如道德、情绪）的判断

---

① 参见张学义、陶迎春：《实验哲学：哲学工具箱里的助探器》，《科学技术哲学研究》2014 年第 31 卷第 1 期；Schurz, M., Tholen, M. G., Perner, J., Mars, R. B. & Sallet, J., "Specifying the Brain Anatomy Underlying Temporo-Parietal Junction Activations for Theory of Mind: A Review Using Probabilistic Atlases from Different Imaging Modalities", *Human Brain Mapping*, Vol. 38, No. 3-4 (2017), pp. 4788-4805。

中，只是并不专属于人们的道德判断脑区。[①]

第三节 相关讨论和思考

一、进一步的讨论

如前所述，实验哲学家运用 fMRI、TMS 等技术手段直接比较了对于人们自身和他人心灵的认知和神经激活状况。在自心认知版本中，通过实验情境，实验者引导被试表现出由图片形成的正确或错误的信念而引发的行为，随后让他们回忆这些行为背后的信念；在他心认知版本中，实验者引导被试观看"第二被试"基于其正确或错误的信念所做出的行为表现，然后回忆该被试的信念。最后，实验者通过在行为表现方面的数据分析和神经元激活程度来比较两组的反应。行为结果的数据分析与 fMRI、TMS 等技术手段扫描的结果一致。

第一，实验哲学家发现，被试在回忆他们自己信念时没有比回忆别人信念时表现出更加精确的结果，甚至不如回忆他人信念时精确。这与假设 1 相反。这一发现似乎揭示了人们在认识自我心灵之时并不

---

① 参见 Gweon, H., Young, L. & Saxe, R., "Theory of Mind for You, and for Me: Behavioral and Neural Similarities and Differences in Thinking About Beliefs of the Self and Other", in Carlson, L. (ed.), *Proceedings of the 33rd Annual Meeting of the Cognitive Science Society*, Boston: Cognitive Science Society, 2011, pp. 2492-2497; Young, L., Scholz, J. & Saxe, R., "Neural Evidence for 'Intuitive Prosecution': The Use of Mental State Information for Negative Moral Verdicts", *Social Neuroscience* 6 (2011), pp. 302-315.

存在某种特权访问，或者说，即使存在第一人称优势，也不能具备认知上的精确性和"不可错性"。

不过，这里有一个认知的不对称性：当人们思考自我信念和他人信念时，心灵理论被频繁地用于理解、预测他人的行为，却较少地用来解释自我的行为，而只有当自我行为出错时，我才意识到那是自我信念。譬如，当我看到别人拿杯子喝水时，我推测此人口渴了，但是当我自己口渴时，我会直接拿起杯子喝水，而只有发现拿错杯子时，我才会意识到自己有口渴想喝水的信念。这是否可以解释思考自我信念时比思考他人信念时准确性更低呢？正是有了这种第一人称的直接通道，认知主体才可以直接地、无意识地由信念到行动，而无须对自我心理状态进行推理，心灵理论所关涉的脑区被激活的强度才会较低。

第二，实验结果似乎印证了假设2所提出的被试在自心认知和他心认知时具有相同的心灵理论机制，即被试在回忆自我信念和回忆他人信念时有相同脑区被激活，只是激活的强度略有差别。实验结果揭示出，人们回顾自己信念来解释、预测自我行为与解释、预测别人行为所启用的心灵理论机制是相同的，即具有共同的神经基础。

第三，实验还有另外的发现，人们在考虑自我的信念——做出表征心理状态的判断时，在心灵理论指涉的脑区（双边 TPJ 和 DMPFC）有着比让他们做出无心理状态表征的判断时更强的激活。这是否能够说明双边 TPJ 和 DMPFC 脑区是专属表征心理状态的区域呢？期待实验哲学家的进一步研究。①

---

① 参见 Young, L., Scholz, J. & Saxe, R., "Neural Evidence for 'Intuitive Prosecution'：The Use of Mental State Information for Negative Moral Verdicts", *Social Neuroscience* 6 (2011), pp. 302–315。

　　概言之，实验哲学家通过实验揭示，人类在思考自我心理状态和思考他人心理状态时，分享了共同的心灵理论所关涉的神经元脑区，亦即人类在归因、解释、预测自我和他人心理状态时，有着共同的神经生理基础，而这一共同的神经生理基础架起了自心认知与他心认知的桥梁。

二、寻找道德判断的脑神经专区

　　之前的实验哲学家通过设置不同的实验检测出五个脑区不同的功能反应：（1）视觉地呈现描绘人们思想的故事；（2）相同的故事被听觉地呈现；（3）没有心理状态的元表征（如一幅照片、地图等）；（4）有认知冲突的操作；（5）有关人们的社会关系但是不包含心理状态的信息。针对以上五种类型的内容呈现，都会有相应的不同脑区神经元被激活。其中，有三个反映心灵理论的功能特性的脑区神经元有着如下反应：在 LTPJ，当读到要求思考物理和心理表征的故事时反应较强烈；在 MPFC，当故事包含与人们相关的社会关系时反应较强烈；在 RTPJ，当故事包含反映不同的信念、欲望和情感时反应较强烈。[1] 这似乎与上述实验的结论一致。

　　于是，实验哲学家便有了如下设想：在这三个区域（双边 TPJ、MPFC）都对心理状态表征有着较强的激活，那么其中是否存在专属道德判断的神经区呢？基于这一设想，实验哲学家开展了新的实验。

---

　　[1]　参见 Saxe, R., "Theory of Mind: How Brain Think About Thoughts", in Ochsner, K. & Kosslyn, S. (eds.), *The Oxford Handbook of Cognitive Neuroscience*(Vol. 2), *The Cutting Edges*, Oxford: Oxford University Press, 2013, pp. 204-213。

三、实验程序

1. 被试

17 个惯用左手的被试（年龄 18—22 周岁，10 位女性）参与研究。由于其中 5 人的行为数据在实验过程中丢失，因此，在行为分析中，只有 12 位被试（8 位女性）的数据。所有被试都是以英语为母语者，有着正常的或者矫正的视力，并且对实验的目的有着知情同意。

2. 刺激物

刺激物组成 2 组情境：（1）4 个条件变量用于 24 个伤害情境和（2）4 个变量用于 24 个帮助情境，总共 192 个故事（见下文样本情境）。

对于伤害情境：（1）行动者既产生消极结果（伤害别人）也产生中立结果（无伤害）；（2）行动者相信它们引起消极结果（"消极"信念、意向）或者中立结果（"中立"信念、意向）。

对于帮助情境：（1）行动者既产生积极结果（帮助别人）也产生中立结果（无帮助）；（2）行动者相信它们引起积极结果（"积极"信念、意向）或者中立结果（"中立"信念、意向）。

伤害的结果包括损害别人，帮助的结果包括对别人有好处。故事是四个连续的片段，每一个呈现 6 秒，总共呈现 24 秒。

3. 结果分析

整个大脑随机效果的数据分析揭示出，在左、右颞交界（RTPJ、LTPJ），前额叶背侧、中间、腹侧的皮层（DMPFC、MMPFC、VMPFC）以及楔前叶（PC）等区域，蕴含心理状态故事的图像能够引起比只包含物理事件的图像更高的血氧水平依赖的反应，即有着更强烈的激活(p<0.05)。被试的兴奋区域在以上脑区均被证实：RTPJ(17/17)、LTPJ(17/17)、PC(17/17)、DMPFC(14/17)、MMPFC(11/17)以及VMPFC(11/17)。下面我们来看具体的数据分析。

背景

杰西卡正在科罗拉多滑雪。她看见一群小孩即将滑进一片被栅栏隔开的区域，而这片区域之所以被隔开，是因为那里都是岩石和树木(比较危险)。

铺垫：中立	铺垫：积极
这些孩子实际上是滑雪高手，他们能滑过最困难的斜坡。	这些孩子实际上是初学者，不能滑过有难度的斜坡。

信念：中立	信念：积极
杰西卡基于这些孩子的滑雪工具，认为他们一定是滑雪高手。	杰西卡基于这些孩子的滑雪工具，认为他们一定是初学者。

行动：中立	行动：积极
杰西卡滑过这群孩子，什么也没说。孩子们滑了一整天，度过了美好的时光。	杰西卡滑过这群孩子，什么也没说。孩子们受困，遭到擦伤和骨折。

判断

杰西卡滑了过去应受责备吗？
一点也不　1　2　3　4　非常

背景

丹和他的室友有一些即将到期要还给图书馆的书。厨房的桌上堆了一些书。丹的室友某天出去了。

铺垫：中立	铺垫：积极
这堆书包括丹的书，但不包括他室友的书。	这堆书包括丹的书，也包括他室友的书。

信念：中立	信念：积极
丹认为桌上的书都是他的，而没有他室友的。	丹认为他的书和他室友的书都在桌上。

行动：中立	行动：积极
丹把这些书带到图书馆。他还了他的书，以免支付超期费。	丹把这些书带到图书馆。他还了他和室友的书，为室友节省了超期费。

判断

丹还这些书应受到表扬吗？
一点也不　1　2　3　4　非常

（1）道德判断的行为结果

被试以"1—4"的量度评价实验情境中行动者的道德状态，"1"

表示没有责备或没有表扬，"4"表示高度责备或高度表扬。伤害和帮助情境的责备和表扬判断分别使用2×2列联表来表示。

① 伤害情境

在伤害情境下，被试对行动者的信念与行为结果的判断结果如下。产生"消极"结果的行动者被被试认定比那些引起"中立"结果的行动者更应该在道德上受到谴责。产生消极结果：2.84；产生中立结果：2.15[值域在1—4累加均值，$F(1, 11) = 26.9$，$p = 3.0 \times 10^{-4}$，偏 $\eta^2 = 0.71$，置信度较高]。而带有"消极"信念的行动者被被试判定比那些带有"中立"信念的行动者更应该在道德上受到谴责。消极信念：3.28；中立信念：1.71[$F(1, 11) = 1.0 \times 10^2$，$p = 1.0 \times 10^{-6}$，偏 $\eta^2 = 0.90$，置信度较高]。信念和结果之间没有显著相互作用。

被试在对消极结果与中立结果做出判断时，其反应时间要更快[$F(1, 11) = 12.3$，$p = 0.005$，偏 $\eta^2 = 0.53$]；信念对反应时间快慢无显著效果。而行动者的信念与产生的结果之间有相互作用[$F(1, 11) = 20.9$，$p = 0.001$，偏 $\eta^2 = 0.66$]：意向伤害的快速反应（均值：2.0秒，SD：0.5）比其他条件如"意外伤害"（均值：2.3秒，SD：0.6）、"试图伤害"（均值：2.5秒，SD：0.6）以及所有"中立"信念（均值：2.5秒，SD：0.6）的反应要快。

② 帮助情境

在帮助情境下，被试对行动者的信念与行为结果的判断结果如下。被试认为，产生"积极"结果的行动者比产生"中立"结果的行动者在道德上应该被更多地表扬。"积极"结果：2.71；"中立"结果：2.20[$F(1, 11) = 42.9$，$p = 4.1 \times 10^{-5}$，偏 $\eta^2 = 0.69$]。而带有"积极"信念的行动者比带有"中立"信念的行动者更容易得到道德上的褒扬。"积极"信念: 2.98; "中立"信念: 1.93[$F(1, 11)=$ 55.2, $p=1.3×10^{-5}$, 偏 $\eta^2=0.77$]。行为结果和与行动者信念之间的相互作用也被观察到, $F(1, 11)=6.1$, $p=0.03$, 偏 $\eta^2=0.36$。

被试对行动者"积极"信念的判断(均值: 2.2秒)比对"中立"信念的判断(均值: 2.6秒)要快[$F(1, 11)=9.7$, $p=0.01$, 偏 $\eta^2=0.47$];对"积极"结果的判断(均值: 2.2秒)也比"中立"结果(均值: 2.6秒)要快[$F(1, 11)=19.8$, $p=0.001$, 偏 $\eta^2=0.64$]。信念和结果之间没有发现相互作用。

(2) 道德判断的 fMRI 结果

利亚纳·杨、丽贝卡·萨克斯等人从被试看到刺激物而激活的神经元区域计算出平均的血氧水平依赖值(PSC)。结果显示, 在该区域, 所有用于道德判断的关键性信息(如信念和结果)都是有效的。实验结果正如在行为分析中那样, 对于伤害和帮助的神经反应分别用 2×2 列联表来表示。

① 伤害情境

在伤害情境中, 实验哲学家发现被试对行动者的信念与其行为结果的相互关系的判断在 RTPJ 中存在相互作用[$F(1, 16)=6.6$, $p=0.02$, 偏 $\eta^2=0.29$]。特别是, 对于消极的结果, 被试对行动者持有的"中立"信念(PSC均值: 0.39)和"消极"信念(PSC均值: 0.34)的激活强度没有显著区别;但是, 对于中立结果, 对行动者持有"中立"信念(PSC均值: 0.37)与持有"消极"信念(PSC均值: 0.52)的神经激活就有了显著区别, 对于持消极信念的行动者有更强的反应[$t(16)=3.317$, $p=0.004$]。

随机效应的全脑分析($p<0.001$, 未修正)揭示, 试图伤害(消极

信念，中立结果）比无伤害事件（中立信念，中立结果）在 RTPJ 中有着更强的激活。

同样，被试对于行动者的信念与其行为结果的相互关系的判断存在相互作用在 LTPJ、DMPFC 中也被发现［F(1, 16) = 17.5, p = 0.001, 偏 η^2 = 0.52；F(1, 16) = 5.7, p = 0.03, 偏 η^2 = 0.31］，这些反应与在 RTPJ 中的相似，只是有显著作用的较少，如 LTPJ 中，只在试图伤害和真实信念条件之间有区别，如意向伤害，PSC 均值为 0.35, t(16) = −3.1, p = 0.007,"中立"信念，PSC 均值为 0.40, t(16) = 3.9, p = 0.001。但是在两个错误信念条件之间则没有区别，如试图伤害（PSC 均值：0.56）和意外伤害（PSC 均值：0.48；p = 0.30）。在 DMPFC 反应中，只是在试图伤害（PSC 均值：0.82）和意向伤害（PSC 均值：0.53）之间有区别，t(16) = −2.4, p = 0.03。所有中立反应（PSC 均值：0.65）和意外伤害（均值 PSC：0.72）都是间接的。PC、MMPFC 和 VMPFC 中没有显示显著差异。

② 帮助情境

在帮助情境中，利亚纳·杨、丽贝卡·萨克斯等人在 RTPJ 中观察到了信念的主要效应，即 F(1, 16) = 5.7, p = 0.03, 偏 η^2 = 0.26。重要的是，该主要效应通过信念和结果交互作用而得到保证。在伤害案例中观察到的相互作用是 F(1, 16) = 19.8, p = 4.0×10^{-4}, 偏 η^2 = 0.55：对于积极的行为结果，在中立信念（PSC 均值：0.53）与积极信念（PSC 均值：0.27）之间有不同，t(16) = 4.1, p = 0.001；对于中立的行为结果，中立信念（PSC 均值：0.41）和积极信念（PSC 均值：0.46）之间没有差别。这与随机效应的全脑分析结果一致（p < 0.001, 未修正）：在 RTPJ 中，意外帮助（中立信念，积极结果）比意向帮助

（积极信念，积极结果）有着更大的激活。

行动者信念与行为结果交互作用在 LTPJ 中也被观察到，$F(1, 16) = 8.7$，$p = 0.009$，偏 $\eta^2 = 0.35$：对于中立结果，中立信念（PSC 均值：0.58）与积极信念（PSC 均值：0.51）之间没有显著区别；对于积极结果，中立信念（PSC 均值：0.63）与积极信念（PSC 均值：0.45）之间有差别。信念的主要效应在 MMPFC 被观察到，$F(1, 16) = 5.9$，$p = 0.04$，偏 $\eta^2 = 0.37$；积极信念（PSC 均值：0.38）比中立信念（PSC 均值：0.21）有更高的反应。PC、DMPFC 和 VMPFC 区域则无显著效应。

③ 伤害 vs. 帮助

杨、萨克斯等人发现，在 RTPJ 或者其他兴奋区域的 PSC 值中，没有伤害和帮助的主要效应，$t(16) = 0.4$，$p = 0.70$。只是在 LTPJ 中发现，PSC 值因帮助而升高，其 PSC 均值为 0.52，比伤害（PSC 均值：0.45）要高，$t(16) = 2.8$，$p = 0.01$。但是，RTPJ 对于错误信念案例的伤害和帮助情境（试图帮助、伤害和意外帮助、伤害）的激活模式是显著不同的。特别的是，当比较试图帮助 vs. 意外帮助与试图伤害 vs. 意外伤害之间的区别时，在伤害情境下，试图伤害比意外伤害在 RTPJ 中的反应要强烈，而在帮助情境下，意外帮助比试图帮助在 RTPJ 中的反应要强烈。[1]

总之，实验哲学家似乎发现，在心灵理论所关涉的脑神经区域（MPFC、LTPJ，RTPJ）中，存在相应的道德判断区域。人们在进行道

---

[1] 参见 Young, L., Scholz, J. & Saxe, R., "Neural Evidence for 'Intuitive Prosecution': The Use of Mental State Information for Negative Moral Verdicts", *Social Neuroscience* 6 (2011), pp. 302–315.

德判断——责备或表扬时，不仅受行动者的行为结果影响，而且也受行动者的心理状态影响。面对伤害和帮助情境，在上文已知的支持心灵理论的脑神经区域中都有激活，这似乎进一步印证心灵理论，即人们具有认知自心和阅读他心的能力和可能。

　　然而，后来杨继续做实验，发现在上述的道德判断所关涉的脑区（MPFC、LTPJ 和 RTPJ）同样存在情绪判断的激活，而且在该区域很难分清这样的激活到底是道德判断还是情感判断，以至于杨也感慨：道德判断的脑神经专区在哪？也许有，也许没有。① 这似乎说明，寻找道德判断的脑神经专区宣告阶段性失败，但这确实是整个认知科学、神经科学领域的进步。并且，笔者以为，这并不妨碍这些脑区属于心灵理论所关涉的区域，无论道德判断还是情感判断，都会涉及认知主体的心理状态，那么，后面的两个实验之间虽然存在内在的冲突，但是都可以说明，涉及认知主体心理表征内容的认知反应会激活上述的心灵理论区域。实际上，情感的或道德的，虽然都在相同的大脑神经元中有激活，但是就目前技术手段和人类能力而言，还不能进一步深入探测到这些不同类型的判断到底精确地位于复杂而紧密联结的脑神经网络的哪个区域。虽然这些判断都在相同的区域有激活，但是脑神经系统异常复杂，我们绝不能孤立地看待这些区域，它们必然与其他相关脑区也有着千丝万缕的联系。因此，实验哲学家试图寻找道德判断的脑神经专区的愿望落空也就不难理解了。这些难题的解决，恐怕要等到我们人类自身能够完全认识自己大脑的那一天了，但

---

　　① 参见 Young, L. & Dungan, J., "Where in the Brain Is Morality? Everywhere and Maybe Nowhere", *Social Neuroscience*, Vol. 7, No. 1 (2012), pp. 1-10；李万清、刘超：《道德的脑机制：关于道德现象的科学研究》，《中国社会科学报》2012 年 3 月 7 日。

是，无论如何，继续探索的步伐不能停止。

第四节　评论与辩护

　　笔者在这里就本章的论题做进一步探讨，然后继续对实验哲学自身的问题提供几点辩护。

　　第一，心灵实验的指导理念问题。以上有关心灵理论的哲学实验，其背后是以同一论（identity theory）为指导理念和逻辑基础的。所谓同一论，简而言之，就是心理状态或事件与物理状态或事件的同一、心与身的同一，心理状态与物理状态、心灵与身体有某种内在的因果关系。心灵哲学中主要有类型同一论（type-type identity theory）和个例同一论（token-token identity theory）两种观点：前者主要认为，心理状态与物理状态在类型上是同一的，即认知主体的某一类感觉（如疼痛）整体上与其大脑中的某一类过程（如上文中的神经元激活）是同一的；后者是在前者遭遇到强逻辑困境后逐渐发展起来的，其主要观点是，认知主体的某一心理状态是由其身体的某一物理过程实现的，但是在不同的认知主体身上，或者同一认知主体在不同时间、地点实现该状态，不一定始终是那个物理过程。譬如，如果克里普克所说的可能世界存在，那么，除了现实的物理世界以外，还可能有非物理的可能世界，实现该心理状态的还可能是非物理的过程。这些争论由于不是本章的讨论重点，这里不再详述。但是无论如何，同一论坚持心理状态与物理状态相同一的理念，而这样的观点正是诸多神经科学、脑科学、认知科学家所持有的。他们或清晰地知道或潜意识中持有这样的观点进行着科学的研究，试图通过科学的手段对人类大脑、意识进行"黑箱"窥探，意图揭示其中的奥秘。然而，这种做法本质上就是一种物理主义、自然主义，甚至是唯物主义的研究路径，譬如按照类型同一论的观点，如果坚持心理状态 x 与物理状态 y 是同一的，即 x 与 y 是一一对应的，那么很可能导致 x 就是 y 的极端推论，或者是一味地寻找心理状态所对应的物理过程，那么就可能导致一切心理状态或事件都以物理状态或事件为基础的结论，那么"心灵""意识"的实体地位就不复存在了。

　　第二，虽然神经科学、脑科学、认知科学家声称通过现有的技术手段，他人心灵也对第三人称开放，而且实验结果也显示认知主体在认识自心与认识他心时有着相同的脑神经区域激活，但是，在自心认知版本中，认知主体作为第一人称可以直接通达内心，回忆起自己的信念，而在他心认知版本中，认知主体只能以第三人称旁观者的身份回忆有关他人行为的信念，而不能直接阅读他人内心的心理状态，虽然由形成他人信念的刺激物作为开端，也知道他人由信念引起的行为终端，但是就像那个"处在幕后"的第二被试一样，认知主体关于他人认知的中间环节依然处于"黑箱"之中，而且逻辑上仍然存在难以逾越的困境，譬如，心理的东西是通过内省获得的，物理的东西是通过观察获得的，两者属于不同认识论属性，因此不能画等号，逻辑上不能令人信服地证明这两者之间是如何联结的。况且，即使我们通过技术手段扫描或者定位到了人类大脑的激活区域，但是心理状态的空间定位却依然难以捕捉。诸多类似问题依然困扰着神经科学、脑科学、认知科学家乃至实验哲学家。但是，正如笔者一直坚持的观点那样，虽然困难重重，但是前进的脚步不能停止。虽然在目前范围内，我们认识自身的能力、手段有限，但是不能否认，将来这些问题有继续深入推进的可能。

第三，实验哲学的再辩护。本章中，实验哲学家运用了有别于前两章的实验方法来研究哲学问题。从之前单纯地运用问卷调查、民意测验式的研究方法来考察人们的直觉多样性，到本章利用当前较为先进的技术手段窥探人类的"大脑黑箱"，其方法手段更加科学——这里的"科学"意指用科学的手段研究科学的问题，同时该问题又是哲学家探讨的核心问题。正如笔者在开篇中所论，哲学与科学在这里很好地交融了，哲学与科学走向了合一，它们本就同出一脉。世间万物的本然面貌就是纷繁复杂的，我们认识事物的手段、方法也应该多样多元，而不能单一，哲学研究也应当如此。

有学者质疑，实验哲学所谓的方法依然是科学的，而不能是哲学，哲学根本的方法还是逻辑、推理、思辨的，实验哲学甚至不能被称为哲学。此观点笔者不能苟同：诚然，实验哲学家使用了社会科学、认知科学乃至自然科学的方法，其从事的工作貌似"侵犯"了心理学家、社会学家乃至科学家的"地盘"，然而，这里需要明确的是，虽然实验哲学家与他们使用的是相同的工具，但是其研究的目的以及具体涉猎的领域却是与他们有所差异的。实验哲学家通过这样的技术手段，最终目的是进一步探讨其所关心的哲学问题，技术工具的使用、实验情境的设计等都是为了更好地研究哲学问题，而心理学家、社会学家乃至科学家的目的则是相关心理现象、社会问题以及疾病治疗、人类奥秘等——当然，科学问题在终极意义上与哲学是合一的。并且，实验哲学家利用技术手段关注的兴趣点是知识论、语言哲学、心灵哲学等哲学领域的问题，而这些领域是心理学家、社会学家或者科学家不会涉及或者还未涉及的地带。这些真空地带或者交叉领域正是实验哲学家大有可为的所在。实验哲学从哲学概念、命题、理论的争论开始，通过实施实验，最后回归到哲学的逻辑论证；这看似不太像哲学，但终究还是哲学。

概言之，在学科交叉融合的今天，实验哲学家正在探索一条跨学科协同研究、集群探索的新路径。他们可以继续完善在手的技术工具，并保持开放的姿态，不断地吸收其他相关学科成熟的方法手段，来提升自身，使得实验方法成为哲学家工具箱里行之有效的助探器。①

---

① 参见张学义：《实验哲学：一场新的哲学变革》，《哲学动态》2011 年第 11 期。

第六章

实验伦理学

作为实验哲学的分支，实验伦理学专注伦理学、道德哲学等领域的研究，是近年来兴起的一种跨学科伦理学研究路径。这一研究进路将社会科学、心理学、神经科学等学科的实验方法与伦理问题的研究相结合，通过实证的方式对以往很多有关伦理、道德的理论和观点进行了验证和探索。乔舒亚·格林曾提出，伦理学的实证与实验转向不但能对现有的道德规范提供多重的验证，而且能带来更广阔的反思平衡(double-wide reflective equilibrium)，对于拉近道德认知与判断研究中"是"与"应当"的距离也有着重要的理论和社会意义。[①]

实验伦理学及实验哲学的研究方法虽说是在 21 世纪初才正式诞生的，但其实证主义的研究方式可以追溯到 19 世纪末 20 世纪初英国的社会学家斯宾塞、法国社会学家涂尔干和德国心理学家威廉·冯特等人。1938 年，挪威哲学家阿尔内·内斯(Arne Naess)在《非专业哲

[①] 参见 Greene, J. D., Cushman, F. A., Stewart, L. E., et al., "Solving the Trolley Problem", in Sytsma, J. & Buckwalter, W. (eds.), *A Companion to Experimental Philosophy*, Malden, MA: Wiley-Blackwell, 2016, pp. 175–177。

学家的"真理"构想》一书中提出，传统思辨式的哲学研究方法并不能满足探寻哲学真理的需要，科学实验的方法能够为哲学真理的探索提供新的可能性。[①]

此后，经过几十年的探索，实验伦理学发展迅速，克里斯托夫·吕特格（Christoph Lütge）、汉内斯·鲁施（Hannes Rusch）等2014年共同编辑出版的《实验伦理学：走向经验主义的道德哲学》指出，基于对过去三十年实验伦理学相关学术论文的数量分析，学术界在道德问题研究中对于实验伦理学方法的应用正在逐年增加，研究范围涵盖了道德动机、道德意图、道德认知、道德判断以及道德行为等多个方面。实验伦理学已经逐渐成为近年来西方哲学发展中一个新兴的重要研究方向，吸引了哲学家（包括伦理学家）以及心理学家等不同领域研究者的关注。[②]

在实验伦理学的研究中，更多的研究者关注的是道德判断过程中，影响人们对道德标准的选择和遵守的各种因素。

第一，对道德判断中主体的理性与情感等内在影响因素的研究，乔纳森·海特2001年提出了道德判断的"社会直觉模型"（social intuition model），重新开启了哲学家们对休谟与康德道德判断理论中情感与理性关系的实验性思考。[③]乔舒亚·格林推进了对这一问题的研究，并提出人们在进行道德判断的过程中存在情绪与理性的双重竞争

---

① 参见 Naess, A., *"Truth" as Conceived by Those Who Are Not Professional Philosophers*, Oslo: I Kommisjon Hos Jacob Dybward, 1938, p. 161。

② 参见 Lütge, C., Rusch, H. & Uhl, M. (eds.), *Experimental Ethics: Towards an Empirical Moral Philosophy*, New York: Palgrave Macmillan, 2014, pp. 27–29。

③ 参见 Haidt, J., "The Emotional Dog and Its Rational Tail: A Social Intuitionist Approach to Moral Judgment", *Psychological Review*, Vol. 108, No. 4 (2001), pp. 814–834。

机制，他将这一道德判断机制称为道德的"双加工过程模型"（dual-process model）。① 之后，爱德华·麦锡瑞等人通过跨文化实验比较了不同地区、不同民族的道德判断差异，提出不同民族、不同文化背景对于某些情境下的道德认知和判断具有影响，而另一些则不具有影响。② 后文再详细阐述。

第二，实验伦理学对大众心理学中的"意图"概念进行了研究，乔舒亚·诺布在 2003 年通过实验对比了大众对于不同案例的道德判断，发现大众判断主体道德意图时会受到案例所引发的副作用的影响，当产生良好的副作用时，大众通常判断行为主体并非有意为善，而产生不良的副作用时，却会判断主体有意为恶。这就是实验哲学中著名的"诺布效应"。③

第三，对自由意志与道德责任的相关研究较为突出的有两方面：一个是乔舒亚·诺布和肖恩·尼科尔斯通过假设"决定论世界"所进行的问卷实验，这一实验反驳了以往哲学当中"人是天生的非相容论者"这一观点，并对自由意志和主体在道德行为中能否承担责任的问题进行了重新思考；④ 另一个是以本杰明·利贝特为代表的认知神经科学哲学研究，利贝特教授发现通常在人们的身体受到大于感觉阈限的刺激 500 毫秒之后，其大脑认知系统才开始有意识地做出记

① 参见 Greene, J. & Haidt, J., "How (and Where) Does Moral Judgment Work?", *Trends in Cognitive Sciences*, Vol. 6, No. 12 (2003), pp. 517-523。

② 参见 Machery, E., Mallon, R., Nichols, S. & Stich, S., "Semantics, Cross-Cultural Style", *Cognition*, Vol. 92, No. 3 (2004), pp. B1-B12。

③ 参见 Knobe, J., "Intentional Action and Side-Effects in Ordinary Language", *Analysis*, Vol. 63, No. 3 (2003), pp. 190-194。

④ 参见 Nichols, S. & Knobe, J., "Moral Responsibility and Determinism: The Cognitive Science of Folk Intuitions", *Noûs* 41 (2007), pp. 663-685。

录和反馈，由大脑皮层直接发出指令时也是如此。他对于这一实验结果的分析是：人们在做出行动之前大脑会有 500 毫秒左右无意识的神经元活动（也称"准备电位"），人们在意识到自己做出决定之前大脑就已做出了决定，[①] 这一结论质疑了个体拥有自由意志可以控制自身行为的假说，此后，很多学者，如安吉拉·西里古（Angela Sirigu）和约翰-迪伦·海恩斯（John-Dylan Haynes）教授等都基于该实验对自由意志及其对道德责任判断的影响做了进一步研究。[②]

第四，在对道德判断的研究基础上，实验伦理学还对道德判断和道德践行之间的关联进行了分析和探索。埃里克·施维茨格贝尔（Eric Schwitzgebel）通过实验对比了伦理学家、哲学家和普通人的道德行为，对道德认知和道德践行之间的关系进行了探讨，认为两者之间并没有直接的线性因果关系，熟练掌握各种伦理学规范的伦理学老师在行为方面的表现并不比普通人更加有道德。[③] 彼得·丹尼尔森（Peter Danielson）教授更是将对道德问题的实验方法扩展到人工智能领域，对人工智能的道德判断基础进行了论证与探讨，认为通过实验将人们道德认知和判断的方式数据化，可以促进机器的道德学习。[④] 贝尔特拉姆·马勒（Bertram Malle）进一步讨论了通过确定构成

---

① 参见 Libet, B., "Unconscious Cerebral Initiative and the Role of Conscious Will in Voluntary Action", *Behavioral and Brain Sciences*, Vol. 8, No. 4 (1985), pp. 529-566。

② 参见 Sirigu, A., "Altered Awareness of Voluntary Action After Damage to the Parietal Cortex", *Nature Neurosicence*, Vol. 7, No. 1 (2004), pp. 80-84; Haynes, J. D., Sakai, K., Rees, G., et al., "Reading Hidden Intentions in the Human Brain", *Current Biology*, Vol. 17, No. 4 (2007), pp. 323-328。

③ 参见 Schwitzgebel, E., "The Moral Behavior of Ethicists and the Role of the Philosopher", in Lütge, C., Rusch, H. & Uhl, M. (eds.), *Experimental Ethics: Towards an Empirical Moral Philosophy*, New York: Palgrave Macmillan, 2014, pp. 59-64。

④ 参见 Danielson, P., "Designing a Machine to Learn About the Ethics of Robotics: The N-Reasons Platform", *Ethics and Information Technology*, Vol. 12, No. 3 (2010), pp. 251-261。

人类道德能力的多种元素，设计具有这些道德元素的机器的可能性，并提出如果此种具有道德能力的人工智能可以实现，那么他们将是人类值得信赖的伙伴。扬·戈戈尔（Jan Gogoll）等将这一问题的讨论扩展到无人驾驶等涉及人工智能与道德判断的应用领域，探讨了人们目前对于授权机器进行道德判断时遭遇的难题。[①]

与此同时，实验伦理学在研究中还进一步借助了认知神经科学的实验方法，对道德认知、判断与行为的脑机制进行了深入的研究。

本章以无人驾驶技术中存在的伦理算法作为讨论议题，探索一种基于经验研究的实验伦理学进路。

第一节　无人驾驶的伦理算法及其困境

随着大数据、人工智能等信息技术的迅猛发展，自动驾驶将迎来其技术奇点。越来越多的资本与研发力量投入其中，并且在国内外不同领域开启了上路试点。有研究者不无乐观地指出，当人们度过2020—2040 年的自动驾驶与传统人类驾驶共同存在的混合模式时代后，将在 2040 年迎来全新的交通生态系统，并真正迈入无人驾驶新时代。[②]

然而，由于自动驾驶汽车将交通事故的核心问题由传统的责任承

[①]　参见 Malle, B. F., "Integrating Robot Ethics and Machine Morality: The Study and Design of Moral Competence in Robots", *Ethics & Information Technology*, Vol. 18, No. 4 (2016), pp. 243-256; Gogoll, J. & Uhl, M., "Rage Against the Machine: Automation in the Moral Domain", *Journal of Behavioral and Experimental Economics* 74 (2018), pp. 97-103。

[②]　参见刘少山、唐洁、吴双、李力耘:《第一本无人驾驶技术书》,电子工业出版社 2019 年版, 第 VII 页。

担与分配转向了自动驾驶汽车对生命安全的分配，其内生的伦理决策困境（如事故情境中的"电车难题"）以及衍生出的事故责任归属模糊仍是亟须解决的问题。在目前的自动驾驶情境中，这一困境尚可以被3级自动驾驶①的人机共驾状态所消化；在该级别中，自动驾驶汽车的智能系统处理大部分驾驶工作，在遇到棘手的决策难题时将驾驶权交还人类，这也是目前进行路测和运营的自动驾驶汽车配备一到两名人类安全员的理由之一。

但自动驾驶发展的终极方向是达到完全的无人驾驶，这一方向使其在未来仍需脱离配备安全员的人车共驾模式。另一方面，人车共驾也存在一定的安全隐患，当智能系统长时间负责处理驾驶事宜时，人类安全员将很难保持自身对于道路情况的注意力，若在突发事件的瞬间被交予驾驶决策权，往往不太可能立刻收回注意力并做出理智的判断。即便安全员能够克服生理疲劳，保持注意力的高度集中，这似乎也违背了自动驾驶汽车将人类从传统驾驶活动中解放出来的初衷。因此，为自动驾驶汽车可能遇到的决策困境预设一种伦理性算法，并为随后的责任归属难题寻求一个普适性方案便成为迫在眉睫的任务。

面对伦理困境中涉及的功利主义与道义论的理论冲突，决策情境中并不存在一个超越所有原则的、最具正当性的伦理规范；不论选择何种伦理理论，都需面对其固有的缺陷。② 因而在以往的算法研究中，研究者们除了在理论上对伦理算法的正当性进行论证以外，还时

---

① 按照我国的《汽车驾驶自动化分级》，自动驾驶汽车按自动化分为6个等级，0级（应急辅助）、1级（部分驾驶辅助）、2级（组合驾驶辅助）、3级（有条件自动驾驶）、4级（高度自动驾驶）以及5级（完全自动驾驶）。

② 参见隋婷婷、张学义：《功利主义在无人驾驶设计中的道德算法困境》，《自然辩证法研究》2021年第10期。

常将诉诸大众直觉的实验调查方法作为辅助，从经验层面为不同的伦理原则提供其在现实判断中的有效性参考，以期由此提出的伦理算法最终能够在无人驾驶的生产实践中落地。

当前的算法按设计思路可分为两大类：强制性伦理算法（mandatory ethics setting，MES）和个人化伦理算法（personal ethics setting，PES）。前者是指自动驾驶车辆的制造商预先为车主设置一个特定的道德算法，后者则是将算法的设置权交付给车主。[①] 强制性算法以功利主义算法（utilitarian algorithm）、罗尔斯算法（Rawls algorithm）、制动力学算法（dynamics algorithm）等为主，但由于使用者对于伦理原则要求的非普适性，目前的强制性算法并不能满足人们实际操作的需要。个人化算法以"伦理旋钮"（ethical knob）为代表，该算法架构由朱塞佩·孔蒂萨（Guiseppe Contissa）等人提出，伦理旋钮设置了一个由利他到利己的刻度旋钮（刻度为由"0"到"1"），靠近"0"的一端对应了偏好乘客的"利己主义"模式，靠近"1"的一端对应了偏好行人的"利他主义"模式，旋钮中央则对应行人与乘客同等重要的公平模式，即在事故中保护人数较多的一方，若人数相等则随机选择。[②]

相比一元化的强制性算法，个人化算法为车主提供了相对多元的选择；同时，借由转让选择权使车主成为无人驾驶汽车的"道德代

---

① 参见 Gogoll, J. & Müller, J. F., "Autonomous Cars: In Favor of a Mandatory Ethics Setting", *Science and Engineering Ethics*, Vol. 23, No. 3 (2017), pp. 681-700。

② 参见 Contissa, G., Lagioia, F. & Sartor, G., "The Ethical Knob: Ethically-Customisable Automated Vehicles and the Law", *Artificial Intelligence and Law*, Vol. 25, No. 3 (2017), pp. 365-378。

理"(moral proxy)①，似乎可以在一定程度上解决无人驾驶汽车决策主体模糊的问题，从而在事故归责方面比强制性算法更有优势。但扬·戈戈尔和朱利安·米勒(Julian Müller)在对个人化算法的理论推演中指出，对于无人驾驶汽车的道德决策所产生的伦理问题，更恰当的思考方式是博弈论，个人化伦理算法所带来的后果可能是车主在算法设置中陷入集体性的"囚徒困境"。② 囚徒困境最初指共同犯罪的两个囚徒在分别审讯中的策略权衡：若两人都拒绝招供，警方由于证据不足，两人各判刑一年；若两人都交代，各判刑五年；若一人交代，一人拒绝招供，则交代者无罪释放，拒绝招供者判刑十年。由于两名囚徒被分开审讯，并不真正知道对方的应对策略，考虑到选择拒绝招供的两个可能的结果是判刑一年或十年，而选择交代的结果是无罪释放或判刑五年，两名囚徒为保护自己的利益(避免被判刑十年的最坏结果)，更可能都选择老实交代，达成双方都判刑五年的非最优结果。因而囚徒困境作为非零和博弈中的典型案例，常被用于反映对个体更有利的选择反而可能导致团体性的非最佳选择。

戈戈尔等认为在无人驾驶的算法设置中，当无法确保其他无人驾驶汽车车主会如何设定他们的伦理旋钮之时，人们会逐渐陷入一个惶惶不可终日的状态，即出于自保，每个人都可能将自己的旋钮设置到极端利己主义状态，从而导致更多的伤害，进而丧失对整个无人驾驶

---

① 参见 Millar, J., "Technology as Moral Proxy: Autonomy and Paternalism by Design", *IEEE Technology and Society Magazine*, Vol. 34, No. 2 (2015), pp. 47–55。
② 参见 Gogoll, J. & Müller, J. F., "Autonomous Cars: In Favor of a Mandatory Ethics Setting", *Science and Engineering Ethics*, Vol. 23, No. 3 (2017), pp. 681–700。

汽车大环境的信任，这就是无人驾驶汽车伦理旋钮可能导致的"囚徒困境"。[1]

因而我们采用实验哲学研究方法对"伦理旋钮"算法的理论推演进行了问卷调查，以验证伦理旋钮是否存在如理论假设的归责优势，即其是否能够有效消解道德—法律困境，以及是否会出现车主博弈的"囚徒困境"。

第二节　伦理旋钮算法横向对比实验

本次实验分为三组（每组 230 名被试，共计 690 名，年龄涵盖 18 周岁及以下至 56 周岁及以上人群），分别为罗尔斯算法 vs. 伦理旋钮、制动力学算法 vs. 伦理旋钮以及功利主义算法 vs. 伦理旋钮。全部数据通过线上平台采集，样本数据来源覆盖全国大部分的省与直辖市。

问卷以自动驾驶的"行人难题"和"隧道难题"为基础情境进行实验，分别对比了伦理旋钮与强制化算法中较有代表性的罗尔斯算法、制动力学算法以及功利主义算法在归责、购买欲等方面的异同。

"行人难题"来源于菲莉帕·富特（Philippa Foot）提出的"电车难题"[2]，主要测试人们在不关涉自身安全性的情况下面对行人的生命决策困境进行的道德选择：

---

① 参见 Gogoll, J. & Müller, J. F., "Autonomous Cars: In Favor of a Mandatory Ethics Setting", *Science and Engineering Ethics*, Vol. 23, No. 3 (2017), pp. 681–700。

② 参见 Foot, P., "The Problem of Abortion and the Doctrine of Double Effect", *Oxford Review*, Vol. 2, No. 2 (1967), pp. 152–161。

　　　　当你正驾驶一辆汽车时，道路前方出现了 5 个行人，道路侧前方有个可以转向的岔道，岔道上有 1 个行人。此时已经来不及刹车，直行可能会撞死 5 个行人，转向可能会撞死 1 个行人，在这个时候，你会选择转向吗？

　　"隧道难题"则来源于扬·戈戈尔等提出的自动驾驶隧道两难情境①，用于测试人们在道德选择关涉自身安全时的判断：

　　　　当你正在隧道里驾驶一辆汽车时，道路前方出现了 5 个行人，没有可供你选择的其他路线。此时已经来不及刹车，汽车直行可能会撞死 5 个行人，如果不选择直行，只能转向撞向隧道墙壁，这样则可能会撞死自己。这个时候，你会选择转向吗？

一、罗尔斯算法 vs. 伦理旋钮算法

　　"罗尔斯算法"由德里克·莱本（Derek Leben）根据美国政治哲学家罗尔斯《正义论》中的"最大化最小原则"（maximizing the minimum payoffs）和"无知之幕"（veil of ignorance）理论提出。"最大化最小原则"指决策者应考虑每种方案可能造成的最糟糕的后果，在对比方案时，将所有方案的最坏结果进行排序，并以此为依据选择一个损失小于其他最坏结果的方案。② "无知之幕"则是使决策的人不知道自

---

　　① 参见 Gogoll, J. & Müller, J. F., "Autonomous Cars: In Favor of a Mandatory Ethics Setting", *Science and Engineering Ethics*, Vol. 23, No. 3（2017）, pp. 681-700。

　　② 参见 Rawls, J., *A Theory of Justice*, Cambridge, MA: The Belknap Press of Harvard University Press, 1971, p. 154。

己所处的位置，以避免人们为自己所在的群体谋利。[①]因而"罗尔斯算法"的关键点在于通过优先最大化底线安全的方式，首先筛选出事件相关人存活概率的最低收益集，再经由数据的循环穷举，筛选出所有相关人存活率最大化的操作。这一算法只计算车祸相关人的存活概率，不涉及对车主或行人在身份和人数层面的偏袒，莱本认为这是一种接近"无知之幕"的公平状态。[②]

在强制性算法的问卷情境里，"罗尔斯算法"在问卷中的"行人难题"情境中被表述为：

> 如果你乘坐的无人驾驶汽车上安装了一套算法系统，该算法系统经过计算得出：汽车直行时，5人中受伤最严重的死亡率为60%；汽车转向时，受伤最严重的死亡率为90%。此时根据算法计算，该无人驾驶汽车选择了直行。

"罗尔斯算法"在问卷中的"隧道难题"情境中被表述为：

> 如果你乘坐的无人驾驶汽车上安装了一套算法系统，该算法系统经过计算得出：汽车直行时，5人中受伤最严重的死亡率为60%；汽车转向撞墙时，你自己的死亡率为90%。此时根据算法计算，该无人驾驶汽车选择了直行。

---

① 参见 Rawls, J., *A Theory of Justice*, Cambridge, MA: The Belknap Press of Harvard University Press, 1971, p. 118。

② 参见 Leben, D., "A Rawlsian Algorithm for Autonomous Vehicles", *Ethics and Information Technology*, Vol. 19, No. 2 (2017), pp. 107–115。

在伦理旋钮的问卷情境里，算法的伦理偏向由被试设置，在问卷中被表述为：

> 如果你乘坐的无人驾驶汽车安装了一个从 0 到 1 的连续刻度的"算法旋钮"，每个刻度都代表了无人驾驶汽车在遇到车祸时做出的不同选择：旋钮转到中间，汽车遇到危险时，将保护乘客与行人当中人数多的一方。旋钮越靠近 0，越倾向于保护乘客，转到 0 时，汽车将无视人数差异，绝对保护乘客；旋钮越靠近 1，越倾向于保护行人，转到 1 时，汽车将无视人数差异，绝对保护行人。无人驾驶汽车启动前，作为车主，你可以提前设定旋钮刻度，使得该汽车在遇到危险时做出自主的算法选择。

230 人（女 122，男 108）参与了本次实验。不论是作为当事人，还是作为旁观者，被试在被问及一旦出现车祸该如何归责时，"伦理旋钮"算法在"行人难题"与"隧道难题"情境中归责于车主的选择均高于罗尔斯算法（不过作为旁观者，其归责车主的比例要略高于当事人视角），并且在归责不清选项中，罗尔斯算法也普遍比伦理旋钮高（"隧道难题"的旁观者视角除外）（见表 6-1）。

同时，在"伦理旋钮"的"囚徒困境"测试中，无论是在"行人难题"还是在"隧道难题"情境中，且不管是当事人视角还是旁观者视角，被试均未过度选择极端利己主义的"0"刻度，相反，更多的是选择了偏向中立的"0.5"刻度。这一结果预示，在实际的操作中，大多数人在乘坐装置"伦理旋钮"的无人驾驶汽车并遇到危险时，并不会做出极端利己的选择，而是采取相对公平的选项，戈戈尔等人在理论上推演的"囚徒困境"现象在现实中并不会出现(见表6-2)。

表6-1　罗尔斯算法 vs.伦理旋钮算法归责情况

归责主体	行人难题情境				隧道难题情境			
	当事人视角		旁观者视角		当事人视角		旁观者视角	
	罗尔斯算法	伦理旋钮算法	罗尔斯算法	伦理旋钮算法	罗尔斯算法	伦理旋钮算法	罗尔斯算法	伦理旋钮算法
车主	32.61%	45.65%	41.74%	52.17%	37.83%	50.43%	46.52%	50.43%
生产商	22.17%	20.43%	25.22%	20.87%	23.04%	19.13%	20.00%	16.96%
设计人员	22.61%	21.30%	15.65%	13.04%	22.61%	15.22%	18.26%	15.65%
不清楚	22.61%	12.61%	17.39%	13.91%	16.52%	15.22%	15.22%	16.96%
卡方检验	$\chi^2=131.2232$, df=9, $p<0.01$		$\chi^2=189.8854$, df=9, $p<0.01$		$\chi^2=131.2232$, df=9, $p<0.01$		$\chi^2=176.8138$, df=9, $p<0.01$	

表6-2　罗尔斯算法 vs.伦理旋钮算法之"囚徒困境"

囚徒困境	行人难题		隧道难题	
旋钮刻度	当事人视角	旁观者视角	当事人视角	旁观者视角
0	8.7%	4.3%	8.7%	2.2%
0.1	8.3%	1.3%	7.4%	3%
0.2	6.1%	3%	7%	4.3%
0.3	9.6%	2.6%	12.2%	1.7%
0.4	10.4%	5.2%	9.1%	4.3%
0.5	27.8%	29.6%	27.4%	34.3%
0.6	5.7%	7.4%	7.8%	7%

（续表）

囚徒困境	行人难题		隧道难题	
0.7	4.8%	6.1%	4.3%	9.1%
0.8	3.9%	10.4%	4.3%	7%
0.9	5.2%	11.3%	3.9%	8.3%
1	9.6%	18.7%	7.8%	18.7%

　　此外，在两个情境的购买欲求对比中，人们对装置"伦理旋钮"算法的无人驾驶汽车的购买意向也略高于装置了"罗尔斯算法"的无人驾驶汽车，且在统计学意义上呈现出显著差异，不过被试对装置两种算法的无人驾驶汽车真正购买欲求普遍都不高（见表6-3）。

表6-3　罗尔斯算法 vs. 伦理旋钮算法之"购买欲求"

购买欲求		不会	会	卡方检验
行人难题	罗尔斯	57.4%	42.6%	$\chi^2 = 73.8487$，$df = 1$
	伦理旋钮	51.7%	48.3%	$p < 0.01$
隧道难题	罗尔斯	54.8%	45.2%	$\chi^2 = 114.6493$，$df = 1$
	伦理旋钮	50.9%	49.1%	$p < 0.01$

二、制动力学算法 vs. 伦理旋钮算法

　　"制动力学算法"是为了减少车辆在失控状态下造成侧滑、翻滚等风险而提出的技术型算法。汽车转向时轮胎的角度和速度的变化是不可避免的，但失控时轮胎角度和速度的变化极可能使轮胎与地面的动摩擦变为静摩擦，使得汽车侧翻或旋转，并引起爆炸等破坏性后

果。同时，考虑到现实生活中，行人可能会做出躲避等动作，汽车急转弯撞人的概率会高于车辆保持原有行车轨迹时的概率。[1] 因而这一算法认为无人驾驶车辆在紧急状态下降低破坏力的优选方式是选择直行，从而减少车辆失控带来的连带伤害。

在强制性算法的问卷情境里，制动力学算法被表述为：

> 如果你乘坐的无人驾驶汽车上安装了一套算法系统，该算法系统经过计算得出：汽车转向撞击行人可能造成翻车或其他不可控的连带事故，伤害性更大，而选择直行可能造成的伤害最小。该无人驾驶汽车选择了直行。

230人（女112，男118）参与了本次实验。在事故归责方面，被试无论是作为当事人，还是作为旁观者，"伦理旋钮"算法在"行人难题"与"隧道难题"情境中归责于车主的选择均高于制动力学算法（只是作为旁观者，其归责车主的比例仍略高于当事人视角），同样，在归责不清选项中，制动力学算法也普遍比伦理旋钮高（"隧道难题"的旁观者视角除外）（见表6-4）。

在"伦理旋钮"的"囚徒困境"测试中，被试在"行人难题"与"隧道难题"中，无论是当事人视角还是旁观者视角，其选择同样均未出现"囚徒困境"现象，即大多数人并未选择完全利己的"0"刻度（见表6-5）。

---

[1] 参见 Davnall, R., "Solving the Single-Vehicle Self-Driving Car Trolley Problem Using Risk Theory and Vehicle Dynamics", *Science and Engineering Ethics*, Vol. 26, No. 1 (2020), pp. 431–449.

表 6-4 制动力学算法 vs. 伦理旋钮算法归责情况

归责主体	行人难题情境				隧道难题情境			
	当事人视角		旁观者视角		当事人视角		旁观者视角	
	制动力学算法	伦理旋钮算法	制动力学算法	伦理旋钮算法	制动力学算法	伦理旋钮算法	制动力学算法	伦理旋钮算法
车主	32.61%	47.83%	42.17%	56.52%	34.35%	42.61%	46.52%	54.78%
生产商	23.04%	19.13%	21.74%	18.26%	26.52%	23.48%	23.48%	18.70%
设计人员	27.83%	21.74%	22.17%	15.22%	27.39%	23.48%	19.57%	15.22%
不清楚	16.52%	11.30%	13.91%	10.00%	11.74%	10.43%	10.43%	11.30%
卡方检验	$\chi^2 = 125.8008$ $df = 9$ $p < 0.01$		$\chi^2 = 133.3382$ $df = 9$ $p < 0.01$		$\chi^2 = 195.408$ $df = 9$ $p < 0.01$		$\chi^2 = 228.1831$ $df = 9$ $p < 0.01$	

表 6-5 制动力学算法 vs. 伦理旋钮算法之"囚徒困境"

囚徒困境	行人难题		隧道难题	
旋钮刻度	当事人视角	旁观者视角	当事人视角	旁观者视角
0	8.3%	4.8%	9.1%	3.9%
0.1	6.1%	2.2%	6.1%	3.9%
0.2	6.5%	2.2%	6.1%	1.3%
0.3	6.5%	3.9%	7.8%	3%
0.4	9.1%	3.9%	8.7%	3.5%
0.5	28.7%	30%	29.6%	30.9%
0.6	7.4%	10%	6.1%	8.3%
0.7	6.5%	4.8%	7%	7.4%
0.8	4.8%	7.4%	5.7%	8.7%
0.9	3.9%	10%	3.9%	10.9%
1	12.2%	20.9%	10%	18.3%

在上述两个情境的购买欲求对比中，人们对安装了伦理旋钮的无人驾驶汽车的购买意向依然略高于安装了制动力学算法的汽车，并在统计学层面上有显著差异；与上述两个情境相同，被试对装置此两种算法的无人驾驶汽车真正购买欲求普遍都不高(见表6-6)。

表6-6 制动力学算法 vs.伦理旋钮算法之"购买欲求"

购买欲求		不会	会	卡方检验
行人难题	制动力学算法	54.3%	45.7%	$\chi^2=68.202$，$df=1$，$p<0.01$
	伦理旋钮算法	48.3%	51.7%	
隧道难题	制动力学算法	58.3%	41.7%	$\chi^2=85.9669$，$df=1$，$p<0.01$
	伦理旋钮算法	49.1%	50.9%	

三、功利主义算法 vs.伦理旋钮算法

功利主义算法作为大众直觉中传统电车难题最具普适性的答案，是道德算法早期最受期待的算法之一，该算法通常以人数为决策的基础，在事故中保护多数人，牺牲少数人。

在强制性算法的问卷情境里，功利主义算法被表述为：

如果你乘坐的无人驾驶汽车上安装了一套算法系统，该算法系统的计算原则是：汽车在遇到危险时，总是牺牲少数人的生命，拯救多数人的生命。此时选择转向可能撞死那1个行人，而选择直行可能会牺牲那5个行人。该无人驾驶汽车选择了转向。

230人（女116，男114）参与了本次实验。无论是当事人视角还是旁观者视角，被试在"行人难题"与"隧道难题"情境中选择归责于车主的比例，伦理旋钮算法都高于功利主义算法，并且依然呈现出旁观者视角高于当事人视角的状况（见表6-7）。

表6-7　功利主义算法 vs. 伦理旋钮算法归责情况

归责主体	行人难题情境				隧道难题情境			
	当事人视角		旁观者视角		当事人视角		旁观者视角	
	功利主义算法	伦理旋钮算法	功利主义算法	伦理旋钮算法	功利主义算法	伦理旋钮算法	功利主义算法	伦理旋钮算法
车主	30.43%	42.61%	40.43%	48.26%	30.00%	40.87%	36.09%	46.09%
生产商	23.48%	24.35%	23.04%	22.17%	30.00%	23.91%	28.26%	23.48%
设计人员	16.52%	16.52%	13.91%	14.35%	20.43%	16.96%	17.83%	15.22%
不清楚	29.57%	16.52%	22.61%	15.22%	19.57%	18.26%	17.83%	15.22%
卡方检验	$\chi^2 = 123.667$ df=9 $p<0.01$		$\chi^2 = 142.1984$ df=9 $p<0.01$		$\chi^2 = 262.3447$ df=9 $p<0.01$		$\chi^2 = 188.6083$ df=9 $p<0.01$	

在"伦理旋钮"的"囚徒困境"测试中，无论是当事人视角还是旁观者视角，被试在"行人难题"与"隧道难题"情境中，依然未出现理论预设的"囚徒困境"现象，即大多数人并未选择完全利己的刻度"0"（见表6-8）。

在购买欲求对比中，人们对设置了伦理旋钮无人驾驶汽车的购买意向依然略高于设置了功利主义算法的无人驾驶汽车，并在统计学层面上有显著差异（见表6-9）。

表 6-8　功利主义算法 vs. 伦理旋钮算法之"囚徒困境"

囚徒困境	行人难题		隧道难题	
旋钮刻度	当事人视角	旁观者视角	当事人视角	旁观者视角
0	12.6%	3.9%	11.3%	3.5%
0.1	4.8%	2.2%	5.7%	2.2%
0.2	7%	1.7%	7.8%	3.9%
0.3	9.6%	2.6%	10.9%	3.5%
0.4	6.5%	3.5%	7%	3%
0.5	30.4%	32.2%	29.6%	30.9%
0.6	5.7%	5.2%	4.8%	7%
0.7	5.2%	6.1%	5.2%	7%
0.8	4.3%	10.4%	4.3%	9.1%
0.9	5.7%	8.3%	3.5%	7.8%
1	8.3%	23.9%	10%	22.2%

表 6-9　功利主义算法 vs. 伦理旋钮算法之"购买欲求"

购买欲求		不会	会	卡方检验
行人难题	功利主义算法	48.7%	51.3%	$\chi^2 = 117.2742$，$df = 1$, $p < 0.01$
	伦理旋钮算法	45.2%	54.8%	
隧道难题	功利主义算法	53%	47%	$\chi^2 = 136.9989$，$df = 1$, $p < 0.01$
	伦理旋钮算法	47%	53%	

第三节　伦理旋钮的算法意义

一、伦理旋钮的归责优势

无人驾驶汽车一直存在道德—法律责任难以界定的问题。通常认为，在现有的技术条件下，作为机器，无人驾驶汽车并不具备完全意义上的主体性——不论是传统主体性观点谈及的能动性、具身意义的封闭性和意向性特征，还是非标准观点所说的概念化能力、因果推理能力、反事实推理能力和语义能力等条件，作为一种技术智能体的无人驾驶汽车在当下乃至未来相当长的时间内都无法完全达到其要求。退一步来讲，即使无人驾驶汽车具备了主体性资格，那么它是否拥有道德—法律能力呢？所谓道德—法律能力，即在遇到交通事故时，无人驾驶汽车知道在道德、法律上应该做何选择，并根据道德原则、法律规范做出决策、采取行动，同时还能根据道德、法律规范对自己的行为进行合理的解释，等等。① 这些道德—法律能力，现有的抑或按照现有的技术进路进行研发的无人驾驶汽车是无法具备的。基于此，无人驾驶汽车既不具有完全意义上的道德—法律主体性资格，也无法拥有充分的道德—法律能力，更不能承担相应的道德—法律责任，"出于社会心理，人们不能接受一旦发生事故却没有特定的责任人，

① 参见吴童立：《人工智能有资格成为道德主体吗？》，《哲学动态》2021 年第 6 期。

而可能是一台机器为此承担责任"①。

随着算法技术不断地向更加智能的状态进化发展，智能机器经历了由人类的行为投射发展到依靠算法进行自我深度学习的过程。由于算法决策的结果涉及人的生命安全责任在交通事故中的分配，无论是法律抑或道德责任都必须被归结到某个具体的决策主体上，也即人们必须为无人驾驶汽车的决策结果寻找一个能够担保并承担责任的人。

将这一责任简单地归于厂商或算法设计师显然不太现实，这也将极大地打击或削弱无人驾驶研发者的创新动力。伦理旋钮算法为这个问题的解决提供了一个方向——将使用者拉入决策的过程。伦理旋钮的算法可选性一方面保留了个体在伦理困境决策中道德偏好的多样性，尊重了生命伦理当中不将个人道德选项强加于他人的共识，② 另一方面也通过车主对算法的重置，完成了决策权的转换和让渡。

虽然在问卷调查结果中，伦理旋钮算法对于车主的归责率在50%左右，并未完全化解无人驾驶汽车的道德—法律困境，但其稳定性均高于其他算法，在不同的对照组实验中，在前置算法情境不同的情况下仍然持续了较高的稳定性和容错性。这在一定程度上代表大众直觉对伦理旋钮的判断有着恒常性。

此外，伦理旋钮算法做出的决策不单纯是程序工程师对于无人驾驶汽车的算法预置，而是基于使用者自身的责任选择最终达成的个性化算法，这在一定程度上避免了寻责无果的情况，为决策型算法的后

---

① 白惠仁：《自动驾驶汽车的"道德算法"困境》，《科学学研究》2019年第37卷第1期。

② 参见 Millar, J., "Technology as Moral Proxy: Autonomy and Paternalism by Design", *IEEE Technology and Society Magazine*, Vol. 34, No. 2 (2015), pp. 47-55。

续改进与发展提供了一个很好的参考。

二、伦理旋钮的"囚徒困境"

针对上文提及的可能出现的"囚徒困境"，本次调查的数据反映，这一理论上的推演在现实层面并没有想象中那么严重。在大众选择中，尽管有10%左右的被试选择了极端利己设置（行人在算法中没有任何权重，汽车将在车祸困境中无条件保护车主，即便此时转弯避让行人可能只导致车主轻伤），但选项中占比最大的（30%左右）仍是中立（0.5）的算法设置，也即是说虽然存在极端利己的选择，但实质上戈戈尔认为的大多数人都将遵循"囚徒困境"做出极端利己设置的推测并不成立。约90%的人在问卷中均选择给予行人不同的算法权重（根据权重计算选择是避让还是撞向行人），能够在很大程度上保证行人的生还率。同时，考虑到人类驾驶情境中同样会有一部分人在车祸中做出极端利己的选择，算法设置上10%的极端利己似乎仍在可接受的范围内。由此可见，算法对人们选择的影响与操纵并没有达到不可控制的状态，起码对于安装伦理旋钮可能引发的"囚徒困境"来说是如此。

此外，虽然算法决策是以数据分析与实施的判断为基础的，但决策的过程仍需要加入伦理、道德、情感等方面的因素，分析算法本身是否具有缺陷与偏见，以便有效运用算法系统对人们有所助益的方面，在可以预见的未来，人工智能伦理算法也许能够帮助人们更好地解决伦理困境，但完全将伦理决策交给机器，尚无法得到完全的信赖。一方面，放任智能系统全权代劳人类主体的决策活动，挤压个体对价值性问题的自主决策空间，可能造成人类的主体性和自治性在智能时代被自动化决策所消解。另一方面，由于个体在价值观、道德原则等方面的差异，放诸四海而皆准的强制性算法原则可能永远也无法找到，因此在道德允许的范围内给予无人驾驶汽车用户以算法选择权可能是目前最具可行性也能最大程度保留使用者主体性的方案。

三、伦理旋钮的市场接受度

伦理旋钮算法理论的提出者认为，伦理旋钮由于其能够由乘客设定的特点，具有更高的市场接受度。在本次实验中，大众对设置了伦理旋钮算法的无人驾驶汽车的购买意向略高于50%。尽管优势不够明显，但相比购买意向在40%左右的罗尔斯、制动力学以及功利主义等算法，其表现仍可谓可圈可点。在没有其他更好的算法之前，伦理旋钮不失为一个优于现有其他算法的可选项。

如果要求所有无人驾驶汽车都强制采用并严格执行公正的（功利主义）伦理算法，即遭遇危险时，总是以牺牲少数人来拯救多数人，许多人仍然可能拒绝购买、乘坐无人驾驶汽车，即使无人驾驶相对于人工驾驶在安全性方面具有更加明显的优势。此外，如果无人驾驶汽车固定的伦理算法设置交由生产者抉择，那么生产者可能会更多地考虑车主或乘客是否会购买或租用，从而采用更加偏向保护乘客的伦理算法。然而，如果伦理算法倾向于保护乘客的安全，无人驾驶汽车遇到危险时，将不可避免地首先选择对行人造成伤害，致使行人处于危险之中，而安装了这种算法的无人驾驶汽车恐怕也无法获得相关部门的上路许可。

设置伦理旋钮算法的无人驾驶汽车，车主或乘客有责任决定在突发事故情况下应采用何种伦理原则，并且能够对他们做出的选择负责；同时，无人驾驶汽车也能够基于风险评估来执行用户的道德选择，这对于提高人们对自动驾驶汽车的接受度、加速自动驾驶汽车的市场投放等都是有利的。

第四节　结语

一、伦理旋钮是否破解了无人驾驶算法困境？

通过对伦理旋钮理论的综合分析以及对比其他伦理算法在解决无人驾驶伦理困境中的表现来看，伦理旋钮算法均有着较好的应用效果：通过平行对比现有算法模式的实际效果，验证了伦理旋钮理论在道德—法律归责、购买欲求及市场接受度等方面具有较为明显的优势，同时数据也表明基于理论推演可能存在的"囚徒困境"缺陷在现实层面中也并未出现。

在购买方面，人们对伦理旋钮算法的接受度和对设置了伦理旋钮算法的无人驾驶汽车的购买欲求均较其他算法高。在归责方面，虽然伦理旋钮并没有完全消解道德—法律困境，但对无人驾驶汽车事故的归责比其他伦理算法更加明晰，且不受其他因素影响，能保持在一个相对稳定的状态。伦理旋钮算法将用户拉入责任选择的运算过程当中，在一定程度上避免了责任主体缺失的情况。此外，伦理旋钮的可调节性，也使得无人驾驶汽车在进入市场之后能够根据乘坐成员的不同，设置更加多元化、更加适配的算法选项，为适应不同主体的不同需求提供了可能性。同时，尽管我们可以假设未来的人工智能伦理算法也许能够更好地解决伦理困境，但人们的个体化选择权依然重要，算法的自主可选性是发挥使用者主体性、避免其被科技消解的方式之一。

在缺陷方面，伦理旋钮算法理论上可能存在的类似"囚徒困境"的大规模恶性博弈场景在实验中并不明显，使用者们大多选择了比较中立的算法调节方案。诚然，伦理旋钮极端利己主义模式的存在也许会导致总的死亡率比强制性统一预设的伦理算法更高，但若只有少部分群体进行了这一设置，对于整体的驾驶群体而言似乎尚可接受。并且，在现实中，可通过法律等途径对实施极端利己主义模式行为做出严格规定和限制，辅以高额的保险代价和更小的保险范围，理论推演中的极端利己主义选项比例可能会大幅减少。

因此，我们认为个人化定制伦理算法在无人驾驶汽车伦理算法的后续发展中卓有优势，与之相关的法律规定和社会规则也可为无人驾驶汽车的投入和适应社会做出补充规定，约束个人化定制算法设定，从而避免其缺陷可能造成的社会不良影响。

二、实验哲学研究方法的意义

由此不难看出，"伦理旋钮"的实验哲学研究为无人驾驶伦理算法如何落地提供了可能的启示性方案，也为传统伦理学的理论研究如何借助实验哲学方法进行哲学探讨提供了鲜活的案例。以直觉作为切入口的实验哲学，通过将抽象的哲学理论或观点具化为描述性经验情境，并诉诸大众直觉而非哲学家私人化的神秘内省，从而对常常是基于哲学家个人经验而提炼出来的哲学理论或观点进行验证，提供或支持或反驳的经验性论据，进而对该议题提出更加合理、规范的要求，抑或通过经验性的证据启迪理论探讨的新维度。[①]

　　总之，实验哲学并非要取代也不可能取代纯粹思辨的"扶手椅"哲学，而是为其配备一套助探式的"新工具"，为哲学家在进行哲学探索的过程中提供一种可供选择的新途径，开启一条"坐而论道"与"起而践道"协同共进的新路径。

　　[①]　参见聂敏里：《哲学与实验——实验哲学的兴起及其哲学意义》，《自然辩证法通讯》2020年第42卷第9期。

第七章

实验科学哲学

在以上章节中，笔者探讨了实验哲学研究方法在分析哲学领域内（如知识论、语言哲学、心灵哲学等）的应用。与之同时，实验哲学家已经开始将这种方法应用到科学哲学领域中——本章主要研讨实验生物哲学家考察不同生物学领域的科学家对基因概念的直觉差异，探究基因的概念内涵的演变生态。

第一节　哲学实验：科学哲学的新路径

众所周知，在传统哲学分析中，在进行一个概念的分析时，哲学家凭借自己专业化的语言能力和个体化的哲学直觉，运用相应的语词表征和逻辑推理能力，以求形成清晰明确的哲学概念，而一个概念唯有得到澄明，才具有普遍适用性和广泛共识性。从统计学意义上来看，此时的哲学家常常把自己看作是社会语言共同体中的一个"样本"——通过对"样本"的抽样调查，能够较为全面地反映总体的状况、趋势——哲学家试图通过个体化的概念分析，得出具有普遍性或者高概率的概念共识，当然，这样的概念分析是基于哲学家直觉的。实验哲学所做的主要工作就是按照这种统计学路径继续前行，检测基于哲学家直觉的概念分析结果是否真的具有普遍性与合理性。

这样的概念分析路径能否推广到对于科学概念的分析呢？从理论上讲，这似乎是可能的：任何一个科学家在面对一个科学概念时，也常常把自己放置在与之相关的概念系统中的"样本"地位，即结合科学研究的实际需要和科学共同体的学科规训等途径，通过诉诸个人直觉，使用、构造或重塑科学概念，并希望此概念具有广泛的共识性与普遍性，进而形成、推广以概念为基础的科学理论与研究成果。个人的概念选择一定程度上代表着某一科学领域对该概念的认同趋向。不过，这样做导致的另一结果是，科学概念呈现出多样性。

"经验科学是概念创新的动力所"①，科学家常常根据研究需要使用、再用他们的术语，其结果是在某一领域关于某一对象的概念丰富多样，概念生态系统显得生机勃勃。而概念的多样性很难通过哲学分析的研究路径得以澄清，尤其这种多样性是因科学家或科学家共同体的理论背景、学科训练、科研经验或者研究兴趣等方面的不同而表现出的差异，概念分析的方法就显得更难以有效推进。那么，是否存在其他出路呢？部分科学哲学家，如亨克·德雷格特（Henk de Regt），认为科学理解的语用性应被置于概念分析的中心，而这通常导致调用实证研究的分析方法，这促使实验哲学进入科学哲学的研究领

---

① Stotz, K. & Griffiths, P., "Genes: Philosophical Analyses Put to the Test", *History and Philosophy of the Life Sciences*, Vol. 26, No. 1 (2004), pp. 5-28.

域。[1] 越来越多的实验哲学家主张"调查驱动法",即通过实验调查科学家自身对概念的科学理解,从而使哲学家们能够捕捉个体之间所运用的认知规范的差异,以及不同领域对同一外部规范的理解的异质性,从而避免科学哲学中传统的基于直觉和文献的方法。[2] 例如,保罗·格里菲思(Paul Griffiths)、卡罗拉·斯托茨(Karola Stotz)等人认为,"可能的路径"就是实际研究科学家或科学共同体所说的和所做的,并提出三种可供操作的方式:

(1)通过考察科学史,看看历史上科学家关于科学概念的表述以及他们实际所做的工作,从而达到对概念的准确理解。他们认为,这是一种很有价值的并可以形成研究背景的路径。

(2)比较不同学科领域关于同一概念进行论述的学术作品,考察其作者在其从事的领域中所做的工作,以及他们与合作者交谈的内容。

(3)实施实验研究,通过实证调查的方法,搜集、检测同一领域不同背景或不同领域的科学家、科学共同体对同一科学概念的回答,以反映该科学概念多样性的动态图景。实验哲学家正是基于这一方法来探究科学概念的变迁以及概念演变与科学实际需要之间的互动关系,试图开拓出一条实验的科学哲学研究路径。

在实际的科学领域,经验科学的概念系统呈现出一种正在进行、不断分化的动态图式。它通过不断调整概念的广度和强度来增加自身

---

[1] 参见 de Regt, H. W. & Dieks, D., "A Contextual Approach to Scientific Understanding", *Synthese*, Vol. 144, No. 1 (2005), pp. 137-170。

[2] 参见 Robinson, B., Gonnerman, C. & O'Rourke, M., "Experimental Philosophy of Science and Philosophical Differences Across the Sciences", *Philosophy of Science*, Vol. 86, No. 3 (2019), pp. 551-576。

的合理性与可靠性，如预测更多的新奇事实、解释更多的经验现象等。而科学家、科学共同体将概念表征的对象作为认识的目标，将其视为他们信念网络中的认知节点，并随着概念系统的演变而不断更新各自的信念网络；他们对于科学概念的信念认知可以通过他们对该概念的直觉判断来检测。科学家、科学共同体基于实用的目的与学科规训的驱动，即根据他们研究的需要和共同体内部共通的学科共识来选择、定义、运用关于这些对象的科学概念，而概念的选择、定义与运用反过来又映射出科学家主体的知识背景、专业偏好、学科素养等内容以及两者之间的内在关联。基于此，运用实验的方法便可以刻画出作为研究工具的科学概念与科学主体的认知互动脉络，实验的科学哲学在此意义上成为可能。实验哲学研究方法在生物学哲学领域的应用便是很好的案例：随着分子生物科学的发展，科学哲学家逐步把注意力从物理学转向生物学中有趣的概念问题，[1] 而实验哲学在此领域中提供了重要的方法论指导，现已包括对基因[2]、先天性[3]、生命[4]、表观遗传[5]以及生物医学方面各种疾病等概念[6]的研究。

---

[1] 参见 Witteveen, J. & Green, S., "Pocketable Philosophy of Biology" [Review of *Pocketable Philosophy of Biology*], *Metascience*, Vol. 29, No. 3 (2020), pp. 413-416。

[2] 参见 Stotz, K. & Griffiths, P., "Genes: Philosophical Analyses Put to the Test", *History and Philosophy of the Life Sciences*, Vol. 26, No. 1 (2004), pp. 5-28。

[3] 参见 Griffiths, P., Machery, E. & Linquist, S., "The Vernacular Concept of Innateness", *Mind & Language*, Vol. 24, No. 5 (2009), pp. 605-630。

[4] 参见 Malaterre, C. & Chartier, J. -F., "Beyond Categorical Definitions of Life: A Data-Driven Approach to Assessing Lifeness", *Synthese*, Vol. 198, No. 5 (2021), pp. 4543-4572。

[5] 参见 Linquist, S., Fullerton, B. & Grewal, A., "Epigenetic This, Epigenetic That: Comparing Two Digital Humanities Methods for Analyzing a Slippery Scientific Term", *Synthese*, Vol. 202, No. 3 (2023), p. 68。

[6] 参见 Veit, W., "Experimental Philosophy of Medicine and the Concepts of Health and Disease", *Theoretical Medicine and Bioethics*, Vol. 42, Nos. 3-4 (2021), pp. 169-186。

　　历史主义的代表人物托马斯·库恩在其《科学革命的结构》一书中指出，科学革命的本质就是研究范式的转变，而范式的转变具体表现之一就是核心概念的内涵发生转变，[①] 譬如牛顿物理学中，"空间"的概念是均匀平直的、各向同性的，且不受物质存在的影响，而爱因斯坦广义相对论中的"空间"概念则变成了弯曲的，且与物质存在相关。[②] 科学概念的内涵演变，透视出某一科学领域的范式变迁，乃至呈现科学革命的动态模式。而生物科学正是这样一个概念内涵不断更迭的学科，也是库恩意义上"科学革命"频繁发生的领域，尽管有时革命并不显得那么剧烈。其中，"基因"概念的内涵演变就体现了该学科的这一特质：基因概念呈现出变动频繁、争论不一、分歧众多的"混乱局面"，譬如，在不提及顺反测试的情况下使用"顺式""反式"概念，或者使用"外显子"来指代那些尽管在各种形式的"后转录"过程之后的成熟信使核糖核酸（mRNA）转录中出现但又不能翻译为蛋白质的脱氧核糖核酸（DNA）片段。以上这些用法几乎反驳了大多数教科书中关于基因的定义，也似乎刺激了固执己见的生物学家。

　　然而，实际情况是，这种"混乱局面"并没有影响生物学家进行科学研究，相反，类似的用法在生物学的某些研究领域已经相当普遍，生物学家常常根据实际的科研需要来选择适合自己的基因概念内涵，有时甚至是根据需要来构造乃至重造新的概念内涵——这对于某一领域的开创者来说尤为重要，他们将概念作为划分经验的工具，并

----

　　① 参见托马斯·库恩：《科学革命的结构》，金吾伦、胡新和译，北京大学出版社2003年版，第85—122页。

　　② 参见马雷：《冲突与协调：科学合理性新论》，商务印书馆2006年版，第28—48页。

且按照新的经验发现来重塑概念，同时这也意味着概念并非一个单一的中心原型，而可能对应几个离散范例的多模态相似空间，科学家只是根据需求与环境情况选择一个最适合的范例。在这个意义上，基因概念只是充当了科学家进行科研活动的工具。对此，罗伯特·欣德（Robert Hinde）有明确的态度："我们必须尽我们最大可能形成我们的概念工具，并且有信心使用它们去厘清（概念中的）复杂性，我们将看到如何打造出更好的概念工具。"①

　　在当代日渐多元化的"分子生物科学"领域中，实验哲学家不断探索与反思基因这一核心概念。这种探索并非停留在表层的词语游戏，而是深入到与科学实践密切交织的认知结构和对与基因概念相关的具体现象的科学理解中。② 而这些探索的成果反过来促使科学家反思与评估自己的理解，满足其多样化的研究目标，从而催生多种"概念工具盒"以供科学研究之用。当前关于基因的概念、种类、用途的争论在生物学与生物哲学中从未停止：分子遗传学、进化生物学、系统发育学等子学科纷纷投入此项讨论，透过各自独特的理论视角提供解释。这些争论可以很好地作为实验哲学家们构造假设和论证的来源。因此，为了深入探究科学家们对基因概念的理解，参考格里菲思与斯托茨所推崇的三种可能路径，笔者认为在介绍关于基因概念的两项实验检验之前，有必要追溯并归纳科学史上基因概念的历史演变，这不仅是一次对基因概念谱系的回顾，也是一次对生物学不同领域的学者直觉判断的汇总与比较。只有清晰地勾画出这一概念的演变

---

① Hinde, R. A., "Was 'The Expression of the Emotions' a Misleading Phrase?", *Animal Behaviour*, Vol. 33, No. 3 (1985), pp. 985-992.

② 参见 Kraemer, D. M., "Philosophical Analyses of Scientific Concepts: A Critical Appraisal", *Philosophy Compass*, Vol. 13, No. 9 (2018), e12513-n/a。

脉络，才可以更好地把握对基因概念的实验研究。

第二节　基因的概念谱系

一、孟德尔之"遗传因子"

从人类文明社会开始，人们就认识到了生物具有遗传和变异的现象：所谓"遗传"（heredity），即亲代与子代之间具有的相似性；所谓"变异"（variation），即亲代与子代之间以及子代的不同个体之间存在的差异。针对生物的遗传与变异现象，之前也有人提出不少假说、理论，如拉马克提出的"获得性遗传理论"、达尔文的"泛生论"等，但是系统的遗传学理论则肇始于孟德尔的重大发现。

1857 年，孟德尔开始了豌豆的杂交试验，发现了豌豆的亲代与子代之间的遗传现象；根据实验研究，他提出了"遗传因子"（heredity factor）概念，即现在所说的基因概念，并发现了生物体的分离定律与自由组合定律，指出生物的每一相对性状都是由遗传因子决定的。此时的遗传因子还是一个遗传物质的理论表征，并不具有物质实体意义。[1]

然而，孟德尔的论文虽然在 19 世纪被多次引用，却没有引起多大反响。直到 20 世纪初，三位植物学家胡戈·德弗里斯（Hugo de Vries）、卡尔·科伦斯（Carl Correns）、埃里克·冯·切尔马克（Erich

---

① 参见北京大学生命科学学院编写组编：《生命科学导论》，高等教育出版社 2000 年版，第 98—137 页。

von Tschermak）几乎同时重新发现了其论文《植物杂交实验》，使得生物学界重新审视被忽略了 35 年之久的孟德尔遗传规律。其中，德弗里斯提出"泛生子"（Pangen）概念，强调生物的不连续变异，即突变。

1909 年，丹麦遗传学家威廉·约翰森（Wilhelm Johannsen）认识到，孟德尔的因子与德弗里斯的"泛生子"概念极为相似，于是就采取 Pangen 的词尾部分，将孟德尔的遗传单位称为"基因"（gene），表示遗传的独立单位。可以看出，此时的基因概念依然只是一个遗传物质的理论名称，不具有实质的内涵。

1905 年，孟德尔主义的传播者威廉·贝特森（William Bateson）又根据希腊文的含义创造性地提出"遗传学"（genetics）一词，并且在 1916 年对《孟德尔遗传机理》（*The Mechanism of Mendelian Heredity*）一书的评述中，反对染色体遗传学学说，认为当时有些科学家根本没有认清染色体的本质及其与基因的关系。[①]

二、摩尔根之"基因论"

随着生物学家对基因认识的深入，人们开始探究基因的物质载体。萨顿（Sutton）和博韦里（Boveri）在研究减数分裂时，发现了遗传因子的行为与染色体的行为间的平行关系，进而提出染色体即遗传因子载体，从而更好地解释了孟德尔的分离定律与自由组合定律。

1910—1925 年，摩尔根通过果蝇实验提出遗传学的第三定律，

---

　　① 参见洛伊斯·N. 玛格纳：《生命科学史》，李难、崔极谦、王水平译，百苑文艺出版社 2002 年版，第 571—654 页。

即连锁交换定律，证明了基因是位于染色体上呈现线性排列的遗传单位，并绘制出标识基因在染色体上的位置示意图，从而构建了"染色体遗传理论"。1926 年，他又提出"基因学说"，具体体现在他的《基因论》（*The Theory of the Gene*）一书中：

第一，承认孟德尔的分离与自由组合定律是正确的；第二，认为基因位于染色体上，并且一个染色体上一般含有多个基因；第三，这些基因呈现出连锁群样态，同一连锁群的基因在减数分裂中，可与同源染色体进行交换；第四，指出不同基因有不同的交换频率，据此认为基因在染色体上有一定位置、顺序，并呈线性排列。

总的说来，摩尔根依然把基因作为一个整体性的理论名词，只是对基因相互之间的关系进行了初步描述，并没有涉及具体结构与功能。不过，可以看出，在经典遗传学中，基因的概念内涵在发生变化，从原来纯粹的理论名词逐渐被赋予了物质实体的意义，尤其是当这种理论名词被证明是正确之后。只是它还难以弄清楚基因到底是何物质实体，以及具体的、细节性的功能与结构等。[1]

三、基因的功能概念

随着技术手段的进步，更为先进的科学仪器应用到生物学、遗传学中，人们对基因的内在功能与结构的认识也更加深入。

1941 年，乔治·比德尔（George Beadle）和爱德华·塔特姆（Edward Tatum）通过对粗糙脉孢酶营养缺陷型的研究，提出"一个基

---

[1] 参见谢兆辉：《基因概念的演绎》，《遗传》2010 年第 32 卷第 5 期；辛亭转：《基因概念的演变》，山西大学硕士学位论文，2008 年。

因一个酶"的假说，即将基因的功能规定为操纵一个并且只有一个特定酶的合成，控制该特定酶的单个化学反应。

1955 年，西摩·本泽（Seymour Benzer）利用大肠杆菌 T4 噬菌体作材料，在 DNA 分子水平上分析了基因的内部结构，提出了作为功能单位的顺反子（cistan）概念，这里他把顺反子等同于基因，证明了顺反子（基因）是 DNA 分子上的一个特定区段，在功能上是独立的遗传单位，并提出了"一个顺反子一条多肽链"的假说。该假说可以视为基因功能概念的更新和进一步扩展：从孟德尔时期基因与性状一一对应的关系到比德尔、塔特姆时期基因与酶一一对应的关系，再到目前的基因与多肽一一对应的关系。①

然而，并非每条多肽链都能在互补实验中被检测出来。顺反子可能会产生多个突变点，其中突变的最小单位称为"突变子"（muton）。而突变位点之间又会发生重组，在一个顺反子内部又有可能产生多个重组单位，这些不能由重组再分开的重组单位被称为"重组子"（recon）。后来证明，一个突变子是单个核苷酸或单个碱基的改变，而一个顺反子内部可能包含着许多突变子和重组子。不过"顺反子"概念的提出、"一个基因一条多肽链"的假说，依然是目前较为被普遍认可的基因功能概念。

当然，从基因的功能角度来考察基因，还有诸如：（1）显性基因与隐性基因，前者决定生物的显性性状，后者相当于暂时失去功能，不表现性状。（2）结构基因（structural genes）与调控基因（regulatory genes），前者可转录成 mRNA，并且可翻译成多肽链。后者的作用是

---

① 参见谢兆辉：《基因概念的演绎》，《遗传》2010 年第 32 卷第 5 期。

调节、控制结构基因的转录、翻译活性。（3）假基因（pseudogene），它是 1977 年雅克（Jacq）等人对非洲爪蟾 DNA 中克隆的 5S 核糖体核糖核酸（5SrRNA）相关基因进行研究时发现的；它是一种核苷酸序列，与相应的功能基因基本相同，但不能合成功能蛋白质，但是具有一定的调控、转录物剪切功能。[①]

四、基因的结构概念

早在 1928 年，格里菲思在做肺炎双球菌转化实验时就发现了遗传转化迹象，但未找到转化原因。1944 年，埃弗里（Avery）等人也通过同样的实验，指出 DNA 为遗传物质的第一个直接实验证据：从 S 型活菌中分离到有活性的转化物质，分别用蛋白酶、RNA 酶、DNA 酶来处理该转化物质，只有在用 DNA 酶处理后该物质才失去活性。1951—1952 年，赫尔希（Hershey）和蔡斯（Chase）用 T2 噬菌体做实验，再次证明遗传物质是 DNA。1953 年，沃森（Watson）和克里克提出 DNA 分子双螺旋结构模型，对其分子结构、自我复制、稳定性、变异性、贮存及遗传信息传递等问题做了明确解释，奠定了基因各种功能的结构基础，并界定基因为 DNA 分子的片段。1961 年开始，尼伦伯格（Nirenberg）和霍拉纳（Khorana）等人证明了基因是以核苷酸三联体为一组的编码氨基酸，并在六年后破译了全部的 64 个遗传密码。逐渐地，基因的分子生物学定义就形成了：它是编码一条多肽链或者功能 RNA（tRNA、rRNA、snRNA 等）的核苷酸序列。不过此时认为基

---

① 参见 P. C. 温特、G. I. 希基、H. L. 弗莱彻：《遗传学》，谢雍等译，科学出版社 2006 年版，第 7—66 页。

因是一段连续 DNA 序列，有起点与终点，是结构和功能的集合体。[①]

在此基础上，人们进一步探究基因的结构。当前普遍认为：在原核生物如细菌中，基因的结构是一段连续的 DNA 片段；而在真核生物如人类基因中，其结构分为编码区与非编码区。可编码蛋白质的序列称之为"外显子"（exon），不能编码的则称为"内含子"（intron），外显子被内含子一一隔开，这类基因就称为"断裂基因"或"不连续基因"（split genes）。断裂基因的发现说明，功能相关的几个基因，可以分散于不同的染色体上或是同一染色体的不同位置上，甚至同一个基因也可以分成多个部分。

此外，基因在结构上具有跳跃性与可移动性的特点，即跳跃基因（jumping genes），这说明基因不是静止不动的物质实体。另外，科学家还发现，同一部分的 DNA 序列可以编码出两种不同的蛋白质，即存在所谓的重叠基因（overlapping genes），这与传统的"各个基因的核苷酸链是彼此分离的"这一概念有所冲突。此外，在生物发育过程中，还发现了不同序列的 DNA 重新组合，组装成一个新的"成熟"基因，即所谓的组装基因（assemble genes）。[②]

总之，就目前对基因的认识程度来看，基因在结构上具有不连续性、跳跃性、重叠性以及组装性。随着对基因结构认识的不断深入，对基因的功能、信息的认识水平也会得到提升。[③]

[①]　参见辛亭转：《基因概念的演变》，山西大学硕士学位论文，2008 年。

[②]　参见北京大学生命科学学院编写组编：《生命科学导论》，高等教育出版社 2000 年版，第 98—137 页。

[③]　参见曾健编著：《生命科学哲学概论》，科学出版社 2007 年版，第 44—59 页。

五、基因的信息概念

1958 年，克里克提出了"序列假说"与"中心法则"学说。前者指一段核酸的特殊性是由其碱基序列决定的，碱基序列编码特定的蛋白质氨基酸序列，而蛋白质氨基酸序列又决定了蛋白质的三维结构；后者指出，生物的遗传信息传递是从 DNA 传递给 RNA，再由 RNA 传递给蛋白质这样一个转录（transcription）、翻译（translation）的过程，同时还包括遗传信息从 DNA 传递给 DNA 的复制过程。将基因作为遗传信息的载体，便是从生物信息学角度探究得到的基因本质。

在基因表达中，生物遗传信息的传递途径是：从 DNA 到 RNA 再到蛋白质。在 RNA 聚合酶的作用下，以 DNA 为模板，按碱基配对原则，合成 RNA 分子，该过程称为"转录"。而将 mRNA 分子上的遗传信息翻译成多肽链的氨基酸序列，则称为"翻译"。翻译按照三联体遗传密码进行，即 DNA 序列中三个连续的碱基为一个蛋白质的氨基酸编码。肽链的氨基酸序列由 mRNA 链上的四种碱基顺序 A、U、G、C 按照三联体密码来确定，如 AUG、AGC、UGC 等，最后形成蛋白质。碱基中的互补配对原则使得遗传信息可以半保留复制，从而保证遗传信息代代相传的稳定性。

六、后基因组时代

如今，随着生物技术的不断进步，人类开始对自身基因组结构进行全面的解析，获取了海量的序列数据，生物科学已跨入一个新的纪元——"后基因组时代"（postgenomic era）。此时，基因被重新定义为一种动态的、功能性的实体，而不仅仅是传统意义上的遗传信息的载体。[①] 正如拉斐尔·福尔克（Raphael Falk）写道："今天，基因不是一个物质单元或是遗传工具单元，而是一个单元，一个被个体实验主义者的需求所定义的与功能单位相对应的片段。"[②] 这样的多元性不一定是对基因概念现状的批评。福尔克不确定的是基因概念当前模棱两可的现状是否有助于遗传学、生物学的发展。肯尼思·沃特斯（Kenneth Waters）则采取了更加积极的观点。他知道由基础基因概念统一起来的是不同的分子基因定义，如"一个基因在某些遗传表达阶段的产物中是一个线性序列"。[③]

当沃特斯已经在基因概念的多样性中寻找统一体时，伦尼·莫斯（Lenny Moss）论证，概念多样性的一个特殊方面是理解基因概念的科学效用及其某些缺陷的关键。根据莫斯的观点，当前和历史的基因概念化使用两种不同的方式分类 DNA 序列，他将其标识为 Gene-P 和 Gene-D：

Gene-P 是一种工具预成说的表达。当说一个基因是 Gene-P 时，在某种意义上就等于说它是某一表型产生的原因。因此，Gene-P 看似是与经典孟德尔主义相一致的。与 Gene-P 非常不同的 Gene-D 是通过它的分子序列来定义的，是发育资源的一种表述，它自身对于表型

---

① 参见 Stotz, K. & Griffiths, P., "Genes: Philosophical Analyses Put to the Test", *History and Philosophy of the Life Sciences*, Vol. 26, No. 1 (2004), pp. 5-28。

② Falk, R., "What Is a Gene?", *Studies in History and Philosophy of Science* 17 (1986), pp. 133-173.

③ Griffiths, P. E. & Stotz, K., "Experimental Philosophy of Science", *Philosophy Compass*, Vol. 3, No. 3 (2008), pp. 507-521.

不具有确定性意义。Gene-P 依赖于相关统计关系，强调基因与最终性状的关系；Gene-D 则强调基因的内在分子本质及分子结构，而不注重最终性状的表达。这两种分类都不能单独表达基因的完整概念。前者将基因与性状联系起来，后者具体到基因的分子结构；前者可以视为更侧重于经典孟德尔主义遗传学，后者则侧重于分子遗传学。[①]

综上所述，基因概念谱系由一个工具性的概念名词到一个具有独特结构与功能的遗传信息实体，其间经历了巨大的概念变革，正如福尔克所说，"展现了丰富的辩证法"：孟德尔时期遗传因子与性状之间的对应关系被"一个基因一个酶"的一一对应关系所取代，而后者再被"一个基因一个多肽链"的一一对应关系所代替。[②] 基因的概念辩证发展反映出生物学家们试图将基因的结构、功能、信息等概念内涵集中于一个单一实体的美好愿望。到后基因组时代，面对愈加复杂的生态认知环境，科学家基于自己的认知结构做出不同的概念选择，增加了基因概念的多样性。

第三节 基因概念的实证检验

通过对基因概念谱系的回溯，笔者认为传统上的基因是决定多肽的 DNA 片段的说法已经难以涵盖其在不同研究子领域中表现出的多样性，并且也不足以应对当前复杂的科学环境。而当代生物学与生物

---

① 参见 Moss, L., *What Genes Can't Do*, Cambridge, MA: MIT Press, 2002, pp. 81-90。
② 参见 Stotz, K., Griffiths, P. E. & Knight, R., "How Biologists Conceptualize Genes: An Empirical Study", *Studies in History and Philosophy of Biological and Biomedical Sciences*, Vol. 35, No. 4 (2004), pp. 647-673。

哲学的讨论虽然提出了众多建设性的理论，但它们之间缺乏共识，使得学界难以达成受广泛认可的方案。因此，在本节中，笔者将引入基因概念的实证检验的案例，在审视学者们不同直觉判断背后的认知结构差异的同时，探索基因概念多样化演变的动力，从而使人们更好地理解各种基因概念如何对生物学研究做出贡献。

一、基因概念的实验研究

由于基因概念在不同领域的生物研究者群体中表现出较大的异质性，并引发诸多争论，传统的概念分析方法显然无法揭示因学习背景、经验或研究重点不同而产生的不同理解与判断。因此，实验哲学家格里菲思和斯托茨对澳大利亚悉尼大学 81 名生物科学家进行了问卷调查，以验证其提出的三个关于基因在不同生物学领域如何被不同地概念化的假设：

假设 1　期待分子生物学家与进化生物学家之间存在显著性差异。前者特别强调基因的内在结构，而后者更强调基因作为表型效应的标记。于是，格里菲思等人期待分子生物学家不愿仅仅通过对基因表达距离水平的相关性贡献来鉴别基因。相反，他们期待看到当两个相似的 DNA 序列嵌入更大的系统而导致不同产物时，进化生物学家不情愿将它们看作相同的基因。

假设 2　期待在发育生物学家和进化生物学家之间也发现不同。进化生物学家强调基因与表型之间的预测性关系，发育生物学家则强调作为分子对象的基因的内在本质和基因表达上的语境作用。因此，也期待从进化生物学家那里得到对基因信息概念的有力支持。

假设 3　期待发育生物学家比分子生物学家更少地被莫斯的 Gene-P 和基因信息概念影响。期待发育生物学家强调偶然性和环境依赖关系，诸如莫斯的 Gene-D 和各种以发育为导向的基因概念。

总而言之，分子生物学家注重基因的内在结构本质，发育生物学家强调基因概念的偶然性、不确定性与环境的依赖性，进化生物学家强调基因与表型的关系。整个实验将展现当代生物学中基因概念的总体样态。

格里菲思等人将问卷分为三个部分：第一部分旨在确定被试的研究领域，如被试的专业训练背景、研究经历和当前的研究领域，并包括年龄与性别；第二部分直接询问被试有关基因概念的问题；第三部分要求他们将基因概念应用到具体案例中。调查问卷的第二部分包含有关基因定义、基因功能和基因概念的方法学价值的直接问题。每个问题的可选答案都是根据现有生物学、遗传学等相关文献中讨论的各种基因概念的含义设计而成。每个问题都有"其他"选项，被试可以根据自身的理解和知识背景提供自己认可的答案。这一部分还包含自由选择和强制选择两种任务：前者要求被试为每个问题指出他们可以同意的所有答案；后者要求被试在提供的选项中选择一个最佳答案，从而揭示自由选择任务隐藏的差异，即最低限度可接受的选项无法与高度首选的选项区分开。第三部分使用"间接"问题，即向被试提供 22 个关于两条 DNA 序列可能彼此不同的具体方式的例子，并询问在每种情况下这些 DNA 序列是否为同一基因的两个复制品。[①]

为方便验证假设，格里菲思等人预先设定了选项支所代表的概念

---

① 参见 Stotz, K. & Griffiths, P., "Genes: Philosophical Analyses Put to the Test", *History and Philosophy of the Life Sciences*, Vol. 26, No. 1 (2004), pp. 5-28。

化偏好。在问卷第二部分的第一题"基因的名词解释"中，格里菲思预计表达经典分子基因概念的选项对分子生物学家比对进化生物学家更有吸引力，即第三个选择支"带有某种特定结构的核酸序列"，而另外的表达 Gene-P 概念的选项（第一个选择支"区别两个表型的东西"）的预计情况则恰好相反，它们对进化生物学家比对分子生物学家更有吸引力。然后，实验员测试了两组在预测方向上的反应之间的显著差异。但自由选择与强制选择任务的结果与假设 1、假设 2 均不相符，进化生物学家并没有像预期的那样从表型效应方面进行基因的概念化，从而将他们与纯粹分子或发育研究重点的生物学家区分开来。然而，在问卷第三部分中，研究员借助更间接的问题形式，却揭示了一些支持假设 1 与假设 2 的证据，进化生物学家对远端功能变化的反应明显比分子生物学家更强烈。这使得格里菲思提出新的假设，即进化生物学家认同基因是分子实体，应该在分子水平上定义和研究，但是当运用于具体案例时，他们又倾向于采用 Gene-P 概念。假设 3 结果则与假设 1、假设 2 不同，"自由选择"与"强制选择"任务的结果一致地支持了假设，但问卷第三部分的间接问题的结果却没有充足的证据支持此假设，仅有两个选项达到了显著性水平。①

格里菲思等人的哲学实验一定程度上解决了传统哲学概念分析面临的困难，不仅仅依赖哲学家的个人直觉与文献分析，而转向将有关基因概念的问题操作化，从而研究特定生物领域中基因概念的流行情况。实验结果对起初的三个假设提供了试探性支持。假设 3 似乎得到

① 参见 Stotz, K., Griffiths, P. E. & Knight, R., "How Biologists Conceptualize Genes: An Empirical Study", *Studies in History and Philosophy of Biological and Biomedical Sciences*, Vol. 35, No. 4 (2004), pp. 647-673.

202

了更强有力的经验证据支持。从结果来看，发育生物学家组概念化基因似乎有着与众不同的方式，他们通过对基因概念的使用来研究基因表型复杂的发育路径。大体上，假设1和假设2揭示出，进化生物学家组首先通过基因对于表型的作用来概念化基因，这在实验中得到了部分证明。

同时，实验发现，有些假设以间接问题形式出现时被支持，但以直接问题形式出现时却不被支持，这一差别需要实验哲学家设置进一步的假设来深入探究其中的原因。实验哲学家假设，生物学家可能有着一个明显的信念，即基因是分子实体，应该在分子水平上被定义和研究，同时在他们实际思考遗传问题时，基因的概念不考虑在分子水平的区别而关注其表型效应。这个假设也有待进一步研究。①

格里菲思等人的研究结果总体上似乎说明，对于生物学家来说，经典的分子基因概念作为一种研究传统继续发挥着作用，尽管在很多案例中，该概念不能很好地回答"一个特殊序列是不是一个基因"的问题。② 这再一次证明多种基因概念是可以同时共存的，以前的、看似过时的概念往往适合它们被设计来处理的基因现象类别，并非被新概念取代。同时，研究也暗示科学主体对科学知识、概念的认知结构在很大程度上影响了科学概念本身的分类与发展，从而展示出其对科学理解、科学概念分析方面的方法论优势。

---

① 参见 Stotz, K., Griffiths, P. E. & Knight, R., "How Biologists Conceptualize Genes: An Empirical Study", *Studies in History and Philosophy of Biological and Biomedical Sciences*, Vol. 35, No. 4 (2004), pp. 647–673。

② 参见 Fogle, T., "The Dissolution of Protein Coding Genes in Molecular Biology", in Beurton, P. J., Falk, R. & Rheinberger, H. -J. (eds.), *The Concept of the Gene in Development and Evolution: Historical and Epistemological Perspectives*, Cambridge: Cambridge University Press, 2000, pp. 3–25。

这也表明了未来探究的富有成效的实验路线。不过，格里菲思等人的研究也存在一些不足，譬如，被试群体的样本过小、分组标准略显简单等，而这样得出的结论说服力就略显不足了。

二、基因表征项目研究

为了深入理解生物学家在基因组革命不断推进的背景下是如何定义和识别基因的，格里菲思等人认为传统上对"基因"一词的理解，即经典分子基因概念，已经不能满足认知需求了。此时，有人建议生物学家采用一种共识的基因概念，即一种结合了一些典型案例（Fogle）特征的刻板印象。尽管共识基因在一定程度上代表了生物学界普遍认可的基因定义和识别方法，但是在实际操作中可能存在灵活性，导致标准的模糊地带，例如隐藏了可以执行相同功能的 DNA 序列的多样性，或者隐藏了特定 DNA 序列的不同功能。因此，格里菲思等人在早期问卷调查的基础上，进行了新的"基因表征项目"，该项目的第一部分通过设计一项简单的类似基因注释的任务，作为调查工具的一部分，以揭示生物学家在对具体 DNA 片段进行注释时，实际运用的隐含的标准、直觉以及决策过程。

格里菲思等人通过两个案例说明在分析果蝇位点 mod（mdg4）时，生物学家遇到了将多个相互关联序列定义为单个基因还是多个基因的挑战。位点包含一个传统基因，其中大部分序列被转录。然而，这个转录过程产生的 RNA 分子的尾端存在多种变体，并且这些变体不是紧邻主要序列，而是分散在染色体上的远处位置。一些变体与原始转录序列位于同一 DNA 链，而其他变体则位于反向链上，在转录时采用"反义"方向。无论是正义转录还是反义转录，制造出小片段并通过剪接将其添加到较大片段的机制是相同的。然而，当这两种情形呈现给生物学家时，他们对它们的看法却不同。第一种情况——变体位于同一 DNA 链——更容易被视为单个基因的一部分，相反第二种情况——变体位于反向链——则不太可能被归类为同一基因。目前还没有充分的理论依据来说明这种区别，但似乎基因定义中的传统观念对这种认知偏差起着重要作用，即"头对头"布局的基因部分由于其非典型配置，显得与科学家教育中的基因范例相去甚远。[①]

第二个任务试图验证莫斯观点的正确性，即调查人员要么从基因的概念出发，根据其与特定表型的预测关系来定义基因（Gene-P），要么从具有特定分子序列和模板能力的具体基因出发，根据其转录方式和初始产物的后期处理方式来编码许多不同的产物（Gene-D），而不同的出发点将影响科学家如何着手揭示基因或其他分子因素与表征之间的复杂关系。任务要求被试评估不同的研究策略对调查复杂疾病的价值，并预设了两个轴上的差异会影响反应：生理与行为/心理，以及人类与动物。对于每种疾病，研究者提供了四种策略，设计为从关注基因和表型之间的统计关系到完全放弃这种关系，而支持分析基因和表型之间依赖内容的因果路径。研究表明，不同背景的生物学家所青睐的策略有所不同，同时策略的选择也可能因为疾病不同，如人类与动物疾病、生理与心理疾病的区别，而发生改变。[②]

格里菲思等人通过"基因表征项目"揭示科学家如何理解"基

---

① 参见 Stotz, K. & Griffiths, P., "Genes: Philosophical Analyses Put to the Test", *History and Philosophy of the Life Sciences*, Vol. 26, No. 1 (2004), pp. 5-28。

② 参见 Stotz, K. & Griffiths, P., "Genes: Philosophical Analyses Put to the Test", *History and Philosophy of the Life Sciences*, Vol. 26, No. 1 (2004), pp. 5-28。

因"这一生物学术语，而非"基因"实际指代的结构与性质。这个项目揭示了传统基因概念的局限性，并强调随着基因组革命的不断发展，基因概念面临需要适应不断出现的新的生物学发现与各种各样的不同案例的认知压力，从而展现出基因概念作为研究工具而非固定定义的优势。同时，该项目相比早期的问卷调查，不仅关注到基因的一般概念，而且针对科学家对特定的现象予以质疑，从而可以在经验上提供更多信息，促使哲学家反思概念多样性与自身的认知结构，并为科学过程提供新的见解。这些研究对于正确理解概念分析具有重要意义，并推动了科学哲学的规范工作。

第四节 评述与展望

这里，笔者就探讨的话题进行评述，对实验方法在科学哲学中的应用前景做一些展望。

首先，实验的科学哲学展现了基因概念的嬗变过程及其内在动力。生物学史和遗传学史提供了基因概念的系统发生学图景；基因概念自其诞生以来已经发生了多次"革命"，有时甚至是彻底的颠覆。在早期孟德尔遗传学时代，由于缺乏生物化学的知识，那时的基因概念是一个假设性的理论形式，是个工具性概念，充当了亲代表型与子代中表型分布的中间变量。当新技术发展起来后，基因结构的本质性问题提上议事日程，基因在分子水平上被重新定义；生物学家、生物哲学家追求结构、功能、信息等内涵的概念统一，但争议不断。新概念诞生，旧概念仍存，就像旧技术存放在新技术旁边一样，旧概念依然能够很好地适用于某些工作。譬如孟德尔时代的基因概念，在今天的医学遗传学中依然保持着有效的工具作用，而分子生物学意义上的基因概念在此刻就不是一个有效工具。因此，通过考察基因概念的演变历程，我们似乎发现，基因概念虽然发生了多次"革命"，但是并没有像库恩所说的那样，旧的概念理论被新概念理论取代并被弃而不用，而是在不同的场域下发挥着不同的作用。我们似乎应该超越这样的观念，即在某一具体的单一时刻，几个不同的概念不能平行使用。

基因概念的变化及其在当代生物学家中实际应用的情况说明：科学概念就是科学家进行科学研究的工具，如同实验室中的玻璃器皿、显微镜等一样；当多重任务并行时，不同的概念被启用时，它们也许可以共存。在某种意义上，科学概念的变化反映了科学家的理性动机和经验累积，即他们所要达到的科学目标和如何达到该目标。科学概念的使用、再用和创造视科学家实际的研究需要而定，受制于科学家的理性动机、科研需求以及学科规训，而这些又是科学概念发展的内在动力。

其次，实验哲学的研究方法在科学哲学中应用的可能性。由上文可以看出，与科学哲学研究传统不同，实验科学哲学以实证的手段很好地研究某一领域不同的科学共同体之间对概念的直觉差异，以一种现实的、动态的图式呈现科学概念的发生史，并在其中展现经验科学发展的实际动因。以上研究似乎显示，它具备从经验上为理论反思提供信息或调整的可能性，以及进一步对科学研究中概念变化的本质和原因做出新的阐释的潜力。[1]

实验的科学哲学与其他领域的实验哲学一样，不拒斥传统的哲学

---

[1]　参见 Hens, K. & Pearson, T. (eds.), *Advances in Experimental Philosophy of Medicine*, London: Hart Publishing, 2023, pp. 1-11.

目标，而是采用新的、有力的方法试图实现这些目标，旨在补充哲学家对不同证据基础的非系统依赖，例如他们的直觉和研究文章中的少量案例研究。[①] 它让哲学家明白，仅靠个体直觉的传统分析方法不能把握或清晰陈述科学概念的真实内涵。它让哲学家接受、研究概念的多样性，而不再拘泥于某一概念的确定性和唯一性。它也给科学哲学家提出了新的研究任务：科学家正在使用的概念工具也许并不能很好地适用于手头的工作，需要科学哲学家探讨背后的缘由与机制；科学概念的多样性发展也使得科学传播与普及变得十分必需，实验的科学哲学的研究成果可以向公众显示科学研究的真实图景，避免将公众导向科学主义。

实验哲学研究方法本就来自科学领域——不论是自然科学还是社会科学，实验的科学哲学试图用实验的方法抑或科学的方法研究科学哲学，源自经验的科学理应适合采用经验的方法去探索，实验哲学家通过经验的方法——实施实验去考察科学家、科学共同体真实的科研活动图景，可以更好地把握科学活动轨迹和内在规律，将科学哲学研究活动推向实践领域，继而结合传统科学哲学的理论分析，便有望突破科学哲学发展的瓶颈，开拓出一片走向实践的科学哲学新天地。

---

① 参见 Nagatsu, M. & Pöder, K., "What Is the Economic Concept of Choice? An Experimental Philosophy Study", *Economics and Philosophy*, Vol. 35, No. 3 (2019), pp. 461–478。

第八章

实验技术哲学

在上一章中，我们介绍了实验哲学研究方法在科学哲学领域的应用状况，那么，该方法能否适用于技术哲学领域呢？本章，笔者尝试在这方面做一些探索性的工作。

在国际学术界，实验技术哲学研究成果寥寥可数。目前，仅有荷兰瓦宁根大学的学者史蒂文·克莱耶维尔德(Steven R. Kraaijeveld)在2021年发表了《实验技术哲学》一文，算是开了实验技术哲学研究之先河。在该文中，克莱耶维尔德为实验技术哲学进行了辩护，并称之为"Techxphi"。顾名思义，实验技术哲学就是将实证方法(如心理学、神经科学和其他社会科学特有的对照实验)与哲学的规范分析相结合。实验技术哲学意味着具有经验思维的技术哲学家与认知和社会科学家间进行真正的跨学科努力，研究有关技术的深层问题。在他看来，实验技术哲学也可分为消极与积极两种方案。所谓"消极方案"，即使用实验方法和研究来驳斥(或论证)技术哲学和伦理学中的直觉、判断等。所谓"积极方案"，则是更广泛地利用实验手段来增进知识，推动技术哲学和技术伦理学的辩论，后者关注的是如何建设性地利用实验数据，为技术哲学思考提供信息。[①]

笔者所在的团队运用实验哲学研究方法聚焦技术哲学中的价值敏感性（Value Sensitivity）概念，并将其应用于公众对人工智能技术的价值敏感性的经验检测上，某种意义上可作为实验技术哲学"积极方案"的一种尝试性探索。

第一节　价值敏感性及其测度

近年来，随着人工智能技术的迅猛发展，其在诸多领域的广泛应用正深刻地改变着人类的生产生活。与此同时，与人工智能技术应用伴生的伦理及社会风险亦愈加凸显，使该技术在发展过程中不可避免地面临各种伦理价值困境，其治理工作因此变得尤为迫切与关键。价值敏感性设计理论主张将正确的价值观嵌入到技术系统之中，实现人与技术的动态交互。越来越多的学者也注意到，公众作为人工智能技术的利益相关者，应被纳入到人工智能治理框架之中，其价值需求应得到关注。

我们聚焦公众在人工智能方面的价值敏感性程度，并进行深度解析。该项工作可能的贡献包括：第一，结合人工智能技术的具体情境，对领域内的关键价值进行分解和操作化定义，深化对于人工智能相关价值的理解；第二，通过多指标多因素（Multiple Indicators Multiple Causes，MIMIC）模型，量化分析公众对于信息安全、人类主体

---

① 参见 Kraaijeveld, S. R., "Experimental Philosophy of Technology", *Philosophy & Technology* 34（2021），pp. 993-1012.

性、价值选择、责任归属、生态环境保护、算法公正、透明性、主体情感平衡、劳动就业保障等九类价值敏感性，考察公众在与人工智能技术互动过程中对各项价值的感知状况，检验现实数据结果与原初设想的差距，从而为具有操作性的技术设计指南提供参考建议。

"价值敏感性"一词源自 1992 年技术哲学家巴蒂亚·弗里德曼（Batya Friedman）和彼得·卡恩（Peter H. Kahn）共同发表的《人类主体与负责任的计算：对计算机设计的影响》[①]一文中提到的关于促进负责任计算的设想，而后弗里德曼在其 1996 年的《价值敏感性设计》中对此概念系统阐述。该概念主张在技术的初创阶段就将具有伦理性的价值理念嵌入到设计之中，从而走出一条技术创新与伦理价值相融合的技术实践之路。[②] 而"价值敏感性"在这里主要指认知主体在技术设计、研发、生产、使用等过程中具有伦理意蕴的价值感知能力。

20 世纪 70 年代以来，随着技术实践的迅速发展，技术哲学领域出现了"设计转向"（Design Turn）思潮，学者们从专注对纯理论、思想实验的分析转变为对经验层面技术系统设计的关注，旨在通过现实的制度或物质设计来实现价值目标。从历史的角度来看，一方面，这与从业者在经历了大量的失败开发后得到的教训紧密相关，另一方面，这也得益于伦理学、行为科学等跨学科的专业支持。因此，技术发展与公众价值需求之间的联结日益紧密，从早期的完全不采纳或仅

---

① Friedman, B. & Kahn, P. H., "Human Agency and Responsible Computing: Implications for Computer System Design", *Systems and Software*, Vol. 17, No. 1(1992), pp. 7–14.

② 参见 Friedman, B., "Value-Sensitive Design", *Interactions*, Vol. 3, No. 6(1996), pp. 16–23；张浩鹏、夏保华：《价值敏感性设计透视：背景、现状、问题与未来》，《自然辩证法研究》2023 年第 39 卷第 4 期。

在最低限度上采纳公众价值需求，发展为现阶段的把公众的价值偏好、社会的公共辩论等都纳入技术系统设计阶段的考虑之中。从技术自身来看，弗里德曼等指出，"作为这种人类活动的结果，所有的技术都在某种程度上反映并相互影响着人类的价值观"①。换言之，从设计研发阶段开始，技术就承载了设计者的利益与价值。在这种时代背景之下，价值敏感性设计作为基础性理论诞生并兴起。与之同期的相关理论包括以用户为中心的设计（User-Centered Design）、参与式设计（Participatory Design）等等。目前国外研究的主要阵地为华盛顿大学价值敏感设计实验室与荷兰学派 3TU 技术伦理研究中心。前者以弗里德曼的研究被广泛关注，并于近期将价值敏感设计方法在信息技术、医疗设备等方面进行应用。后者由荷兰的代尔夫特理工大学、埃因霍芬理工大学、特文特大学自主成立，主要关注工程设计和研发中的道德问题、技术应用和监管中的道德问题、工程和社会的价值观等主体。

价值敏感性设计的主要研究方法被称为"三方方法论"（Tripartite Methodology），即概念研究（Conceptual Investigation）、经验研究（Empirical Investigation）和技术研究（Technical Investigation）。概念研究指的是从理论层面对技术应用背景下的价值进行识别与阐释。这里"价值"的内涵是"个人或团体认为重要的东西"。②经验研究则是使用实证分析方法，对技术人工物所处的社会环境进行具体分析。技术研究主要关注的是具体的技术设计细节，旨在判断技术系统如何支持

---

① Friedman, B. & Kahn, P. H., *The Handbook of Information and Computer Ethics*, New Jersey: John Wiley & Sons, Inc., 2008.

② 张浩鹏、夏保华:《人工道德智能体何以可行——基于对价值敏感性设计的审视》,《自然辩证法研究》2021 年第 37 卷第 4 期。

或阻碍人的价值。在价值敏感性设计理论的基础之上，研究者可以灵活地选择以上方法。事实上，弗里德曼等人在三方方法论的大框架下，还具体提出了 17 种调查方法，包括直接和间接利益相关者分析、价值情景法、价值草图等等。①

　　然而，目前国内研究主要集中在从宏观层面探讨价值敏感性设计理论，对于微观层面的实证研究则较少。例如，有学者从理论层面探讨了人工道德智能体价值敏感性设计的必要性，从实践层面阐述了人工道德智能体价值敏感性设计的具体建构方法。②有学者以弗里德曼价值敏感性设计为蓝本，详细论述了弗里德曼"三方方法论"在人工智能技术设计过程中的应用。③还有学者从讨论设计与伦理的辩证关系切入，指出人工智能价值敏感性设计可以以一种积极的方式将价值前置，使技术设计从根源上体现价值的诉求，使设计成为一种价值导向的设计。④ 整体而言，国内关于具体技术层面的经验研究还存在较大缺口。事实上，弗里德曼"三方方法论"中的经验性方法，要求在人工智能技术的设计环节，通过多种方式获得社会因素对于该项技术的具体期待和要求，其目的在于避免出现设计目的与需求的偏离，在人工智能技术的运行阶段，还应考虑技术设计的目的是否满足了实际需求。公众作为人工智能衍生产品的使用者和人工智能技术发

---

① 参见闫坤如：《人工智能设计的道德意蕴探析》，《云南社会科学》2021 年第 5 期。

② 参见于雪、李伦：《人工智能的设计伦理探析》，《科学与社会》2020 年第 10 卷第 2 期。

③ 参见 Wilson, C., "Public Engagement and AI: A Values Analysis of National Strategies", *Government Information Quarterly*, Vol. 39, No. 1(2022), 101652。

④ 参见 Robles, P. & Mallinson, D. J., "Artificial Intelligence Technology, Public Trust, and Effective Governance", *Review of Policy Research*, Vol. 42, No. 2(2023), pp. 1–18。

展过程的监督者，其对于人工智能技术的意见、诉求、态度，应当被纳入人工智能价值敏感性设计。①

因此，在本章的实验中，我们结合了概念研究与经验研究这两种方法。在概念研究阶段，综合人工智能应用情景、价值概念、相关利益群体等要素对相关人类价值进行识别与分析。在经验研究阶段，采用问卷调查的实证分析方法，结合 MIMIC 模型，对信息安全、人类主体性、价值选择、责任归属、生态环境保护、算法公正、透明性、主体情感平衡、劳动就业保障这九类价值进行敏感性分析，旨在切实建立技术设计者与社会因素的有效链接，使得双方可以进行有效的对话，以明确传递和表达各自不同的诉求，减少设计偏差和设计失误。

第二节　价值敏感性实验设计

一、数据来源

本章使用的数据源自我们 2023 年进行的"公众的人工智能价值敏感性"问卷调查，调查采用互联网问卷发放形式与多种抽样方法，包括判断抽样、偶遇抽样、滚雪球抽样和多阶段抽样等，以确保样本的代表性和多样性。最终，我们收集到 1052 份有效样本。其中，男性占比为 49.3%，女性占比为 50.7%。同时，受访者的年龄分布呈现多样性，其中 36.1% 的受访者年龄在 18 岁至 35 岁，占比最高。其次

---

① 参见刘瑞琳：《价值敏感性的技术设计探究》，东北大学博士学位论文，2014 年。

是年龄在36岁至55岁的受访者，占比31.0%。56岁及以上的占比17.7%，17岁及以下的占比15.2%。在教育背景方面，有28.9%的被试为本科学历，占比最多。23.5%的被试为大专学历。18.0%的被试拥有研究生及以上学历。16.9%的被试为高中学历。12.7%的被试为初中及以下学历。就职业背景而言，占比最大的被试群体职业为"其他"，即非从事人工智能(AI)相关技术及技术伦理工作，占比达51.4%，其次是"技术伦理相关行业从业者"，占比23.6%。从事人工智能技术工作的被试占比12.9%。从事信息技术(IT)行业非人工智能方向的被试占比12.1%。关于使用人工智能技术的频率，31%的被试表示经常使用，占比最大。25.9%的被试表示很少或从未使用。23.9%的被试表示偶尔使用。19.2%的被试每日使用。总体而言，本次调查的被试群体分布合理，能够有效代表"公众"群体，可用于测度公众对于人工智能的价值敏感性。

二、变量说明与描述性统计

（一）解释变量：公众对于人工智能中主要价值的感知能力

人工智能技术关联的价值在测量上是多维的，但在模型分析时无法将所有价值都包含在内。我们根据人工智能的阶段发展特征，参考有学者提出的"技术设计中的价值级序"模型[1]，制定了人工智能的主要价值级序（见表8-1）。这一主要价值排序借鉴了马斯洛

---

[1] 参见阳义南：《民生公共服务的国民"获得感"：测量与解析——基于MIMIC模型的经验证据》，《公共行政评论》2018年第11卷第5期。

(Maslow)的需求层次理论和马克斯·舍勒(Max Scheler)的价值级序划分，从生命安全价值、心理情感价值到伦理道德价值为逻辑递进的关系，同时侧重关注伦理道德价值。我们采用了五级李克特量表来测量公众对人工智能中主要价值的感知能力。0代表其完全不重要，不需要被考虑；5代表其非常重要，需要被重点考虑。

表8-1　人工智能的主要价值级序

高 低	伦理道德 价值	信息安全	数据隐私保护、算法和模型保护、合规性等
		人类主体性	确保人工智能系统的发展和应用始终注重人类的需求、价值观和权益
		价值选择	使人工智能系统的目标、决策和行为与人类的道德标准和社会价值观一致
		责任归属	当人工智能系统产生不良结果、错误决策或引发问题时，能够清楚地追溯到具体的责任方
		生态环境 保护	在发展和应用人工智能技术时应关注和最大程度地减少对生态环境的不良影响
		算法公正	公平性定义、消除偏见、监管和法规遵循等
		透明性	决策可解释性、算法透明性、数据透明性、模型透明性、用户界面透明性等
	心理情感 价值	主体情感 平衡	使用人工智能技术来理解、响应和支持人们的情感需求
	生命安全 价值	劳动就业 保障	确保人们在面对人工智能技术发展时仍能够保持就业机会和劳动权益

（二）被解释变量：公众的人工智能价值敏感性

价值敏感性指的是认知主体在技术设计、研发、生产、使用等过程中具有伦理意蕴的价值感知能力。它在测量上也是多维的。通常，反映型指标(Reflective Indicators)能够从多种维度对作为被解释变量的潜变量进行测量，因此是一种较好的方式。[1]我们选用了"广泛性""重要性"与"持续性"这三个反映型指标来描绘潜变量"公众的人工智能价值敏感性"。[2] 首先，"广泛性"指的是公众对人工智能价值的认知程度与涵盖范围。如果被试对人工智能的价值感知广泛，那么说明他具有较为全面的价值感知能力，价值敏感性较高。其次，"重要性"指的是公众对于人工智能在伦理道德、心理健康、生命安全等方面的价值是否重要的判断。如果他们认为人工智能在上述角度的价值是至关重要的，则表示对重要性的感知较高，价值敏感性也较高。最后，"持续性"所测绘的是公众对于上述人工智能价值在未来是否会持续存在的认知。当公众对于人工智能价值持续性的认可程度高时，则表明他们的价值敏感性也相应较高。本章用这三个反映型指标变量来反映与测量"公众的人工智能价值敏感性"。

三、多指标多因素模型

多指标多因素(MIMIC)模型是一种特殊的结构方程模型，它的解释变量为显变量，而被解释变量为潜变量。[3] 图 8-1 的含义是，信息安全、人类主体性、价值选择、责任归属、生态环境保护、算法公正、透明性、主体情感平衡、劳动就业保障是客观的"价值"，会影

---

[1]　参见阳义南编著：《结构方程模型及 Stata 应用》，北京大学出版社 2020 年版。

[2]　参见李森林、张乐、李瑾：《当代青年人工智能风险感知的测度与解析》，《科学学研究》2023 年第 41 卷第 10 期。

[3]　参见阳义南编著：《结构方程模型及 Stata 应用》，北京大学出版社 2020 年版。

响受访者的"价值敏感性"（潜变量）。而"价值敏感性"则反映在广泛性、重要性、持续性等三个方面。借助 MIMIC 这一模型，能够有效地将"价值敏感性"的影响因素——客观的"价值"与测量"价值敏感性"的反映型指标区分开来。① 这样处理的优势在于，它能够考虑测量误差的影响，从而提高分析的准确性。因此，MIMIC 模型不仅考虑了多种影响公众的人工智能价值敏感性的因子，还具备对价值敏感性的内在属性进行测量的能力。

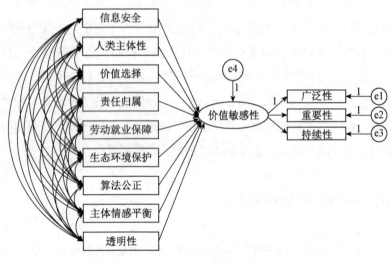

图 8-1 MIMIC 模型示意图

———

① 参见阳义南：《民生公共服务的国民"获得感"：测量与解析——基于 MIMIC 模型的经验证据》，《公共行政评论》2018 年第 11 卷第 5 期。

第三节　实证结果分析

一、描述性统计结果

我们对问卷调查的信效度与相关性进行了分析，二者均已通过了检验。[①] 从表 8-2 的统计指标来看，被访者给 9 类人工智能的主要价值变量的打分介于 3.48 至 3.79 分。公众对于人工智能的主要价值已经形成了较为明确的感知和理解。其中，评分由高到低前三的分别是信息安全（3.79）、算法公正（3.76）和透明性（3.72）。评分最低的是生态平衡（3.48）。

表 8-2　描述性统计结果

描述统计					
变量	N	最小值	最大值	均值	标准偏差
信息安全	1052	1	5	3.79	1.088
人类主体性	1052	1	5	3.62	1.172
价值选择	1052	1	5	3.65	1.212
责任归属	1052	1	5	3.67	1.184

---

① 在信度检验中，问卷调查整体的内部一致性系数为 0.839，大于 0.8，说明问卷调查的信度质量高，可进行进一步分析。在效度检验中，我们通过对问卷调查进行 KMO 和巴特利特检验，得出 KMO = 0.81，大于 0.8。巴特利特球形度检验的近似卡方值为 4499.325，在自由度（df）为 66 的条件下显著性概率（s）为 0.000，说明问卷调查效度好。在相关性分析中使用的是 Pearson 相关性分析，结果显示本次问卷调查所涉的 9 个价值要素与价值敏感性都具有正相关关系。并且，每个变量的相关系数均低于 0.7，表明不存在严重的多重共线性问题。

描述统计					
变量	N	最小值	最大值	均值	标准偏差
劳动者就业保障	1052	1	5	3.51	1.250
生态平衡	1052	1	5	3.48	1.260
算法公正	1052	1	5	3.76	1.101
主体情感平衡	1052	1	5	3.69	1.142
透明性	1052	1	5	3.72	1.125
广泛性	1052	1	5	3.52	1.182
重要性	1052	1	5	3.48	1.149
持续性	1052	1	5	3.56	1.194
有效个案数（成列）	1052				

反映"价值敏感性"的三个指标中，评分最高的是持续性（3.56），大致为最高取值 5 的 70% 左右。其次是广泛性（3.52）和重要性（3.48）。从中能够发现在判断评估人工智能相关价值时，公众对这项技术随着时间发展可能产生的持续性影响表示非常关心。这体现了公众的长远目光，也反映了人工智能的广阔前景，使得公众并不局限于短期现状。同时，公众对广泛性的较高打分表示，人们普遍认为人工智能的价值影响并不局限于特定的领域或群体，而是涉及社会结构和个人生活的多个方面。此外，公众对人工智能价值的重要性也有一定的重视，反映了人们对于人工智能已经及可能产生的负面社会影响的担忧。从表中不难看出，被访者对广泛性、重要性等的评价结果与他们给 9 类人工智能主要价值的打分基本一致。

二、MIMIC 模型分析

（一）MIMIC 模型适配度

从表 8-3 中可以看出，模型拟合指标数据均符合要求。其中 CMIN/DF = 3.409 < 5，RMSEA = 0.048 < 0.08，GFI = 0.990，AGFI = 0.958，TLI = 0.964，CFI = 0.990，IFI = 0.990 均达标，表示本次问卷调查量表的拟合指数较理想，模型拟合度好。

表 8-3　MIMIC 模型适配度分析

观测指标	评价指标		本模型值
	可以接受	好	
CMIN/DF	<5.00	<3	3.409
RMESA	<0.08	<0.05	0.048
GFI	[0.7, 0.9]	>0.9	0.990
AGFI	[0.7, 0.9]	>0.9	0.958
TLI	[0.7, 0.9]	>0.9	0.964
CFI	[0.7, 0.9]	>0.9	0.990
IFI	[0.7, 0.9]	>0.9	0.990

（二）MIMIC 模型估计结果

图 8-2 展示了 MIMIC 模型的分析结果，路径线上标注了 9 类人工智能相关价值因素影响公众价值敏感性的标准化回归系数，其中公众对于算法公正、劳动者就业保障、透明性、责任归属、价值选择、人类主体性、主体情感平衡等评价因素均显著为正，而对信息安全、

生态平衡等评价因素则并未通过显著性检验。以上模型分析结果说明，被试对于上述 7 类人工智能相关价值的判断越严重，其对于人工智能的价值敏感性水平就会越高。这种感知体现了公众对于技术对个体产生影响的担忧。从人工智能相关价值因素影响价值敏感性的原始回归系数估计结果来看，公众对以上 7 类价值敏感程度的判断每提高一个分值，其价值敏感性得分将分别提高 0.20、0.18、0.22、0.13、0.08、0.11、0.09。

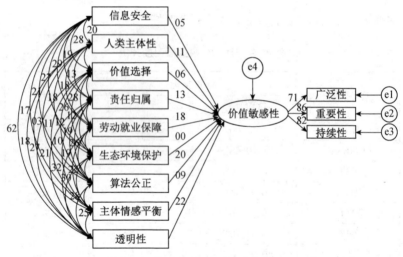

图 8-2　MIMIC 模型示意及估计结果

通过比较标准化系数估计值，能够得出结论：对公众人工智能价值敏感性影响最显著的是"透明性"这一价值。众所周知，"算法黑箱"是人工智能的主流技术——深度学习带来的本质特征，它不遵循传统的普遍性规则(如布尔决策规则算法)，从数据输入到结果输出，中间过程面临着不透明性和不可解释性，纵使人工智能专家可用标记数据训练以识别数据中的模式或相关性，但该系统内部的具体运行过程依然无法了解和解释。因此，透明性便是公众针对人工智能技术中存在的"算法黑箱"困境而提出的价值诉求。具体而言，"算法黑箱"又分为"客观算法黑箱"与"主观算法黑箱"。其中，"客观算法黑箱"是指算法设计者亦不能完全理解其所创造的算法，而"主观算法黑箱"则是指基于某种保密性受到相关机构部门的保护而对公众具有黑箱性质。[①] 不管是何种黑箱，对于公众而言，其都具有不透明性和不可解释性，会带来潜在的伦理风险与社会恐惧。一方面，公众对于算法透明性价值的高度关注可以看作是对自身知情权的追求。只有当公众拥有一定程度的知情权时，他们才有可能开展有效的权利保护和责任追究。最有代表性的案例之一是算法领域内对隐私问题的重视与完善。当了解个人数据的收集、使用和共享方式之后，公众才能做出更加理性的选择，即如何管理自己的数据以及是否参与某项服务。另一方面，公众也担忧在新的"算法社会"秩序当中被架空与被边缘化。算法本身具有不透明性，导致公众难以参与到决策过程当中。并且，技术公司和平台企业等主体正在通过制定网络社会相关规则的方式，成为新的权力主体。而算法不透明性为这些主体的算法越位提供了可能，引发了公众的警惕与担忧。在国家新一代人工智能治理专业委员会发布的《新一代人工智能治理原则——发展负责任的人工智能》中，安全可控原则也明确提出人工智能系统应不断提升透明性、可解释性、可靠性与可控性。[②]

---

① 参见陈雄燊：《人工智能伦理风险及其治理——基于算法审计制度的路径》，《自然辩证法研究》2023 年第 39 卷第 10 期。

② 参见《发展负责任的人工智能：新一代人工智能治理原则发布》，2019-06-17［2023-01-20］，https://www.safea.gov.cn/kjbgz/201906/t20190617_147107.html。

　　第二位影响因素是"算法公正"价值。算法本身并非价值中立的，它负载了特定主体的价值观。选择不当、不完整或具有偏见的数据，设计开发人员有意或无意的价值观偏差，不同利益群体通过设计、编写算法来恶意破坏他人的权益等诸多因素都可能会带来算法不公正的后果。并且，这种不公正后果借助算法这一特殊的中介具有了隐蔽性、多元性等特性。如果不进行恰当的治理，会对社会产生难以估量的危害。日常生活中较为常见的表现形式包括"大数据杀熟"以及招聘广告推荐系统中的性别歧视等等。[①] 公正代表着公平与正义，是现代社会中为人们普遍尊重的一项伦理原则。由于算法应用极为广泛且具有针对性，因此公众也期待着算法公正能够渗透到各个领域，从而更好地保障自身的自由和合法权利。

　　第三位影响因素是"劳动者就业保障"价值。这一因素虽然不直接属于传统的伦理价值范畴，但其在当前社会背景下的重要性不容忽视。国内学者的研究表明："在未来 20 年中，总就业人口的 76.76% 会遭受到人工智能的冲击，如果只考虑非农业人口，这一比例是 65.58%。"[②] 人工智能技术通过重构产业结构和社会分工模式，正逐步改变劳动力市场的格局。一方面，人工智能的高效性和自动化特性使得许多传统岗位被机器取代，导致大量劳动者面临失业的风险；另一方面，新兴产业的发展又需要劳动者具备新的技能和知识，以适应技术变革带来的挑战。这种结构性失业的现象，对劳动者的就业稳定性构成了巨大的威胁。例如，在制造业领域，随着自动化和机

---

　　① 参见陈雄燊：《人工智能伦理风险及其治理——基于算法审计制度的路径》，《自然辩证法研究》2023 年第 39 卷第 10 期。
　　② 陈永伟：《人工智能与经济学：近期文献的一个综述》，《东北财经大学学报》2018 年第 3 期。

器人技术的广泛应用，许多传统的手工操作岗位逐渐被机器人取代。一些工厂采用自动化生产线，由机器人完成装配、焊接、搬运等任务，这使得大量劳动者面临失业的风险。这些劳动者往往缺乏适应新技术所需的技能和知识，并在技术变革中处于弱势地位。公众对劳动就业保障价值的关切，实际上是对自身生存和发展的深度忧虑。他们希望在社会和技术变革的大潮中，能够得到合理的保障与支持，确保自身的就业权利和生活质量不受损害。这种关切体现了公众对自身合理利益的追求，也反映了他们对社会稳定的渴望。

　　排在第四位的是公众对"责任归属"价值的评价。责任归属指的是当人工智能系统产生不良结果、做出错误决策或引发问题时，能够清楚地追溯到具体的责任方。在传统的技术责任伦理背景下，通常以决策者的行为结果判定其权利与责任的关系。[①] 然而，在人工智能的设计、研发、应用等各环节中存在包括研发人员、生产者、经销商、使用者等多元主体，同时人工智能系统的复杂性也使得责任归属变得异常困难。不同于传统的机械或电子设备，人工智能涉及算法设计、数据处理、硬件制造、系统集成等多个环节，每个环节都可能对系统的最终行为产生影响。因此，当人工智能系统出现问题时，很难准确判断是哪个环节出了问题，进而确定责任方。此外，随着人工智能技术的广泛应用，其潜在的风险也不断增加。从自动驾驶汽车到医疗诊断系统，从智能家居到工业自动化，人工智能已经渗透到我们生活的方方面面。这些应用一旦出现问题，不仅可能造成经济损失，还

---

　　① 参见冯永刚、席宇晴：《人工智能的伦理风险及其规制》，《河北学刊》2023 年第 43 卷第 3 期；郑智航：《人工智能算法的伦理危机与法律规制》，《法律科学（西北政法大学学报）》2021 年第 39 卷第 1 期。

可能威胁到人们的生命安全。例如，"特斯拉、Uber 等低级别自动驾驶的伤亡事故发生后，碍于立法和认知的双重缺位，相关责任认定在中外法院审理案件过程中均出现了较大难题和争议"[①]。近年来，公众对于能够明确责任归属的呼声越来越高。从法律和伦理的角度来看，责任归属是确保技术健康发展的重要保障。只有在明确了责任归属之后，才能有效地追究相关方的责任，促使他们更加谨慎地设计和使用人工智能技术。同时，这也有助于在全社会范围内形成对人工智能技术的合理期待和约束，推动其向着更加安全、可靠的方向发展。

第五位影响因素是"人类主体性"价值。人类主体性价值强调的是人的主体作用与社会参与程度。有学者指出，人工智能正在借助其拟人特质，尝试取代人类的体力劳动与脑力劳动，使得人类的主体性面临被异化的风险。[②]一方面，人工智能通过数据化对人进行解构，制造"信息茧房"。[③] 在"信息茧房"中，个体只接触到与自身观点相符的信息，而其他可能的观点和信息来源则被过滤或忽略。随着"信息茧房"的形成，个体的甄别能力逐渐削弱，更易受到行为偏见的影响。推送式信息不断强化个体已有的偏好，使其更加倾向于接受已有观点，而不愿意接触挑战性的信息。这种情况下，个体面临着客体化风险，逐渐失去对自身生活和行为的主动控制权，成为算法和数据的被动接受者。最终个体的主体意识被逐步销蚀，从而陷入自我认

---

① 赵志耘、徐峰、高芳、李芳、侯慧敏、李梦薇：《关于人工智能伦理风险的若干认识》，《中国软科学》2021 年第 6 期；参见张铤：《人工智能的伦理风险治理探析》，《中州学刊》2022 年第 1 期。

② 参见苗存龙、王瑞林：《人工智能应用的伦理风险研究综述》，《重庆理工大学学报（社会科学）》2022 年第 36 卷第 4 期。

③ 参见郑智航：《人工智能算法的伦理危机与法律规制》，《法律科学（西北政法大学学报）》2021 年第 39 卷第 1 期。

知和自主性的深刻危机之中。另一方面，"人工智能在社会系统中的应用可能造成人对技术的严重依赖，甚至社会治理的角色替代"[1]。对技术的依赖可能导致人们逐渐失去对决策过程的控制权，将其交由人工智能系统来完成。在社会治理方面，政府可能越来越倾向于使用人工智能算法来做出决策，例如用于预测犯罪发生地点和时间、分配社会资源等等。这种情况下，人们逐渐将社会治理的责任和决策权几乎完全交由人工智能系统，而不是依赖人类的智慧和判断力，从而削弱人类的主体性地位。人不再是治理主体，反而可能成为算法权力中被计算的客体。

排在第六位的是"主体情感平衡"价值。这一价值要求新一代的人工智能系统也具有"感性"的情感连接能力，从而满足人们普遍的心理与情感需求，打破长期以来人工智能"高智能、低情商"的标签，然而当下人工智能技术可能无法满足这种需求，进而主体可能面临人机交互导致的"情感失衡"风险。[2] 人工智能技术通过语音识别、文本分析等技术来识别用户的情绪。因此，情感分析往往只是基于语言和行为的表面特征，而忽视了背后的情境和个体差异。这导致算法对情感的理解不准确，进而影响其对个体需求和情感状态的判断，使得个体在与人工智能交互时产生误解或不适，形成情感失衡的现象。例如，"在虚拟教学中，教学主体之间以及教学主体与客体之间的交互作用，仍需要借助数字化中介系统来展开和实现"[3]，所以

---

① 张铤：《人工智能的伦理风险治理探析》，《中州学刊》2022 年第 1 期。
② 冯锐、孙佳晶、孙发勤：《人工智能在教育应用中的伦理风险与理性抉择》，《远程教育杂志》2020 年第 38 卷第 3 期。
③ 冯锐、孙佳晶、孙发勤：《人工智能在教育应用中的伦理风险与理性抉择》，《远程教育杂志》2020 年第 38 卷第 3 期。

易造成认知参与但情感遮蔽的"伪参与"现象、学习体验"单一化"和社会情感学习淡化等主体情感不平衡的现象。[①]

最后一位影响因素是公众对"价值选择"因素的评价。价值选择关注的是使人工智能系统的目标、决策和行为与人类的道德标准和社会价值观一致，从而能够推动人工智能朝着更为负责任和可持续的方向发展。然而，算法黑箱为隐形权力的运行提供了条件，集中表现为算法的设计、目的、标准体现设计者和开发者的主观意志和价值取向。同时，即使人工智能系统被赋予了特定的价值理念，它仍可能难以区分正义与非正义行为，因为价值观在不同文化、社会和个体之间存在显著差异。例如，不同文化和社会对个人隐私权和公共安全的权衡考虑可能存在差异：一些社会可能更加注重个人隐私权的保护，而其他社会则更加重视公共安全。因此，公众会比较关注与期待人工智能技术是否能够灵活适应不同文化和社会背景的需求，是否能够最大化平衡个人权益和公共权益。

通过数据模型的分析，研究发现"信息安全""生态平衡"等评价因素并未通过显著性检验。首先，在信息安全方面，这一结果可能表明政府和相关部门在信息安全领域，尤其是网络安全、数据泄露以及隐私侵权等方面，已经采取了有效的措施，如近年来政府加大了对网络安全法律法规的制定和执行力度，企业和组织也提高了对信息安全的重视程度，强化了数据保护。同时，公众教育和意识提升活动的增加，提高了人们对个人信息保护的认识。然而，当前的研究结果反映的仅仅是一个阶段性的成果，并不意味着可以放松对信息安全的关

[①] 参见赵磊磊、张黎、代蕊华：《教育人工智能伦理：基本向度与风险消解》，《现代远距离教育》2021 年第 5 期。

注。随着云计算、大数据、物联网等前沿技术的应用扩展，新的安全漏洞和风险点不断被发现，需要不断更新和加强信息安全的管理措施。其次，在生态平衡方面，当前人工智能技术对生态环境的影响还没有达到公众所能显著感知的程度。一方面，人工智能技术在生态资源领域的积极作用与负面影响之间存在复杂的平衡。例如，人工智能技术在提高产业效率、减少资源浪费方面具有巨大潜力，但是与此同时其训练过程会产生高能耗或需求一些特定的稀有资源。另一方面，生态系统的复杂性和变化的缓慢性意味着人工智能技术带来的生态影响可能需要较长时间才能被充分感知和评估。因此，当前公众对生态平衡问题的敏感性水平并不高。

综合以上数据分析可知，公众对于人工智能领域中的透明性、算法公正、劳动就业保障、责任归属、人类主体性、主体情感平衡、价值选择等因素的价值敏感性较高，这些因素是当前公众关注的焦点。这表明了公众对于人工智能的公平正义、责任与透明度等方面的高度关切。此外，数据模型还表明，信息安全、生态平衡等价值因素由于其现实影响相对较小，且具有滞后性和隐蔽性等问题，尚未引起公众的广泛关注，因此公众对其的价值敏感性也相对较低。

三、差异性分析

（一）性别

通过独立样本 t 检验，研究者发现不同性别在伦理敏感性上的 $p > 0.05$，并不具有显著差异（如表 8-4）。在信息时代，随着教育的普及和科技的发展，男性和女性都有机会接触和学习关于人工智能的应用与知识。这种大背景的相似性可能导致他们在判断人工智能价值时具有趋同的视角和观点。与此同时，男性与女性在处理信息和做出判断时具有许多认知共性。对于人工智能的价值敏感性判断而言，这种共性可能表现在对技术伦理、隐私、安全和效率等问题的基本认识上。

表 8-4　性别差异性分析

独立样本 t 检验						
	职业背景	个案数	平均值	标准偏差	t	p
价值敏感性	男性	519	3.5106	1.06756	−0.252	0.801
	女性	533	3.5266	0.98632		

（二）年龄

通过单因素方差分析，不同年龄在伦理敏感性上（F = 25.067，p<0.05）具有显著差异（如表 8-5）。通过进一步多重比较，研究发现 17 岁及以下、56 岁及以上受访者显著高于 18 岁至 35 岁、36 岁至 55 岁受访者。17 岁及以下的受访者几乎是在数字时代中成长起来的。他们对于人工智能技术有着天然的亲近感，并能够基于日常的实际使用经验，对人工智能技术形成较为全面深刻的理解，包括敏锐地识别出技术中潜在的伦理价值与社会影响。并且，随着社会发展，这一新生群体对于自主权利、社会正义的追求更加强烈，这种思维模式也拓展到了人工智能技术方面，因而表现出更高的价值敏感性水平。其中，敏感性水平最高的价值分别为算法公正（平均值 3.94，满分为 5）和责任归属（平均值 3.84，满分为 5）。

56 岁及以上的受访者一生中经历了信息技术的巨大变迁，从早期的电脑到现今的智能设备，见证了技术如何深刻改变人类生活和社会结构。这一年龄段的人虽然可能不像数字时代出生的年轻人那样对新技术感到自然亲近，但他们在面对技术变化时展现出了独特的敏感度和深思熟虑的态度。他们的生活经历赋予了他们关于社会变革、伦理责任的深厚理解，使其能够从一个更成熟的角度来评估人工智能技术的影响。对这一群体而言，一项技术的价值评估远超出技术的功能和效率，更多的是基于这些技术如何触及并影响到人类的基本权利、社会公平和伦理标准。他们对技术可能引发的信息安全风险表示出高度的关注，对个人数据的保护尤为重视，因而表现出更高的价值敏感性水平。其中，敏感性水平最高的价值分别为信息安全（平均值 3.82，满分为 5）和算法公正（平均值 3.83，满分为 5）。

表 8-5 年龄差异性分析

	个案数	平均值	标准偏差	F	显著性	Lsd
17 岁及以下	160	3.9646	0.90545	25.067	0.000	1.4>2.3
18 岁至 35 岁	380	3.3132	1.01781			
36 岁至 55 岁	326	3.3609	0.97748			
56 岁及以上	186	3.8315	1.04047			
总计	1052	3.5187	1.02674			

（三）学历

通过单因素方差分析，不同学历在伦理敏感性上（$F = 6.481$，$p < 0.05$）具有显著差异（如表 8-6）。经分析发现：本科学历的受访者在

伦理敏感性上高于大专、高中、初中及以下学历受访者，低于研究生学历及以上受访者；研究生及以上学历的受访者在伦理敏感性上显著高于高中、大专、本科学历的受访者。

本科学历的被调查人群敏感性水平最高的两个价值为算法公正（平均值为3.92，满分为5）和透明性（平均值为3.85，满分为5）。相比于研究生阶段，本科阶段的教育在教授学生专业知识之余，还非常注重培养学生的综合能力和思维能力，鼓励其关注社会和伦理问题；相比于高中及以下阶段，本科学历的受访者具有更丰富的基础理论知识储备，上述原因可能导致了本科学历的受访者呈现出对算法公正和透明性价值属性的格外关注。具体来看，就算法公正而言，具有本科学历的人群可能通过通识教育课程，接触到伦理、社会学、法律等相关课程，这些课程可能会涉及算法公正和伦理问题，从而引发他们对算法公正的关注。就透明性而言，本科学历的受访者在本科阶段有诸多参与社会实践活动和学术讲座的机会，这些活动和讲座关注和呼吁算法透明性的重要性。

研究生及以上学历的被调查人群敏感性水平最高的两个价值分别为信息安全（平均值为4.03，满分为5）和透明性（平均值为4.03，满分为5），原因可能与其具有较高的专业知识水平有关。首先，就信息安全而言，研究生及以上学历的人群通常在数学、信息安全、计算机科学等领域有着更深入的专业知识和技能。相比于较低学历的人群，他们可能对信息安全风险有着更为深入的理解，这使得他们能够识别潜在的数据泄露和隐私问题，并认识到这些问题的重要性，因而提高了其对信息安全和不透明性的敏感性水平。其次，就透明性而言，研究生及以上学历的人群可能对人工智能系统的运作原理和决策过程有着更深入的理解，因而认识到人工智能决策过程的复杂性和不确定性，以及不透明性带来的潜在风险。因此，他们可能更关注人工智能系统的透明度和可解释性，因为这对于确保决策的合理性和公正性至关重要。

表 8-6　学历差异性分析

	个案数	平均值	标准偏差	F	显著性	Lsd
初中及以下	134	3.2214	1.13348	6.481	0.000	1<3.4.5，5>2.3.4
高中	188	3.4078	1.06993			
大专	247	3.4966	1.01962			
本科	307	3.5917	0.91018			
研究生及以上	176	3.7670	1.03373			
总计	1052	3.5187	1.02674			

（四）职业

我们还对从事人工智能相关职业与不相关职业这两大类人群的价值敏感性进行了差异分析。其中，人工智能相关职业背景的人群包括三个组别，分别是 IT 行业非 AI 方向的从业者、技术伦理相关行业从业者、AI 技术从业者（如 AI 研发、数据科学家、算法工程师等）。研究采用了独立样本 t 检验方法。结果显示，在显著性水平为 0.05 的情况下（显著性结果 $p=0.662>0.05$），从事人工智能相关职业与不相关职业的两类人群对于人工智能的价值敏感性并没有形成显著差异（如表 8-7）。这一结果表明，当前人工智能相关价值在不同职业背景的人群中的感知能力与敏感性水平相似，有利于形成构建人工智能治理框架的共识。

表 8-7　职业差异性分析

独立样本 t 检验						
	职业背景	个案数	平均值	标准偏差	t	p
价值敏感性	IT 行业非 AI 方向的从业者/技术伦理相关行业从业者/AI 技术从业者	511	3.5329	1.07180	0.437	0.662
	其他	541	3.5052	0.98310		

第四节　结论与启示

价值敏感性设计理论是由弗里德曼等人于 20 世纪 90 年代中期提出的，旨在于技术设计阶段，将伦理价值意向融入到技术创新当中。目前，这一理论在国内还处于介绍引进阶段，以宏观的理论探讨居多，缺乏与国内实际结合的微观层面的量化研究。本章立足于学界相关研究与问卷数据，调研了人工智能领域内九项重要价值带给公众的"价值敏感性"影响。数据显示，被访者给上述价值的敏感性判断的平均评分为 3.48 至 3.79（最高值为 5）。接着从广泛性、重要性、持续性三个方面测量了"价值敏感性"水平，整体均值为 3.52（最高值为 5），为最高值的 70%。由此可见，当前公众对于人工智能的价值敏感性水平整体较高。采用 MIMIC 结构方程模型的估计结果显示，公众对于透明性、算法公正、劳动就业保障、责任归属、人类主体性、主体情感平衡、价值选择等七项价值的敏感性水平较高，通过了显著性检验，对"价值敏感性"的影响显著为正。上述七项价值每提高一个分值，其价值敏感性得分将分别提高 0.20、0.18、0.22、0.13、0.08、0.11、0.09。信息安全、生态平衡两项价值则并未对公众的价值敏感性判断产生显著影响。进一步进行差异分析发现，当前人工智能相关价值在不同职业背景的人群中的感知能力与敏感性水平相似，并无显著差异。

从本章的实证研究可以得出以下启示：第一，在技术设计阶段应当对人工智能场景下的伦理道德价值加以重点关注，进而推动伦理价值与技术价值的有机融合。伦理、道德方面的价值是影响公众"价值敏感性"的最主要因素。当前，关于人工智能的伦理治理还有较大缺口。未来人工智能伦理治理的重要性次序按标准化回归系数大小依次为透明性、算法公正、责任归属、人类主体性、价值选择等。在人工智能伦理治理过程中，应当采取相应的预防性措施，包括：增强算法的可解释性、可理解性与可观察性；确立人的价值主体地位，维护人类主体性；对人工智能技术进行价值观规范，建立价值观审查机制；等等。

第二，完善劳动保障制度、优化产业结构、提升技术教育等措施也是人工智能未来发展的应有之义。"劳动就业保障"作为价值级序中的生命安全价值也是影响公众价值敏感性的重要因素。人工智能技术的快速发展对传统的劳动就业结构形成了冲击，在提高劳动生产效率的同时也带来了一些挑战。例如，随着智能机器人、无人驾驶等技术的普及，大量劳动密集型岗位已经或即将消失。与此同时，高技能人才紧缺，待遇提升，形成劳动力不平衡、贫富差距增大等负面影响。价值敏感性设计理论提倡合理平衡社会多方利益，维护社会公平。因此，相关部门应采取完善劳动保障制度、优化产业结构、提升技术教育等措施，回应公众对于劳动就业保障这一价值的合理关切。

　　第三，价值敏感性设计作为一种具有预见性和前瞻性的技术治理方法，主张在设计阶段识别和分析人类价值，进行经验性考察，并将多元利益相关者的价值诉求合理地嵌入到技术之中，由此有效避免技术在使用、实施与评价阶段中出现的各类价值困境与伦理道德危机。我们参照价值敏感性设计理论中的"三方方法论"，主要完成了前两部分的工作，即"概念研究"与"经验研究"。未来，需要与更多的人工智能技术设计者、研发者合作，推进"技术研究"，完善具体的技术细节，给人工智能植入一颗"善芯"，从而让理论成果落地，转化为具有可操作性的实践指南，真正做到科技向善。

结　语

回顾与展望

一、回顾与总结

　　从 21 世纪初算起，实验哲学已经走过了 20 多个春秋，从世界范围来看，依然还处在一个不断上升的快速发展阶段，国际哲学界对实验哲学及其研究方法也呈现出从拒斥到逐渐接受的态势；但从国内发展状况来看，情况并不容乐观。厦门大学朱菁教授在 2023 年第四届东南大学实验哲学工作坊做了题为"当今实验哲学：世界和中国"的报告。朱老师在援引李金彩、朱晓真两位老师对实验哲学 20 年发展态势总结的基础上，对比了国内外实验哲学的发展状况。朱老师在报告中指出，当今实验哲学发展主流仍然在英语国家，从 2001 年开始，国际期刊上关于实验哲学的论文数量呈现上升趋势，20 年来总发文量 1200 余篇，尤其在 2016—2020 年 5 年的时间内，发文量 400余篇，论题涉及伦理学、知识论、心灵哲学、基础实验哲学、语言哲学等多个领域，《哲学心理学》（*Philosophical Psychology*）、《哲学与心理学评论》(*Review of Philosophy and Psychology*)、《思维与语言》(*Mind and Language*)、《认知》(*Cognition*)、《综合》(*Synthese*)等顶尖期刊中均有数十篇关于实验哲学的文章，由此可以看出，实验哲学在国外有着较为迅猛的发展势头，总体上仍属于上升期。

　　然而，国内关于实验哲学的研究从 2011 年起步，比国外实验哲学的发展整整晚了 10 年。国内实验哲学经 10 多年的发展，总发文量有 110 多篇，2016—2020 年数量最多，达到 41 篇，研究论文多数发表于《哲学动态》《世界哲学》《自然辩证法通讯》《自然辩证法研究》《科学技术哲学研究》《中国人民大学学报》《哲学分析》等期刊，研究领域同样集中在实验哲学基础理论、伦理学、心灵哲学、知识论、语言哲学、逻辑学（量化理论）以及行动哲学等方面，各个方向在定量研究与非定量研究层面有所不同。朱老师在分析国内外实验哲学发展差异后指出，国内的哲学研究因缺乏自然主义、实用主义传统以及跨学科发展思维，使得实验哲学在主流学界的接受度不高，面临诸多困难，发展相对缓慢。究其原因，笔者以为，根本之处在于国内实验哲学的研究者普遍缺乏专业的实验技能，没有设计出典范性的哲学实验，没能做出令人信服的实验哲学研究成果。当然，实验哲学从实验的构思、设计再到实施，以及后续的数据搜集、分析，再到最后实验报告或者学术论文的撰写等这一系列操作，周期过长、耗时费力、"性价比"不高，反倒不如传统的"扶手椅"研究方式来得轻松自在，也是很多哲学家对实验哲学敬而远之的重要原因。

　　笔者结合实验哲学在基础理论、知识论、伦理学、心灵哲学、语言哲学、科学哲学、技术哲学等方向的研究动态，尝试将自己多年的思考与研究团队在这些领域所做的拓展性工作结合起来，希冀能为推动中国实验哲学的发展略尽薄力。

二、未来展望

概言之，正如每一种新事物的出现所面临的命运一样，实验哲学兴起之初多是伴随着学界的质疑、批判、拒斥，更甚有诸多不屑与敌视。实验哲学家们面对种种非议，依然坚定前行，不断借鉴、更新、完善实验方法和工具手段，不断拓展实验哲学的适用领域，取得了一系列令人瞩目的研究成果，给"哲学家工具箱"增添了一套套"新工具"，也给国际哲学界带来一股清流，吹来一缕清风。这种经验式的研究结果虽然不具有"判决性"和"颠覆性"，但也会促逼着哲学家不断反思自己的哲学直觉，反思那些看似理所当然的日常信念，进而重新审视那些看似具有普遍性的哲学理论与概念，重新审视那些旷日持久的哲学争论与疑难。仅从这一点来看，实验哲学的出现对于整个哲学事业的发展而言就是有积极意义的。

笔者的这一观点与朱菁老师在第四届实验哲学工作坊为实验哲学提出的两点辩护有异曲同工之处。其辩护如下：第一，哲学以论证为中心，如果接受这一点，就应该接受实验哲学。为何如此？因为人们得到的结论往往是由前提推论出来的，前提又如何而来呢？前提则需要立足于经验观察和直觉，而实验哲学的中心任务就是以各种方式检验这些前提是否成立。第二，从常识和哲学之间的关系来看，我们需要寻求实验哲学的帮助。常识之于哲学，强调常识是哲学的研究方向和研究对象，哲学之于常识，则强调研究、分辨大众对知识的不同态度，大众和专家关于知识的态度差异性需要实验哲学来检验。最后，朱菁老师指出，哲学的目标是"求真知、寻良方、致理解"，实验哲学的诞生和发展，似乎展示出一种更好地融合现实与理论的新方向。①

当然，在强调学科融合的大趋势下，实验哲学走出了一条学科交叉的"跨界之路"。在学科内部，将实验哲学方法从原初的知识论、伦理学、心灵哲学等领域拓展到逻辑学、科学哲学、技术哲学等方向，在学科外部，将哲学与心理学、社会学、认知神经科学、脑科学等学科相融通，致力于将哲学的思辨与科学的实验相结合，打破学科固有的壁垒，在原有的学科交界处擦出了思维之火花。

综上所述，无论外界如何看待，实验哲学只要始终保持开放的姿态，不断吸收相关学科的研究方法，不断更新、完善"工具箱"里的新工具，将理论分析与经验检验相结合，就能在推动人类理智进步的事业中有其一席之地。

---

① 参考朱菁教授在第四届东南大学实验哲学工作坊的大会报告《当今实验哲学：世界和中国》。

附　录

附录 1　实验哲学的前世今生与未来展望[①]
——斯蒂芬·斯蒂克教授访谈

　　斯蒂芬·斯蒂克，美国罗格斯大学哲学系与认知科学中心杰出教授，美国科学院院士，2007 年荣获心灵哲学界享有盛誉的让·尼科奖(Jean Nicod Prize)。他是近年来兴起的实验哲学运动的主要创始人和推动者，其研究还涉及语言哲学、心灵哲学、认知科学和道德心理学等诸多领域。

　　2018 年 12 月，斯蒂克教授应邀到东南大学参加国际学术会议。为了让中国学界同仁更多地了解其学术人生，特别是在实验哲学领域所做的开创性工作，在紧张的学术会议间隙，我们课题组对斯蒂克教授进行了简要的学术访谈。

　　问：您是实验哲学的创始人，为了让更多的中国学者了解您的工

---

①　本文原载《哲学分析》2019 年第 10 卷第 6 期，撰稿者系隋婷婷、张学义。

作，请简要地介绍一下您到目前为止的学术生涯。

斯蒂克：我教书已经有 51 年了。1968 年，我在普林斯顿大学获得了博士学位，在密歇根大学拿到了第一份教职，之后我去了马里兰大学，在那之后又去了加州大学圣地亚哥分校。在最近的 30 年里，我都在罗格斯大学任教，这大概就是我的学术生涯。

我还写了 7 本书，编撰了 13 部选集，发表了 200 多篇论文。我的研究兴趣涉及语言哲学、心灵哲学和认知科学，近年来我的研究重点在实验哲学和以经验为导向的道德心理学上。

问：您的研究方向从语言哲学转到心灵哲学，又从实验哲学转到道德心理学，是什么让您改变了研究的方向？抑或是什么推动了这种研究的转向？

斯蒂克：最初是我写了一篇关于语法转变的方法论的博士学位论文，这可能是第一篇关注乔姆斯基和乔姆斯基追随者的方法论的博士学位论文。这个研究很直接地导向了心灵哲学的方向，因为乔姆斯基在心灵方面提出了很多激动人心的思想主张。他认为他开创的语言学研究方式为理性主义和先天论提供了证据。在 20 世纪 60 年代末到 70 年代初，这是一个非常激进的主张。在那些年里，至少在美国哲学界大家都是经验主义者。逻辑经验主义（logical empiricism）或者说逻辑实证主义（logical positivism）仍然很有影响力，而理性主义被广泛认为是一种难以置信的观点，只有哲学史学家对此感兴趣。因此，我对乔姆斯基语法方法论的兴趣很自然地转向了对心灵哲学的兴趣。我出版的第一部论文集是《天赋观念》（*Innate Ideas*）。

当时，我和很多其他人，譬如杰里·福多和丹尼尔·丹尼特（Daniel Dennett）很快就明白了，心灵哲学研究必须与心灵的实证研究协同进行，也就是说要与认知科学相结合。这就把我从语言哲学带到了心灵哲学和认知科学。

我工作中的下一个重大转变是大约始于 2000 年的实验哲学运动的结果。实验哲学在一定程度上是由对许多哲学家提出的主张的困惑和烦恼引起的。一些哲学家总是声称"我们"或"人们"对知识、道德、意义或自由意志的想法是怎样的。但我发现我经常不是这么想的，那么他们这种想法是怎么来的？

我们最初的团队是我和我以前的研究生肖恩·尼科尔斯以及乔纳森·温伯格组成的，我们起初认为应该请我们心理学系的同事来研讨这些观点。但心理学家们说："嘿，我有我自己的项目要做，在接下来的四五年里我都会很忙。"因为没能请到心理学家们来做这个研究，我们决定自己做。我们学习了如何做心理实验，并开始测试哲学家们关于"人们"对知识、道德等概念的看法。

我对道德心理学的兴趣也发生在 2000 年。这里需要回溯一点历史。1900 年左右，科学心理学在美国和德国以及其他国家出现，一些心理学家也对道德心理学产生了兴趣。但至少在我所知的历史中，从 1900 年到 2000 年，大约一个世纪，哲学家和心理学家之间很少有交流，我对这种现象的判断是，心理学家没有把道德哲学当回事。但哲学家们毕竟已经思考了 2500 年的道德问题了，他们提出了很多重要的问题和重要的论点。可在通常情况下，心理学家们认为他们可以在下雨的周末里（闲暇）学到他们真正需要的所有的哲学。

心理学家在 2000 年之前所做的道德心理学，大都在哲学层面上显得非常幼稚，以至于哲学家们忽略了它。哲学家在自己的领域继续做着关于道德判断心理机制和过程的研究，就像在柏拉图的时代，或在大卫·休谟的时期一样，但总的来说，他们忽略了一个事实，即心理学已经成为一门科学，有了很多可用的新实验方法。所以，哲学和心理学此时就像夜间航行的两艘船（互相看不到对方）：心理学家没有注意哲学家，哲学家认为心理学家所做的事情很无趣也很幼稚。但在 2000 年，情况又发生了变化。

作为认知科学运动的成果，一个非常有趣的活动产生了，即越来越多的哲学家去研究生院的认知科学中心——比如罗格斯大学的认知科学中心，去学习语言学、心理学和神经科学课程。出现了越来越多的科学哲学家，尤其是年轻人。心理学中也发生了类似的事情，许多心理学家开始更严肃地看待哲学，这就是 2000 年的情况。

在那段时间里，有三个人，吉尔伯特·哈曼（Gilbert Harman）、约翰·达利（John Darley）和我。当时，我们决定为普林斯顿大学和罗格斯大学的师生组织一个研讨会，两所学校相距只有 15 公里。这个研讨会一星期在普林斯顿开，一星期在罗格斯开。研讨会有三个导师：我、达利和哈曼。有时我们讲课，有时我们邀请其他的心理学家或哲学家来参加研讨会，告诉大家他们正在研究什么。也就是那个时候，在这个研讨会里，或者应该也包括了世界上的其他地方，哲学意义上成熟的经验性道德心理学才真正开始。

达利、哈曼和我所发起的研讨会可以说是一个纯粹的巧合，它在一群不同寻常的人当中举办，比如哲学家约翰·多里斯（John Doris），他当时刚刚完成了一本关于美德、伦理和性格心理学的书，书名是《性格缺失》（*Lack of Character*）。约翰·多里斯在加利福尼亚教书，但他当时碰巧在普林斯顿大学，所以来参加了研讨会。肖恩·尼科尔斯碰巧也在罗格斯大学。还有很多聪明、有创意的研究生。来参加研讨会的研究生之一是乔舒亚·诺布，后来他成了实验哲学的核心人物。另一个研究生是乔舒亚·格林，他当时有一个想法，即用脑扫描仪研究人们的道德判断。他把这个想法告诉了我。我当时觉得这听起来像是浪费时间，不是一个好主意，但我错了。乔舒亚·格林当时所做的工作在道德神经科学领域衍生出大量相关研究。他取得哲学博士学位之后又成了一个认知神经科学家，现在是哈佛大学的心理学教授。

　　无论如何，我们就是这样开始的。我们在研讨会后创建的小组叫"道德心理学研究小组"，有大约 20 个人，其中有哲学家、心理学家和神经科学家。这个小组产生的成果是如此令人兴奋，以至于我计划将自己的研究重点放在道德心理学上。2000 年的这次研讨会引发了一场大规模的运动。在这期间，产生了超过十万篇关于经验道德心理学的论文。

　　问：实验哲学正式诞生的标志性文献是 2001 年由您和几位作者共同发表的《规范性和认识论直觉》（"Normativity and Epistemic Intuitions"）吗？

　　斯蒂克：两篇早期最有影响力的文章。一篇是由乔纳森·温伯格、肖恩·尼科尔斯和我写的这篇《规范性和认识论直觉》，以及由爱德华·麦锡瑞、罗恩·马伦、肖恩·尼科尔斯和我写的《语义跨文化风格》（"Semantics Cross-Cultural Style"）。

　　问：所以我们可以把这两篇论文作为实验哲学的开端吗？

　　斯蒂克：是的，这些论文加上约在同一时期发表的譬如乔舒亚·诺布的论文。在早期的一篇论文中，诺布发现了"诺布效应"，这是早期实验哲学中最引人注目、最具影响力的发现之一，也是最有力的发现之一。不像我们早期的一些研究，有些可能无法复制，但诺布的研究已经被重复了上百次。

问：您刚才说您现在的研究重点放在了实验哲学和以经验为导向的道德心理学，那么这两者之间存在什么联系吗？

斯蒂克：当然有联系。一些我最感兴趣的道德心理学问题就非常需要进行实证检验，这与实验哲学中正在进行的一些实证检验非常相似。比如对埃利奥特·图里尔（Elliot Turiel）的传统道德与成人越轨行为区别研究的尝试。

人们对图里尔的研究产生担忧的一个原因是，他是一个发展心理学家，他使用的材料可以用在4岁的孩子身上，但是有很多东西不能问3到4岁的孩子。首先，有些问题他们不明白。其次，有些会造成心理困扰的问题也不能问孩子，比如严酷的体罚。在图里尔的传统研究中有一个非常著名的研究，调查人员选择被定罪的谋杀犯作为被试。这是一个很好的研究人群，因为如果你想以后再来研究他们，你知道他们在哪里。他们一直被关在监狱里。他们使用的是图里尔询问儿童的道德越轨行为材料，比如把孩子从秋千上推下来，或者在沙箱里对另一个孩子扔沙子。但用这些问题问被定罪的谋杀犯？他们是成年人（显然不合适）。所以我们认为，如果我们问一些更成人化的问题可能会得到截然不同的结果，比如奴隶制度或体罚（鞭打行为不端的人）等等。

所以实验哲学可能并没有一个普遍的定义。在广义的定义上，如我刚才提到的图里尔的研究就是实验哲学。它在通过某种心理实验来解决哲学问题，这就是实验哲学的广义定义。

但是人们又经常用实验哲学这个术语来描述一个非常狭义的实验

类别，这个实验的目的是探索影响哲学直觉的事物。所以对实验哲学的狭义定义是指专注于哲学直觉的实验。广义的定义则是关注哲学兴趣的所有问题，我所做的道德心理学遵照的是广义的实验哲学定义，而不是狭义的。

问：您说狭义的实验哲学专注于研究哲学家的直觉，这意味着狭义上的实验哲学仅仅研究哲学家的直觉吗？

斯蒂克：不，恰恰相反，这么说是因为它注重对于哲学问题的直觉，而不是哲学家的直觉。我和温伯格、尼科尔斯在 2001 年发表的那篇关于知识论的论文，即指出哲学家对于知识的直觉并不具有普遍性。我们怀疑影响直觉的因素之一是文化。我们工作的动机和灵感来源于文化心理学家的工作，像理查德·尼斯比特，他和他的团队展示了在广泛心理过程中的巨大文化差异。他有一本很棒的书叫《思维地理学》(*The Geography of Thought*)，书中列出了所有这些发现。这对我们是一种启发，我们认为直觉在不同的文化中是不同的，我们研究了东亚人(中国人、日本人和韩国人)、南亚人(印度人和巴基斯坦人)，还有欧洲血统的人。我们发现对知识的直觉因文化而异。这个结果现在可能并不能被复制，但它在当时非常引人注目，当时有些哲学家因此非常担心他们的认知直觉。因为如果你的直觉深受文化影响，你将很难信赖自己的直觉。

这对哲学家来说是一个很大的挑战，人们通常认为直觉是很好的证据，因为它们通常是真的。所以如果你对盖梯尔案例的直觉认为，该案例中的人知道某件事情，那这很可能是正确的。但如果东亚人和南亚人与祖籍欧洲的人直觉不同，这种假设就会受到严重挑战，因为这些直觉不可能都是真的。在经典的盖梯尔案例中，东亚人倾向于回答"是"，而西方人倾向于回答"不是"，总得有人是错的。

问：刚才您所说的"直觉"可以专称为"哲学家直觉"吗？这样的直觉与其他领域的直觉有什么不同吗？

斯蒂克：实验哲学关注的是哲学的一个重要方法，可这不是唯一的方法。哲学家使用了很多方法。但我们关注的直觉是特别重要的，并且是哲学中广泛使用的一个方法。哲学家们在盖梯尔案例、电车难题或者其他案例中都依赖了直觉。

我所说的"哲学直觉"是指对哲学案例的直觉。但是，你可以对各种事物有直觉。至少据我所知，直觉只是一种自发的判断，一种对事件的快速判断，而你并没有意识到你是如何做出判断的，它就出现在你的脑海里，你可以对道德问题做出这样的判断，你也可以对知识论案例做出判断，你还可以对形而上学的案例做出判断。这些都是哲学上的直觉，因为这些是对哲学上感兴趣的案例的判断，你也可以对象棋有直觉，可以对时尚有直觉。但实验哲学家不关心这些直觉，他们关心的是哲学直觉。哲学直觉只是哲学家在感兴趣的案例中使用的直觉。他们用哲学直觉作为哲学理论的证据，实验哲学的一个早期动机就是对这种方法的怀疑。

我们为什么关注哲学直觉而不关注对时尚的直觉或者对诗歌的直觉呢？因为哲学家不使用时尚的直觉或者诗歌的直觉。他们对知识、对因果性、对意图使用直觉。所以，至少我们中的一些人，被称为"消极派实验哲学家"的那一群人，对这些方法持怀疑态度，这就是实验哲学的一部分。

问：传统分析哲学家用直觉作为判断的证据，而实验哲学家则证明直觉并不像人们想象的那么稳定。然而，实验哲学家仍然用并不稳定的直觉作为证据来证明分析哲学家是错误的。这样的直觉是否值得信赖或足以作为证据？

斯蒂克：有些发现表明，分析哲学家使用的直觉是不稳定的。例如，"顺序效应"，如果你在案例 B 之前给人们看一个案例 A，或者在案例 A 之前给人们一个案例 B，你会得到不同的直觉，所以它们是不稳定的，而且它们在环境条件不同的情况下也是不稳定的。比如在这样的环境中，你的直觉会和在一个放着用过的、散发出难闻气味的比萨盒的房间里不同。实验哲学家说的是，分析哲学家用作证据的东西实际上是不稳定的，所以对于实验哲学家来说，它必须是稳定的，它的不稳定必须是稳定的。这种情况下，如果你做 10 次实验，那么你就会得到 10 次相同的不稳定性，但它是与变量无关的。所以你得到的变化与当前的哲学问题无关。你得到差异是因为东亚人和西方人有不同的直觉，但是你是东亚人还是西方人并不会影响你是否有知识，对吧？

问：现在有学者声称，存在第一代、第二代实验哲学家。您认为有这种区分吗？

斯蒂克：没有。实验哲学存在的时间还不够长。分代通常需要 20 年。它只存在了不到 20 年。在过去 20 年里，人们对哲学的方法论产生了极大的兴趣。新的技术被引入到哲学直觉的研究中，比如脑扫描和脑电图技术。但并不是说只有年轻人使用这些技术。或者从另一个角度看这个领域，我是老一代，这个领域中的其他人都算是年轻一代，因为我是个老家伙了(笑)。

问：那在实验哲学家中存在积极派和消极派的区分吗？

斯蒂克：是的，有积极派和消极派。到目前为止，我一直在谈论的消极派是指对于将直觉作为哲学证据抱有怀疑论的人。而积极派则是受乔舒亚·诺布的研究启发，并不对直觉抱有整体性的怀疑，而是对哲学家收集大众直觉的方式抱有怀疑的人。哲学家倾向于使用他们自己的直觉，这是积极派所关注的问题。对诺布等人而言，用直觉作为证据是可行的，但是如果你想知道大众的直觉是什么，不要依赖你的四位最好的哲学家朋友。如果你想说大众的直觉是什么，那就去问这些人，问很多人。这种方法产生出了一些非常惊人的研究成果。我最欣赏的成果之一出自加拿大的年轻哲学家约翰·图里（John Turri），他在认知语境主义领域做了一些非常棒的工作。认知语境主义最初是由很多人提出的，但最早是由一个叫基思·德罗斯的哲学家提出的，他提出了一个思想实验，也就是所谓的"银行案例"。他声称知识判断对风险很敏感，即人们对他们的认知错误将会造成多大损失很敏感。当时很多哲学家对此有过争论，他们试图对德罗斯的说法给出一些不同的解释。德罗斯说，认知词汇和上下文有关，如"大"，大蚂蚁比小大象小得多，所以"大"这个词的大小取决于上下文。

语境主义有近一千篇的相关论文，但约翰·图里表明这些论文是基于虚构的前提之上的，为什么是虚构的？因为语境主义者所说的关于普通人的知识判断，或者说风险效应，是不真实的。

这些细节可能有些复杂，但这里要说明的信息是，积极派的实验哲学家认为不是不能依靠直觉，而是如果你必须依靠直觉，得找到正确的直觉，你不能在直觉上依赖你自己和你身边最好的四位朋友，如果你想得到关于人们说话的直觉，那就去找人们问吧。

所以我认为积极派实验哲学的一个非常有力的结果是发现了近20 年来的认知语境主义研究是在浪费时间，因为它试图解释一个不存在的现象。

问：说到积极派与消极派，您自己属于哪一派呢？

斯蒂克：我的大部分工作都集中在消极派，但这并不是说我反对或不同意积极派。这只是一个意外，我最感兴趣的问题恰好都是属于消极派的问题。从某些方面而言，我认为积极派的研究对实验哲学做出了更有价值的贡献。

问：很多人认为哲学是一个规范性而不是描述性的学科，您认为实验哲学的经验性证据是如何影响规范性学科的？

斯蒂克：不是所有的哲学都是规范性的，有很多的哲学领域，比如科学哲学、语言哲学、心灵哲学等，都不完全是规范性的。但即使是在规范领域，实验哲学也为测试规范理论提供了方法。而且，哲学家是如何建立一个规范性理论的呢？提出案例的方法也是哲学家们使用的传统方式之一。消极派的实验哲学家通常认为不应该用这种方式来测试规范性主张。积极派的实验哲学家则会提供一些收集直觉的更好的方法。

问：有人批评实验哲学解构了以往的一些旧哲学理论，但它并没有再进一步展开建构性工作，比如再构建起一些新理论或再进一步进行概念探讨？

斯蒂克：我认为这是不对的。它不是在解构旧的哲学理论，它是在解构旧的哲学方法，它不是在挑战理论，而是在挑战方法。此外，实验哲学并非对传统哲学使用的每一种方法的批判，恰恰相反，它只是对直觉依赖和"案例方法"进行批评。实验哲学并不提出新的或修正的哲学理论。这是传统哲学家的工作，他们还有很多工作要做。

问：您认为实验哲学未来将会面临哪些挑战和问题？

　　斯蒂克：实验哲学是心理学的延续，是心理学的一种。最重要的挑战是在很多心理学领域面临的挑战，比如重复门（Repligate）。在过去的 10 年里，心理学发现以往很多重要的研究都是无法复制的。这在实验哲学中也发生过。许多人，包括我参与的哲学地理学的大项目中的许多人，都在试图设计更好的实验，使这些实验不会面临那么大的、无法复制的风险。

　　一种方法是设定更高的统计目标，另一种方法是使样本量足够大，不能只使用 20 或 30 名这样的少量被试，在我们的研究项目中，我们的目标是在每种条件下至少使用 100 名被试。这是很多领域都在做的事情。但你也不能确定，这真的会使实验更有可能被复制。此外，为了避免重复失败，你还需要做更好的实验设计。

　　还有一件重要的事情与我们正在做的哲学地理学项目有关。我们通过这个项目可以拓宽数据的收集范围，很多实验哲学家一直在采纳的参与者绝大多数是说英语的，绝大多数都是美国人、加拿大人或英国人。我们的重点是拓宽被试群体。我们的研究团队来自 10 个国家。我们现在观察了南非人、秘鲁人、厄瓜多尔人、摩洛哥人、日本人和韩国人的不同反应，所以它给了我们更广阔的关于直觉的视野。

　　问：除了重复性难题之外，实验哲学还面临什么挑战吗？

　　斯蒂克：另一个挑战是超越问卷调查的方法。在我们的哲学地理学项目中，我们将使用从语言学中借鉴来的技术。我们还将使用一种令人兴奋的新方法，即"语料库分析"。

　　语料库分析的是非常大的样本，我们可以从计算机文件或报纸中对一千万字的语料进行分析，你可以从报纸或宗教文本中得到数以百万计的句子，当然你还可以比较句子的不同来源、不同的语言等等。

这是非常令人兴奋的新方法，它将实验哲学的工作与语言学、心理学、神经科学和计算机科学等许多其他研究项目联系了起来。

问： 您对于脑扫描、脑电图、功能磁共振成像或是眼动仪等技术在实验哲学中的应用怎么看？

斯蒂克： 我也可以把它们列在实验哲学的新方法清单上，正如我提到的乔舒亚·格林在早期道德心理学研究中使用的 fMRI。现在人们用眼动仪也做出了非常有趣的实验哲学研究。所以我觉得这些都很棒！它再次显示了研究方法的进步。

问： 最后，您觉得实验哲学的前景和未来发展会怎么样？

斯蒂克： 如果这是关于未来将走向何方的问题，我通常不回答这样的问题，我觉得未来学就像一场足球赛。如果你想预测未来，得找坐在商店里用水晶球或塔罗牌占卜的女士（笑）。如果这是关于实验哲学未来发展的问题，我认为未来会有更多、更好的方法涌现，就像我们讨论过的，比如语料分析、眼动仪技术等等。

附录 2　无人驾驶汽车算法伦理调查问卷

问卷一

亲爱的朋友您好，非常感谢您参与本次情境测验！这是一份关于无人驾驶汽车算法伦理的研究项目，请根据您的真实感受作答，所有答案没有对错、好坏之分。您的相关信息仅供科学研究之用，我们将切实为您保密，谢谢您的配合！

Q1　请选择您的性别［单选］
　　○　男
　　○　女

Q2　请选择您的年龄［单选］
　　○　0—17 岁
　　○　18—35 岁
　　○　36—55 岁
　　○　56 岁及以上

Q3 请选择您的受教育程度 [单选]

- ○ 没有受过任何教育
- ○ 小学及以下
- ○ 初中
- ○ 高中/中专
- ○ 大专/本科
- ○ 研究生及以上

Q4 请选择您的专业 [单选]

- ○ 理科
- ○ 工科
- ○ 医科
- ○ 社会科学(含经济学、管理学、政治学、社会学等)
- ○ 人文科学(文学、史学、哲学、艺术等)
- ○ 其他

Q5 请选择您的职业 [单选]

- ○ 党政机关
- ○ 事业单位
- ○ 企业
- ○ 务农
- ○ 社会团体
- ○ 自雇(如个体户或自由职业)
- ○ 学生

　　○　退休

　　○　其他

Q6　请选择您的月收入情况［单选］

　　○　无固定收入

　　○　1—1999 元

　　○　2000—3999 元

　　○　4000—5999 元

　　○　6000—8999 元

　　○　9000—12999 元

　　○　13000—20000 元

　　○　20000 元以上

Q7　请选择您的驾驶经验［单选］

　　○　从未开过车

　　○　正在练习

　　○　1 年以内

　　○　1—3 年以内

　　○　3—5 年以内

　　○　5 年以上

Q8　当**你正驾驶一辆汽车**时，道路前方出现了 5 个行人，道路侧前方有个可以转向的岔道，岔道上有 1 个行人。此时已经来不及刹车，**直行可能会撞死 5 个行人，转向可能会撞死 1 个行人**。这个时候，你会

选择转向吗？［单选］

○　会

○　不会

Q9 **当你正在隧道里驾驶一辆汽车**时，道路前方出现了 5 个行人，没有可供你选择的其他路线。此时已经来不及刹车，**汽车直行可能会撞死 5 个行人，如果不选择直行，只能转向撞向隧道墙壁，这样则可能会撞死自己**。这个时候，你会选择转向吗？［单选］

○　会

○　不会

Q10 **当你乘坐一辆无人驾驶汽车**时，道路前方出现了 5 个行人，道路侧前方有个可以转向的岔道，岔道上有 1 个行人。此时已经来不及刹车，汽车直行可能会撞死 5 个行人，汽车转向可能会撞死 1 个行人。如果**你乘坐的无人驾驶汽车**上安装了一套算法系统，该算法系统经过计算得出：汽车直行时，5 人中受伤最严重的死亡率为 60%；汽车转向时，受伤最严重的死亡率为 90%。此时根据算法计算，该无人驾驶汽车选择了直行。你是否认同这样的选择？［单选］

○　是

○　否

Q11 如果**你乘坐的无人驾驶汽车**，经过算法计算，选择了直行，并造成了伤害，你认为这起车祸中的责任主要应由谁来承担？［单选］

○　无人驾驶汽车的车主

○　无人驾驶汽车的生产商

○　无人驾驶汽车的算法设计人员

○　不清楚，很难做出选择

Q12 如果你与这场事故无关，只是一个旁观的行人，你是否认同该无人驾驶汽车算法系统的选择？［单选］

○　是

○　否

Q13 如果你与这场事故无关，只是一个旁观的行人，你认为这起车祸中的责任主要应由谁来承担？［单选］

○　无人驾驶汽车的车主

○　无人驾驶汽车的生产商

○　无人驾驶汽车的算法设计人员

○　不清楚，很难做出选择

Q14 你是否会购买安装了这种算法系统的无人驾驶汽车？［单选］

○　会

○　不会

Q15 如果**你乘坐的无人驾驶汽车**安装了一个从 0 到 1 的连续刻度的"算法旋钮"，每个刻度都代表了无人驾驶汽车在遇到车祸时做出的不同选择：**旋钮转到中间，汽车遇到危险时，将保护乘客与行人当中人数多的一方。旋钮越靠近 0，越倾向于保护乘客，转到 0 时，汽车**

将无视人数差异，绝对保护乘客；旋钮越靠近 **1**，越倾向于保护行**人**，转到 **1** 时，汽车将无视人数差异，绝对保护行人。无人驾驶汽车启动前，**作为车主**，你可以提前设定旋钮刻度，使得该汽车在遇到危险时做出自主的算法选择。你会如何设定此"算法旋钮"？［单选］

- ○　0
- ○　0.1
- ○　0.2
- ○　0.3
- ○　0.4
- ○　0.5
- ○　0.6
- ○　0.7
- ○　0.8
- ○　0.9
- ○　1

Q16 如果你与这场事故无关，只是一个旁观的行人，你希望无人驾驶汽车的车主如何设定他们的算法旋钮？［单选］

- ○　0
- ○　0.1
- ○　0.2
- ○　0.3
- ○　0.4
- ○　0.5

○ 0.6
○ 0.7
○ 0.8
○ 0.9
○ 1

Q17 如果**你乘坐的无人驾驶汽车**安装了此"算法旋钮",并且自主设置了旋钮刻度,造成了伤害,你认为这场车祸中的责任主要应由谁来承担?〔单选〕

○ 无人驾驶汽车的车主
○ 无人驾驶汽车的生产商
○ 无人驾驶汽车的算法设计人员
○ 不清楚,很难做出选择

Q18 如果你与这场事故无关,只是一个旁观的行人,你认为这场车祸中的责任主要应由谁来承担?〔单选〕

○ 无人驾驶汽车的车主
○ 无人驾驶汽车的生产商
○ 无人驾驶汽车的算法设计人员
○ 不清楚,很难做出选择

Q19 你希望未来出现的无人驾驶汽车安装这种"算法旋钮"吗?〔单选〕

○ 希望

○ 不希望

Q20 你是否会购买安装了这种"算法旋钮"的无人驾驶汽车？
[单选]

○ 会
○ 不会

Q21 当你**乘坐一辆**无人驾驶**汽车**行驶在**隧道**里，前方出现了 5 个行人，没有可供你选择的其他路线。此时已经来不及刹车，无人驾驶汽车直行可能会撞死 5 个行人，如果不选择直行，只能转向撞向隧道墙壁，这样则可能会撞死自己。如果**你乘坐的无人驾驶汽车**上安装了一套算法系统，该算法系统经过计算得出：汽车直行时，5 人中受伤最严重的死亡率为 60%；汽车转向撞墙时，你自己的死亡率为 90%。此时根据算法计算，该无人驾驶汽车选择了直行。你是否认同这样的选择？[单选]

○ 是
○ 否

Q22 如果**你乘坐的无人驾驶汽车**根据算法计算，选择了直行，并造成了伤害，你认为这起车祸中的责任主要应由谁来承担？[单选]

○ 无人驾驶汽车的车主
○ 无人驾驶汽车的生产商
○ 无人驾驶汽车的算法设计人员
○ 不清楚，很难做出选择

Q23 如果你与这起事故无关，只是一个旁观的行人，你是否认同该无人驾驶汽车的选择？［单选］

　　○　是

　　○　否

Q24 如果你与这场事故无关，只是一个旁观的行人，你认为这起车祸中的责任主要应由谁来承担？［单选］

　　　○　无人驾驶汽车的车主

　　　○　无人驾驶汽车的生产商

　　　○　无人驾驶汽车的算法设计人员

　　　○　不清楚，很难做出选择

Q25 你是否会购买安装了这种算法系统的无人驾驶汽车？［单选］

　　　○　会

　　　○　不会

Q26 如果**你乘坐的无人驾驶汽车**安装了一个从 0 到 1 的连续刻度的"算法旋钮"，每个刻度都代表了无人驾驶汽车在遇到车祸时做出的不同选择：**旋钮转到中间，汽车遇到危险时，将保护乘客与行人当中人数多的一方。旋钮越靠近 0，越倾向于保护乘客，转到 0 时，汽车将无视人数差异，绝对保护乘客；旋钮越靠近 1，越倾向于保护行人，转到 1 时，汽车将无视人数差异，绝对保护行人。**无人驾驶汽车启动前，**作为车主**，你可以提前设定旋钮刻度，使得该汽车在遇到危险时做出自主的算法选择。你会如何设定此"算法旋钮"？［单选］

○　0

○　0.1

○　0.2

○　0.3

○　0.4

○　0.5

○　0.6

○　0.7

○　0.8

○　0.9

○　1

Q27 如果你与这场事故无关，只是一个旁观的行人，你希望无人驾驶汽车的车主如何设定他们的算法旋钮？[单选]

○　0

○　0.1

○　0.2

○　0.3

○　0.4

○　0.5

○　0.6

○　0.7

○　0.8

○　0.9

○　1

Q28 如果**你乘坐的无人驾驶汽车**安装了此"算法旋钮",并且自主设置了旋钮刻度,造成了伤害,你认为这起车祸中的责任主要应由谁来承担?［单选］

- ○ 无人驾驶汽车的车主
- ○ 无人驾驶汽车的生产商
- ○ 无人驾驶汽车的算法设计人员
- ○ 不清楚,很难做出选择

Q29 如果你与这场事故无关,只是一个旁观的行人,你认为这起车祸中的责任主要应由谁来承担?［单选］

- ○ 无人驾驶汽车的车主
- ○ 无人驾驶汽车的生产商
- ○ 无人驾驶汽车的算法设计人员
- ○ 不清楚,很难做出选择

Q30 你希望未来出现的无人驾驶汽车安装这种"算法旋钮"吗?［单选］

- ○ 希望
- ○ 不希望

Q31 你是否会购买安装了这种"算法旋钮"的无人驾驶汽车?［单选］

- ○ 会
- ○ 不会

Q32 您对本次调查的回答是否满意？［单选］

○　非常满意

○　满意

○　一般

○　不满意

○　非常不满意

Q33 本次调查是否认真作答？［单选］

○　非常不认真

○　不认真

○　认真

○　非常认真

问卷二

亲爱的朋友您好，非常感谢您参与本次情境测验！这是一份关于无人驾驶汽车算法伦理的研究项目，请根据您的真实感受作答，所有答案没有对错、好坏之分。您的相关信息仅供科学研究之用，我们将切实为您保密，谢谢您的配合！

Q1　请选择您的性别［单选］

○　男

○　女

Q2　请选择您的年龄 [单选]

　　○　0—17 岁

　　○　18—35 岁

　　○　36—55 岁

　　○　56 岁及以上

Q3　请选择您的受教育程度 [单选]

　　○　没有受过任何教育

　　○　小学及以下

　　○　初中

　　○　高中/中专

　　○　大专/本科

　　○　研究生及以上

Q4　请选择您的专业 [单选]

　　○　理科

　　○　工科

　　○　医科

　　○　社会科学(含经济学、管理学、政治学、社会学等)

　　○　人文科学(文学、史学、哲学、艺术等)

　　○　其他

Q5　请选择您的职业 [单选]

　　○　党政机关

- ○ 事业单位
- ○ 企业
- ○ 务农
- ○ 社会团体
- ○ 自雇(如个体户或自由职业)
- ○ 学生
- ○ 退休
- ○ 其他

Q6 请选择您的月收入情况［单选］

- ○ 无固定收入
- ○ 1—1999 元
- ○ 2000—3999 元
- ○ 4000—5999 元
- ○ 6000—8999 元
- ○ 9000—12999 元
- ○ 13000—20000 元
- ○ 20000 元以上

Q7 请选择您的驾驶经验［单选］

- ○ 从未开过车
- ○ 正在练习
- ○ 1 年以内
- ○ 1—3 年以内

○　3—5 年以内

○　5 年以上

Q8　当你**正驾驶一辆汽车**时，道路前方出现了 5 个行人，道路侧前方有个可以转向的岔道，岔道上有 1 个行人。此时已经来不及刹车，**直行可能会撞死 5 个行人，转向可能会撞死 1 个行人**。这个时候，你会选择转向吗？［单选］

○　会

○　不会

Q9　当你**正在隧道里驾驶一辆汽车**时，道路前方出现了 5 个行人，没有可供你选择的其他路线。此时已经来不及刹车，**汽车直行可能会撞死 5 个行人，如果不选择直行，只能转向撞向隧道墙壁，这样则可能会撞死自己**。这个时候，你会选择转向吗？［单选］

○　会

○　不会

Q10　当你**乘坐一辆无人驾驶汽车**时，道路前方出现了 5 个行人，道路侧前方有个可以转向的岔道，岔道上有 1 个行人。此时已经来不及刹车，**汽车直行可能会撞死 5 个行人，汽车转向可能会撞死 1 个行人**。如果**你乘坐的无人驾驶汽车**上安装了一套算法系统，该算法系统经过计算得出：汽车**转向撞击行人可能造成翻车或其他不可控的连带事故，伤害性更大**，而选择**直行可能造成的伤害最小**。该无人驾驶汽车选择了直行。你是否认同这样的选择？［单选］

○　是

○　否

Q11 如果**你乘坐的无人驾驶汽车**根据算法计算，选择了直行，并造成了伤害，你认为这起车祸的责任主要应由谁来承担？［单选］

○　无人驾驶汽车的车主

○　无人驾驶汽车的生产商

○　无人驾驶汽车的算法设计人员

○　不清楚，很难做出选择

Q12 如果你与这场事故无关，只是一个旁观的行人，你是否认同该无人驾驶汽车算法系统的选择？［单选］

○　是

○　否

Q13 如果你与这场事故无关，只是一个旁观的行人，你认为这起车祸中的责任主要应由谁来承担？［单选］

○　无人驾驶汽车的车主

○　无人驾驶汽车的生产商

○　无人驾驶汽车的算法设计人员

○　不清楚，很难做出选择

Q14 你是否会购买安装了这种算法系统的无人驾驶汽车？［单选］

○　会

○　不会

Q15 如果**你乘坐的无人驾驶汽车**安装了一个从 0 到 1 的连续刻度的
"算法旋钮"，每个刻度都代表了无人驾驶汽车在遇到车祸时做出的
不同选择：**旋钮转到中间，汽车遇到危险时，将保护乘客与行人当中
人数多的一方。旋钮越靠近 0，越倾向于保护乘客，转到 0 时，汽车
将无视人数差异，绝对保护乘客；旋钮越靠近 1，越倾向于保护行
人，转到 1 时，汽车将无视人数差异，绝对保护行人。**无人驾驶汽车
启动前，**作为车主，**你可以提前设定旋钮刻度，使得该汽车在遇到危
险时做出自主的算法选择。你会如何设定此 "算法旋钮"？〔单选〕

○　0
○　0.1
○　0.2
○　0.3
○　0.4
○　0.5
○　0.6
○　0.7
○　0.8
○　0.9
○　1

Q16 如果你与这场事故无关，只是一个旁观的行人，你希望无人驾驶
汽车的车主如何设定他们的算法旋钮？〔单选〕

- ○　0
- ○　0.1
- ○　0.2
- ○　0.3
- ○　0.4
- ○　0.5
- ○　0.6
- ○　0.7
- ○　0.8
- ○　0.9
- ○　1

Q17 如果**你乘坐的无人驾驶汽车**安装了此"算法旋钮"，并且自主设置了旋钮刻度，造成了伤害，你认为这场车祸中的责任主要应由谁来承担？［单选］

- ○　无人驾驶汽车的车主
- ○　无人驾驶汽车的生产商
- ○　无人驾驶汽车的算法设计人员
- ○　不清楚，很难做出选择

Q18 如果你与这场事故无关，只是一个旁观的行人，你认为这场车祸中的责任主要应由谁来承担？［单选］

- ○　无人驾驶汽车的车主
- ○　无人驾驶汽车的生产商

○　无人驾驶汽车的算法设计人员

○　不清楚，很难做出选择

Q19 你希望未来出现的无人驾驶汽车安装这样的"算法旋钮"吗？
[单选]

○　希望

○　不希望

Q20 你会购买安装了这样的"算法旋钮"的无人驾驶汽车吗？[单选]

○　会

○　不会

Q21 当你乘坐一辆无人驾驶汽车行驶在隧道里时，前方出现了 5 个行
人，没有可供你选择的其他路线。此时已经来不及刹车，无人驾驶汽
车直行可能会撞死 5 个行人，如果不选择直行，只能转向撞向隧道墙
壁，这样则可能会撞死自己。如果你乘坐的无人驾驶汽车上安装了一
套算法系统，该算法系统经过计算得出：汽车转向撞墙可能造成翻车
或其他不可控的连带事故，伤害性更大，而选择直行可能造成的伤害
最小。该无人驾驶汽车选择了直行。你是否认同这样的选择？[单选]

○　是

○　否

Q22 如果你乘坐的无人驾驶汽车根据算法计算，选择了直行，并造成
了伤害，你认为这起车祸的责任主要应由谁来承担？[单选]

○　无人驾驶汽车的车主

○　无人驾驶汽车的生产商

○　无人驾驶汽车的算法设计人员

○　不清楚，很难做出选择

Q23 如果你与这场事故无关，只是一个旁观的行人，你是否认同该无人驾驶汽车的选择？［单选］

○　是

○　否

Q24 如果你与这场事故无关，只是一个旁观的行人，你认为这起车祸的责任主要应由谁来承担？［单选］

○　无人驾驶汽车的车主

○　无人驾驶汽车的生产商

○　无人驾驶汽车的算法设计人员

○　不清楚，很难做出选择

Q25 你是否会购买安装了这种算法系统的无人驾驶汽车？［单选］

○　会

○　不会

Q26 如果**你乘坐的无人驾驶汽车**安装了一个从 0 到 1 的连续刻度的"算法旋钮"，每个刻度都代表了无人驾驶汽车在遇到车祸时做出的不同选择：**旋钮转到中间，汽车遇到危险时，将保护乘客与行人当中**

人数多的一方。旋钮越靠近 0，越倾向于保护乘客，转到 0 时，汽车将无视人数差异，绝对保护乘客；旋钮越靠近 1，越倾向于保护行人，转到 1 时，汽车将无视人数差异，绝对保护行人。无人驾驶汽车启动前，作为车主，你可以提前设定旋钮刻度，使得该汽车在遇到危险时做出自主的算法选择。你会如何设定此"算法旋钮"？［单选］

- ○　0
- ○　0.1
- ○　0.2
- ○　0.3
- ○　0.4
- ○　0.5
- ○　0.6
- ○　0.7
- ○　0.8
- ○　0.9
- ○　1

Q27 如果你与这场事故无关，只是一个旁观的行人，你希望无人驾驶汽车的车主如何设定他们的算法旋钮？［单选］

- ○　0
- ○　0.1
- ○　0.2
- ○　0.3
- ○　0.4

- ○ 0.5
- ○ 0.6
- ○ 0.7
- ○ 0.8
- ○ 0.9
- ○ 1

Q28 如果**你乘坐的无人驾驶汽车**安装了此"算法旋钮",并且自主设置了旋钮刻度,造成了伤害,你认为这起车祸中的责任主要应由谁来承担?〔单选〕

- ○ 无人驾驶汽车的车主
- ○ 无人驾驶汽车的生产商
- ○ 无人驾驶汽车的算法设计人员
- ○ 不清楚,很难做出选择

Q29 如果你与这场事故无关,只是一个旁观的行人,你认为这起车祸中的责任主要应由谁来承担?〔单选〕

- ○ 无人驾驶汽车的车主
- ○ 无人驾驶汽车的生产商
- ○ 无人驾驶汽车的算法设计人员
- ○ 不清楚,很难做出选择

Q30 你希望未来出现的无人驾驶汽车安装这种"算法旋钮"吗?〔单选〕

- ○ 希望

　　　　○　不希望

Q31 你是否会购买安装了这种"算法旋钮"的无人驾驶汽车?［单选］

　　　　○　会

　　　　○　不会

Q32 您对本次调查的回答是否满意?［单选］

　　　　○　非常满意

　　　　○　满意

　　　　○　一般

　　　　○　不满意

　　　　○　非常不满意

Q33 本次调查是否认真作答?［单选］

　　　　○　非常不认真

　　　　○　不认真

　　　　○　认真

　　　　○　非常认真

问卷三

　　亲爱的朋友您好,非常感谢您参与本次情境测验!这是一份关于无人驾驶汽车算法伦理的研究项目,请根据您的真实感受作答,所有的答案没有对错、好坏之分。您的相关信息仅供科学研究之用,我们将切实为您保密，谢谢您的配合！

Q1　请选择您的性别［单选］

　　○　男

　　○　女

Q2　请选择您的年龄［单选］

　　○　0—17 岁

　　○　18—35 岁

　　○　36—55 岁

　　○　56 岁及以上

Q3　请选择您的受教育程度［单选］

　　○　没有受过任何教育

　　○　小学及以下

　　○　初中

　　○　高中/中专

　　○　大专/本科

　　○　研究生及以上

Q4　请选择您的专业［单选］

　　○　理科

　　○　工科

　　○　医科

    ○   社会科学(含经济学、管理学、政治学、社会学等)

    ○   人文科学(文学、史学、哲学、艺术等)

    ○   其他

Q5 请选择您的职业［单选］

    ○   党政机关

    ○   事业单位

    ○   企业

    ○   务农

    ○   社会团体

    ○   自雇(如个体户或自由职业)

    ○   学生

    ○   退休

    ○   其他

Q6 请选择您的月收入情况［单选］

    ○   无固定收入

    ○   1—1999 元

    ○   2000—3999 元

    ○   4000—5999 元

    ○   6000—8999 元

    ○   9000—12999 元

    ○   13000—20000 元

    ○   20000 元以上

Q7　请选择您的驾驶经验［单选］

　　○　从未开过车

　　○　正在练习

　　○　1 年以内

　　○　1—3 年以内

　　○　3—5 年以内

　　○　5 年以上

Q8　当你**正驾驶一辆汽车**时，道路前方出现了 5 个行人，道路侧前方有个可以转向的岔道，岔道上有 1 个行人。此时已经来不及刹车，**直行可能会撞死 5 个行人，转向可能会撞死 1 个行人。**这个时候，你会选择转向吗?［单选］

　　○　会

　　○　不会

Q9　当你**正在隧道里驾驶一辆汽车**时，道路前方出现了 5 个行人，没有可供你选择的其他路线。此时已经来不及刹车，**汽车直行可能会撞死 5 个行人，如果不选择直行，只能转向撞向隧道墙壁，这样则可能会撞死自己。**这个时候，你会选择转向吗?［单选］

　　○　会

　　○　不会

Q10　当你**乘坐一辆无人驾驶汽车**时，道路前方出现了 5 个行人，道路侧前方有个可以转向的岔道，岔道上有 1 个行人。此时已经来不及刹车。汽车直行可能会撞死 5 个行人，汽车转向可能会撞死 1 个行人。
如果**你乘坐的无人驾驶汽车**上安装了一套算法系统，该算法系统的计
算原则是：汽车在遇到危险时，总是**牺牲少数人的生命，拯救多数人
的生命**。此时选择转向可能撞死那 1 个行人，而选择直行可能会牺牲
那 5 个行人。该无人驾驶汽车选择了**转向**。你是否认同这样的选择？
［单选］

- ○　是
- ○　否

Q11 如果**你乘坐的无人驾驶汽车**根据算法计算，选择了转向，并造成
了伤害，你认为这起车祸的责任主要应由谁来承担？［单选］

- ○　无人驾驶汽车的车主
- ○　无人驾驶汽车的生产商
- ○　无人驾驶汽车的算法设计人员
- ○　不清楚，很难做出选择

Q12 如果你与这场事故无关，只是一个旁观的行人，你是否认同该无
人驾驶汽车的选择？［单选］

- ○　是
- ○　否

Q13 如果你与这场事故无关，只是一个旁观的行人，你认为这起车祸
的责任主要应由谁来承担？［单选］

- ○　无人驾驶汽车的车主

○　无人驾驶汽车的生产商
○　无人驾驶汽车的算法设计人员
○　不清楚，很难做出选择

Q14 你是否会购买安装了这种算法系统的无人驾驶汽车？［单选］
○　会
○　不会

Q15 如果你乘坐的无人驾驶汽车安装了一个从 0 到 1 的连续刻度的
"算法旋钮"，每个刻度都代表了无人驾驶汽车在遇到车祸时做出的
不同选择：旋钮转到中间，汽车遇到危险时，将保护乘客与行人当中
人数多的一方。旋钮越靠近 0，越倾向于保护乘客，转到 0 时，汽车
将无视人数差异，绝对保护乘客；旋钮越靠近 1，越倾向于保护行
人，转到 1 时，汽车将无视人数差异，绝对保护行人。无人驾驶汽车
启动前，作为车主，你可以提前设定旋钮刻度，使得该汽车在遇到危
险时做出自主的算法选择。你会如何设定此"算法旋钮"？［单选］

○　0
○　0.1
○　0.2
○　0.3
○　0.4
○　0.5
○　0.6
○　0.7

○　0.8
○　0.9
○　1

Q16 如果你与这场事故无关，只是一个旁观的行人，你希望无人驾驶
汽车的车主如何设定他们的算法旋钮？［单选］

○　0
○　0.1
○　0.2
○　0.3
○　0.4
○　0.5
○　0.6
○　0.7
○　0.8
○　0.9
○　1

Q17 如果**你乘坐的无人驾驶汽车**安装了此"算法旋钮"，并自主设置
了旋钮刻度，造成了伤害，你认为这起车祸中的责任主要应由谁来承
担？［单选］

○　无人驾驶汽车的车主
○　无人驾驶汽车的生产商
○　无人驾驶汽车的算法设计人员

附　录

○　不清楚，很难做出选择

Q18 如果你与这场事故无关，只是一个旁观的行人，你认为这起车祸中的责任主要应由谁来承担？［单选］

○　无人驾驶汽车的车主
○　无人驾驶汽车的生产商
○　无人驾驶汽车的算法设计人员
○　不清楚，很难做出选择

Q19 你希望未来出现的无人驾驶汽车安装这种"算法旋钮"吗？［单选］

○　希望
○　不希望

Q20 你是否会购买安装了这种"算法旋钮"的无人驾驶汽车？［单选］

○　会
○　不会

Q21 **当你乘坐一辆无人驾驶汽车行驶在隧道里**时，前方出现了 5 个行人，没有可供你选择的其他路线。此时已经来不及刹车，无人驾驶汽**车直行可能会撞死 5 个行人，如果不选择直行，只能转向撞向隧道墙壁，这样则可能撞死你自己。**如果**你乘坐的无人驾驶汽车**上安装了一套算法系统，该算法系统的计算原则是：汽车在遇到危险时，总是**牺牲少数人的生命，拯救多数人的生命。**此时选择直行可能会牺牲那 5 个行人，而选择转向可能撞死自己。该无人驾驶汽车选择了**转向。**你

283

是否认同这样的选择？［单选］

○ 是

○ 否

Q22 如果你乘坐的无人驾驶汽车根据算法计算，选择了**转向**，并造成了伤害，你认为这起车祸的责任主要应由谁来承担？［单选］

○ 无人驾驶汽车的车主

○ 无人驾驶汽车的生产商

○ 无人驾驶汽车的算法设计人员

○ 不清楚，很难做出选择

Q23 如果你与这场事故无关，只是一个旁观的行人，你是否认同该无人驾驶汽车的选择？［单选］

○ 是

○ 否

Q24 如果你与这场事故无关，只是一个旁观的行人，你认为这起车祸的责任主要应由谁来承担？［单选］

○ 无人驾驶汽车的车主

○ 无人驾驶汽车的生产商

○ 无人驾驶汽车的算法设计人员

○ 不清楚，很难做出选择

Q25 你是否会购买安装了这种算法系统的无人驾驶汽车？［单选］
［单选］

○ 会
○ 不会

Q26 如果**你乘坐的无人驾驶汽车**安装了一个从 0 到 1 的连续刻度的
"算法旋钮"，每个刻度都代表了无人驾驶汽车在遇到车祸时做出的
不同选择：**旋钮转到中间，汽车遇到危险时，将保护乘客与行人当中
人数多的一方。旋钮越靠近 0，越倾向于保护乘客，转到 0 时，汽车
将无视人数差异，绝对保护乘客；旋钮越靠近 1，越倾向于保护行
人，转到 1 时，汽车将无视人数差异，绝对保护行人。**无人驾驶汽车
启动前，**作为车主**，你可以提前设定旋钮刻度，使得该汽车在遇到危
险时做出自主的算法选择。你会如何设定此"算法旋钮"？［单选］

○ 0
○ 0.1
○ 0.2
○ 0.3
○ 0.4
○ 0.5
○ 0.6
○ 0.7
○ 0.8
○ 0.9
○ 1

Q27 如果你与这场事故无关，只是一个旁观的行人，你希望无人驾驶汽车的车主如何设定他们的算法旋钮？［单选］

　　○　0

　　○　0.1

　　○　0.2

　　○　0.3

　　○　0.4

　　○　0.5

　　○　0.6

　　○　0.7

　　○　0.8

　　○　0.9

　　○　1

Q28 如果**你乘坐的无人驾驶汽车**安装了此"算法旋钮"，并自主设置了旋钮刻度，造成了伤害，你认为这起车祸中的责任主要应由谁来承担？［单选］

　　○　无人驾驶汽车的车主

　　○　无人驾驶汽车的生产商

　　○　无人驾驶汽车的算法设计人员

　　○　不清楚，很难做出选择

Q29 如果你与这场事故无关，只是一个旁观的行人，你认为这起车祸中的责任主要应由谁来承担？［单选］

○　无人驾驶汽车的车主

○　无人驾驶汽车的生产商

○　无人驾驶汽车的算法设计人员

○　不清楚，很难做出选择

Q30 你希望未来出现的无人驾驶汽车安装这种"算法旋钮"吗？
［单选］

○　希望

○　不希望

Q31 你是否会购买安装了这种"算法旋钮"的无人驾驶汽车？
［单选］

○　会

○　不会

Q32 您对本次调查的回答是否满意？［单选］

○　非常满意

○　满意

○　一般

○　不满意

○　非常不满意

Q33 本次调查是否认真作答？［单选］

○　非常不认真

- ○ 不认真
- ○ 认真
- ○ 非常认真

主要参考文献

中文著作

埃德尔曼：《第二自然：意识之谜》，唐璐译，湖南科学技术出版社 2010
　　年版。

埃德尔曼：《比天空更宽广》，唐璐译，湖南科学技术出版社 2012 年版。

安德斯·艾利克森、罗伯特·普尔：《刻意练习：如何从新手到大师》，王
　　正林译，机械工业出版社 2016 年版。

奥古斯丁：《独语录》，成官泯译，上海社会科学院出版社 1997 年版。

奥古斯丁：《道德论集》，石敏敏译，生活·读书·新知三联书店 2009
　　年版。

D. M. 巴斯：《进化心理学》，熊哲宏、张勇、晏倩译，华东师范大学出版
　　社 2007 年版。

陈嘉明主编：《实在、心灵与信念：当代美国哲学概论》，人民出版社 2005
　　年版。

陈亚军：《从分析哲学走向实用主义：普特南哲学研究》，东方出版社 2002
　　年版。

安东尼奥·达马西奥：《笛卡尔的错误：情绪、推理和人脑》，毛彩凤译，
　　教育科学出版社 2007 年版。

亚当·弗格森：《道德哲学原理》，孙飞宇、田耕译，上海人民出版社 2005
　　年版。

高新民、刘占峰等：《心灵的解构：心灵哲学本体论变革研究》，中国社会科学出版社 2005 年版。

高新民、沈学君：《现代西方心灵哲学》，华中师范大学出版社 2010 年版。

萨姆·哈里斯：《自由意志：用科学为善恶做了断》，欧阳明亮译，浙江人民出版社 2013 年版。

约翰·海尔：《当代心灵哲学导论》，高新民、殷筱、徐弢译，中国人民大学出版社 2006 年版。

黑格尔：《小逻辑》，贺麟译，商务印书馆 1980 年版。

黄敏：《分析哲学导论》，中山大学出版社 2009 年版。

丹尼尔·卡尼曼：《思考，快与慢》，胡晓姣、李爱民、何梦莹译，中信出版社 2012 年版。

康德：《道德形而上学原理》，苗力田译，上海人民出版社 1986 年版。

L. 科尔伯格：《道德发展心理学：道德阶段的本质与确证》，郭本禹等译，华东师范大学出版社 2004 年版。

弗朗西斯·克里克：《惊人的假说：灵魂的科学探索》，汪云九等译校，湖南科学技术出版社 2001 年版。

索尔·克里普克：《命名与必然性》，梅文译，上海译文出版社 2005 年版。

本杰明·里贝特：《心智时间：意识中的时间因素》，李恒熙、李恒威、罗慧怡译，浙江大学出版社 2013 年版。

刘晓力、孟伟：《认知科学前沿中的哲学问题》，金城出版社 2014 年版。

罗国杰主编：《伦理学》，人民出版社 1989 年版。

罗素：《人类的知识：其范围与限度》，张金言译，商务印书馆 1983 年版。

梅剑华：《直觉与理由：实验语言哲学的批判性研究》，商务印书馆 2023 年版。

约书亚·诺布、肖恩·尼科尔斯：《实验哲学》，厦门大学知识论与认知科学研究中心译，上海译文出版社 2013 年版。

史忠植编著：《认知科学》，中国科学技术大学出版社 2008 年版。

斯蒂芬·斯蒂克、特德·沃菲尔德主编：《心灵哲学》，高新民等译，中国人民大学出版社 2014 年版。

魏景汉、罗跃嘉编著：《事件相关电位原理与技术》，科学出版社 2010

年版。

休谟:《人性论》,关文运译,商务印书馆 1980 年版。

休谟:《道德原则研究》,曾晓平译,商务印书馆 2001 年版。

阳义南编著:《结构方程模型及 Stata 应用》,北京大学出版社 2020 年版。

中文文章

蔡蓁:《社会直觉主义模型与道德推理的作用》,《道德与文明》2019 年第 218 卷第 1 期。

曹剑波:《直觉在哲学中的重要地位合理吗》,《长沙理工大学学报(社会科学版)》2016 年第 31 卷第 2 期。

曹剑波:《日常知识归赋的语境敏感性——实验知识论的新成果》,《自然辩证法通讯》2016 年第 38 卷第 4 期。

曹剑波:《哲学实验方法的合理性论争》,《自然辩证法通讯》2018 年第 40 卷第 12 期。

陈嘉明:《岁末回望知识论与实验哲学研究》,《中国社会科学报》2013 年 12 月 30 日。

陈嘉明:《实验哲学是一种哲学变革》,《中国社会科学报》2014 年 7 月 21 日。

陈巍:《读心理论论四十年:从常识心理学到心智化系统》,《西南大学学报(社会科学版)》2020 年第 46 卷第 3 期。

陈晓平:《还原模型与功能主义——兼评金在权的还原的物理主义》,《自然辩证法通讯》2011 年第 4 期。

陈雄燊:《人工智能伦理风险及其治理——基于算法审计制度的路径》,《自然辩证法研究》2023 年第 39 卷第 10 期。

陈永伟:《人工智能与经济学:近期文献的一个综述》,《东北财经大学学报》2018 年第 3 期。

丁晓军:《安全性理论对盖梯尔问题的分析与处理——可能世界视阈下的认知运气问题研究》,《自然辩证法研究》2015 年第 31 卷第 12 期。

董平:《"差等之爱"与"博爱"》,《哲学研究》2015 年第 3 期。

《发展负责任的人工智能：新一代人工智能治理原则发布》，2019-06-17［2023-01-20］，https：//www.safea.gov.cn/kjbgz/201906/t20190617_147107.html。

范毅强、李侠：《实验哲学视域中的认知非渗透研究》，《科学技术哲学研究》2020年第37卷第4期。

费多益：《实验哲学：一个尴尬的概念》，《哲学分析》2020年第11卷第1期。

冯锐、孙佳晶、孙发勤：《人工智能在教育应用中的伦理风险与理性抉择》，《远程教育杂志》2020年第38卷第3期。

冯永刚、席宇晴：《人工智能的伦理风险及其规制》，《河北学刊》2023年第43卷第3期。

傅鑫媛、陆智远、寇彧：《陌生他人在场及其行为对个体道德伪善的影响》，《心理学报》2015年第47卷第8期。

甘绍平：《意志自由的塑造》，《哲学动态》2014年第7期。

郭喨、盛晓明：《新工具与实验哲学的未来》，《自然辩证法研究》2014年第30卷第7期。

郭喨、盛晓明：《哲学家直觉的构造及其正当性反思》，《科学技术哲学研究》2016年第33卷第5期。

郭喨：《"选择的可能"与"控制的祛魅"——一个实验哲学报告》，《浙江学刊》2019年第2期。

郭喨：《"道德运气"存在吗？——基于一份实验哲学报告的研究》，《江西社会科学》2019年第10期。

郭喨：《行动的逻辑与解释的逻辑——道德行为的原因、理由与解释》，《浙江学刊》2020年第2期。

郭喨：《自私、合作与美德的本质》，《深圳社会科学》2020年第3期。

郭喨：《你我有别：关系如何影响道德责任归因》，《长沙理工大学学报（社会科学）》2020年第35卷第4期。

和鸿鹏：《无人驾驶汽车的伦理困境、成因及对策分析》，《自然辩证法研究》2017年第33卷第11期。

何孟杰、周昌乐：《哲学的实验范式与实验方法》，《哲学动态》2014年第

11 期。

何孟杰、周昌乐：《对量化问题的哲学实验研究》，《自然辩证法通讯》2020
　　年第 42 卷第 5 期。

何蔚祺、罗文波：《林德道德判断测验述评》，《上海教育科研》2007 年第
　　5 期。

胡晓晴、傅根跃、施臻彦：《镜像神经元系统的研究回顾及展望》，《心理
　　科学进展》2009 年第 17 卷第 1 期。

贾拥民、黄达强、郑昊力等：《偏好的异质性与一致性——基于损失厌恶
　　和脑刺激的神经经济学研究》，《南方经济》2015 年第 33 卷第 5 期。

靳宇倡、王冠：《趋避道德动机调节方式的作用》，《心理科学进展》2015
　　年第 23 卷第 9 期。

孔祥祯：《团队科学研究方法在可重复的心理与脑科学研究中的应用》，
　　《心理技术与应用》2019 年第 7 卷第 5 期。

郦全民：《实验哲学的兴起和走向》，《哲学分析》2011 年第 2 卷第 3 期。

李金彩、刘龙根：《实验语言学：革故鼎新抑或陈陈相因?》，《当代语言
　　学》2015 年第 17 卷第 3 期。

李森林、张乐、李瑾：《当代青年人工智能风险感知的测度与解析》，《科
　　学学研究》2023 年第 41 卷第 10 期。

李蜀人：《在传统与现代伦理学之间——西季威克伦理思想述评》，《道德
　　与文明》2012 年第 3 期。

李晓哲：《虚拟现实技术对元伦理学困难的克服——以格林式实验伦理学
　　为例》，《自然辩证法通讯》2019 年第 41 卷第 3 期。

刘金平、刘建勋：《反向思考和类比思考对锚定效应的影响》，《心理与行
　　为研究》2018 年第 16 卷第 3 期。

刘明娟、廖凤林：《电车难题：情境人数对道德判断与恻隐之心的影响》，
　　《首都师范大学学报(自然科学版)》2013 年第 2 期。

刘瑞琳：《价值敏感性的技术设计探究》，东北大学博士学位论文，
　　2014 年。

刘小涛、张孟雯：《大众的"理性行动"概念——一种实验哲学视角的考
　　察》，《哲学分析》2016 年第 7 卷第 1 期。

刘星:《道德责任判断的合理依据及其界定假说——以神经科学为视角》,《华中科技大学学报(社会科学版)》2013 年第 27 卷第 3 期。

刘绪晶:《儒家仁爱观念的差等性问题探究——兼论仁爱与兼爱、博爱的区别》,《海南大学学报(人文社会科学版)》2018 年第 36 卷第 4 期。

楼巍:《哲学直觉及其在实验哲学中的作用》,《厦门大学学报(哲学社会科学版)》2015 年第 4 期。

楼巍:《基于实验哲学方法的 Knowing-How 研究》,《自然辩证法通讯》2016 年第 38 卷第 5 期。

卢析:《实验哲学的直觉挑战》,《东岳论丛》2015 年第 36 卷第 5 期。

马兰:《神经科学实验研究进展综述——决定论的视角》,《医学与哲学》2010 年第 31 卷第 5 期。

马欣、魏勇:《家长教育期望中的"罗森塔尔效应"循环模型探析——基于 CEPS 的模型检验》,《新疆社会科学(汉文版)》2017 年第 1 期。

梅剑华:《理由的缺席:实验语义学的一个基本谬误》,《世界哲学》2013 年第 3 期。

梅剑华:《从直觉到理由:实验哲学的一个可能的新开展》,《社会科学》2015 年第 10 期。

梅剑华:《洞见还是偏见:实验哲学中的专家辩护问题》,《哲学研究》2018 年第 5 期。

梅剑华:《实验哲学、跨界研究与哲学传统》,《社会科学》2018 年第 12 期。

孟繁英:《道德判断:情感抑或理性——亚当·斯密的公正的旁观者理论评介》,《兰州学刊》2016 年第 12 卷第 2 期。

苗存龙、王瑞林:《人工智能应用的伦理风险研究综述》,《重庆理工大学学报(社会科学)》2022 年第 36 卷第 4 期。

彭凯平、喻丰、柏阳:《实验伦理学:研究、贡献与挑战》,《中国社会科学》2011 年第 6 期。

彭凯平、喻丰:《道德的心理物理学:现象、机制与意义》,《中国社会科学》2012 年第 12 期。

亓奎言:《"科学"地研究道德判断的可能——Greene 的道德判断冲突处理理论》,《科学学研究》2008 年第 6 期。

沈汪兵、刘昌:《道德判断:理性还是非理性的?——来自认知神经科学的研究》,《心理科学》2010 年第 4 期。

苏宇:《论算法规制的价值目标与机制设计》,《自然辩证法通讯》2019 年第 41 卷第 10 期。

隋婷婷、张学义:《实验哲学的前世今生与未来展望——斯蒂芬·斯蒂奇教授访谈》,《哲学分析》2019 年第 10 卷第 6 期。

孙尚诚:《儒家差等之爱对现代平等社会的积极意义》,《孔子研究》2017 年第 3 期。

唐兴华、郭喨、唐解云:《电车难题、隐私保护与自动驾驶》,《华东理工大学学报(社会科学版)》2019 年第 34 卷第 6 期。

王芳:《道德认知的默会维度——基于认知结构的分析》,《学术月刊》2011 年第 7 期。

王美芳:《艾森伯格亲社会道德理论简介》,《心理学动态》1996 年第 4 卷第 2 期。

王觅泉、姚新中:《理性主义道德心理学批判——乔纳森·海特与社会直觉主义》,《学术交流》2018 年第 11 期。

王珀:《无人驾驶与算法伦理:一种功利主义的算法设计伦理框架》,《自然辩证法研究》2018 年第 34 卷第 10 期。

王群会、龚群:《道德责任归因中的自主性问题》,《天津社会科学》2009 年第 4 期。

王云强:《后科尔伯格时代的道德心理学:审视与反思》,《南京师范大学学报(社会科学版)》2015 年第 5 期。

王晓庄、白学军:《判断与决策中的锚定效应》,《心理科学进展》2009 年第 17 卷第 1 期。

吴海波:《设计未来——论主动设计观对未来人类社会可持续发展的战略意义》,《设计艺术研究》2012 年第 2 卷第 6 期。

伍素、黄俊维:《哲学专家直觉跨领域差异研究》,《自然辩证法通讯》2019 年第 41 卷第 11 期。

吴彤:《走向实践优位的科学哲学——科学实践哲学发展述评》,《哲学研究》2005 年第 5 期。

谢熹瑶、罗跃嘉:《道德判断中的情绪因素——从认知神经科学的角度进行探讨》,《心理科学进展》2009 年第 17 卷第 6 期。

姚新中、隋婷婷:《当代社会心理学视域下的知行合一》,《江苏社会科学》2020 年第 1 期。

闫坤如:《人工智能设计的道德意蕴探析》,《云南社会科学》2021 年第 5 期。

颜青山:《实验哲学的怀疑论背景》,《山西大学学报(哲学社会科学版)》2017 年第 40 卷第 4 期。

杨松:《伦理自然主义的还原论与非还原论之辩》,《科学技术哲学研究》2010 年第 27 卷第 2 期。

杨英云:《中国语境下诺布效应的实验研究》,《自然辩证法通讯》2015 年第 37 卷第 6 期。

阳义南:《民生公共服务的国民"获得感":测量与解析——基于 MIMIC 模型的经验证据》,《公共行政评论》2018 年第 11 卷第 5 期。

于雪、李伦:《人工智能的设计伦理探析》,《科学与社会》2020 年第 10 卷第 2 期。

张浩鹏、夏保华:《人工道德智能体何以可行——基于对价值敏感性设计的审视》,《自然辩证法研究》2021 年第 37 卷第 4 期。

张浩鹏、夏保华:《价值敏感性设计透视:背景、现状、问题与未来》,《自然辩证法研究》2023 年第 39 卷第 4 期。

张慧、刘艳、亓艳丽等:《个人与非个人情境对道德判断的影响及后果的调节作用》,载《增强心理学服务社会的意识和功能——中国心理学会成立 90 周年纪念大会暨第十四届全国心理学学术会议论文摘要集》,2011 年。

张铤:《人工智能的伦理风险治理探析》,《中州学刊》2022 年第 1 期。

张学义:《实验哲学:一场新的哲学变革》,《哲学动态》2011 年第 11 期。

张学义、曹兴江:《实验知识论——一种实验哲学的研究进路》,《东北大学学报(社会科学版)》2014 年第 16 卷第 6 期。

张学义、陶迎春:《实验哲学:哲学工具箱里的助探器》,《科学技术哲学研究》2014 年第 31 卷第 1 期。

张学义：《实验哲学的方法论困境》，《中国社会科学报》2015 年 7 月 28 日。

张学义：《实验哲学方法论变革中的逻辑困境》，《科学技术哲学研究》2017
　　年第 34 卷第 2 期。

张学义、隋婷婷：《专家直觉与大众直觉之辨——实验哲学的方法论基础
　　新探》，《哲学动态》2018 年第 8 期。

张子夏、余雅晶、伍素：《对实验哲学与传统哲学之争的考察》，《浙江社
　　会科学》2018 年第 10 期。

赵磊磊、张黎、代蕊华：《教育人工智能伦理：基本向度与风险消解》，
　　《现代远距离教育》2021 年第 5 期。

赵志耘等：《关于人工智能伦理风险的若干认识》，《中国软科学》2021 年第
　　6 期。

郑伟平：《知识与信念关系的哲学论证和实验研究》，《世界哲学》2014 年第
　　1 期。

郑智航：《人工智能算法的伦理危机与法律规制》，《法律科学（西北政法大
　　学学报）》2021 年第 39 卷第 1 期。

周昌乐：《哲学实验：一种影响当代哲学走向的新方法》，《中国社会科学》
　　2012 年第 10 期。

朱虹、章军建：《事件相关电位 P3a 和 P3b 在认知功能评测中的临床应
　　用》，《中国临床神经科学》2008 年第 16 卷第 1 期。

朱菁：《认知科学的实验研究表明道义论哲学是错误的吗？——评加西
　　华·格林对康德伦理学的攻击》，《学术月刊》2013 年第 1 期。

外文著作

Alexander, J., *Experimental Philosophy*, first published by Polity Press, printed
　　and bound in Great Britain by MPG Books Group Limited, Bodmin, Corn-
　　wall, 2012.

Block, N. (ed.), *Readings in Philosophy of Psychology*, Cambridge：Harvard
　　University Press, 1980.

BonJour, L., *Epistemology: Classic Problems and Contemporary Responses*, Lanham: Rowman & Littlefield Publishers, Inc., 2002.

Cappelen, H., *Philosophy Without Intuitions*, Oxford: Oxford University Press, 2012.

Chalmers, D., Manley, D. & Wasserman, R. (eds.), *Metametaphysics: New Essays on the Foundations of Ontology*, Oxford: Oxford University Press, 2009.

Coles, M. G. H. & Rugg, M. D., *Electrophysiology of Mind*, Oxford: Oxford University Press, 1996.

Condorcet, Marie-Jean-Antoine-Nicolas de Caritat, *Essai sur L'application de L'analyse à la Probabilité des Decisions Rendues à la Pluraltté des Voix*, Paris: Imprimerie Royale, NABU PR, 2010.

Damasio, A. R., *Descartes' Error: Emotion, Reason and the Human Brain*, New York: G. P. Putnam's Sons, 1994.

Davidson, D., *Inquiries into Truth and Interpretation*, Oxford: Clarendon Press, 1984.

Dreyfus, H. L. & Dreyfus, S. E., *Mind over Machine: The Power of Human Intuition and Expertise in the Era of the Computer*, New York: Free Press, 1988.

Emerson, R. W. (ed.), *The Conduct of Life*, Cambridge, MA: Riverside Press, 1888.

Fantl, J. & McGrath, M., *Knowledge in An Uncertain World*, Oxford: Oxford University Press, 2009.

Friedman, B. & Kahn, P. H., *The Handbook of Information and Computer Ethics*, New Jersey: John Wiley & Sons, Inc., 2008.

Friedman, B. & Hendry, D. G., *Value Sensitive Design: Shaping Technology with Moral Imagination*, Cambridge, MA: MIT Press, 2019.

Feltz, B., Missal, M. & Sims, A. (eds.), *Free Will, Causality, and Neuroscience*, Vol. 338, Leiden, The Netherlands: Brill | Rodopi, 2020.

Greene, J. A., Sandoval, W. A. & Bråten, I. (eds.), *Handbook of Epistemic Cognition*, New York: Routledge, 2016.

Hales, S. D., *Relativism and the Foundations of Philosophy*, Cambridge, MA:

MIT Press, 2006.

Hardman, D. & Macchi, L., *Thinking: Psychological Perspectives on Reasoning, Judgment and Decision Making*, New York: John Wiley & Sons, Inc., 2005.

Hudson, W. D. (ed.), *The Is-Ought Question, London:* Macmillan, 1969.

Jones, E. & Nisbett, R., *The Actor and the Observer: Divergent Perceptions of the Causes of Behavior*, New York: General Learning Press, 1971.

Kamm, F. M., *Intricate Ethics: Rights, Responsibilities, and Permissible Harm*, New York: Oxford University Press, 2007.

Knobe, J. & Nichols, S. (eds.), *Experimental Philosophy*, New York: Oxford University Press, 2008.

Leiter, B. & Sinhababu, N. (eds.), *Nietzsche and Morality*, New York: Oxford University Press, 2007.

Liao, S. M. (ed.), *Moral Brains: The Neuroscience of Morality*, Oxford: Oxford University Press, 2016.

Lütge, C., Rusch, H. & Uhl, M. (eds.), *Experimental Ethics: Towards an Empirical Moral Philosophy*, New York: Palgrave Macmillan, 2014.

Maurer, M., et al. (eds.), *Autonomous Driving*, Berlin: Springer, 2016.

Mikhail, J., *Elements of Moral Cognition: Rawls' Linguistic Analogy and the Cognitive Science of Moral and Legal Judgment*, New York: Cambridge University Press, 2011.

Moore, G. E., *Principia Ethica*, Cambridge: Cambridge University Press, 1903.

Morton, A., *Frames of Mind: Constraints on the Common-Sense Conception of the Mental*, Oxford: Clarendon Press, 1980.

Naess, A., *"Truth" as Conceived by Those Who Are Not Professional Philosophers*, Oslo: I Kommisjon Hos Jacob Dybward, 1938.

Pust, J., *Intuitions as Evidence*, New York: Routledge/Garland, 2000.

Rosenfeld, J. P., *Detecting Concealed Information and Deception*, Salt Lake: Academic Press, 2018.

Searle, J., Kiefer, F. & Bierwisch, M. (eds.), *Speech Act Theory and Pragmat-*

ics, Berlin: Springer, 1980.

Sinnott-Armstrong, W. (ed.), *Moral Psychology* (Vol. 2), *The Cognitive Science of Morality: Intuition and Diversity*, Cambridge, MA: MIT Press, 2008.

Slote, M., *Moral Sentimentalism*, Oxford: Oxford University Press, 2010.

Sytsma, J. & Buckwalter, W. (eds.), *A Companion to Experimental Philosophy*, Malden, MA: Wiley-Blackwell, 2016.

Verschuere, B., Shakhar, G. & Meijer, E. (eds.), *Memory Detection: Theory and Application of the Concealed Information Test*, Cambridge: Cambridge University Press, 2011.

Williamson, T., *The Philosophy of Philosophy*, Oxford: Blackwell Publishing, 2007.

Wiseman, H., *The Myth of the Moral Brain: The Limits of Moral Enhancement*, London: MIT Press, 2016.

Yates, F. J. (ed.), *Risk-Taking Behavior*, Chichester: John Wiley & Sons, Inc., 1992.

外文文章

Abe, N., "Dissociable Roles of Prefrontal and Anterior Cingulate Cortices in Deception", *Cerebral Cortex*, Vol. 16, No. 2 (2005), pp. 192−199.

Abu-Akel, A. & Shamay-Tsoory S., "Neuroanatomical and Neurochemical Bases of Theory of Mind", *Neuropsychologia*, Vol. 49, No. 11 (2011), pp. 2971−2984.

Adamson, R. E., "Functional Fixedness as Related to Problem Solving: A Repetition of Three Experiments", *Journal of Experimental Psychology* 44 (1952), pp. 288−291.

Furnham, A. & Hua C. B., "A Literature Review of the Anchoring Effect", *Journal of Socio-Economics*, Vol. 40, No. 1 (2011), pp. 35−42.

Akutagawa, K. & Wakao, Y., "Stabilization of Vehicle Dynamics by Tire Digital Control—Tire Disturbance Control Algorithm for an Electric Motor Drive System", *World Electric Vehicle Journal*, Vol. 10, No. 2 (2019), pp. 1-10.

Andersen, M. L. & Klamm, B. K., "Haidt's Social Intuitionist Model: What Are the Implications for Accounting Ethics Education?", *Journal of Accounting Education* 44 (2018), pp. 35-46.

Anderson, S. W., Bechara, A., Damasio, H., et al., "Impairment of Social and Moral Behavior Related to Early Damage in Human Prefrontal Cortex", *Nature Neuroscience* 2 (1999), pp. 1032-1037.

Andre, J., "Nagel, Williams, and Moral Luck", *Analysis*, Vol. 43, No. 4 (1983), pp. 202-207.

Arasteh, A., Moradi, M. H. & Janghorbani, A., "A Novel Method Based on Empirical Mode Decomposition for P300-Based Detection of Deception", *IEEE Transactions on Information Forensics and Security*, Vol. 11, No. 11 (2016), pp. 2584-2593.

Autor, D. H., "Polanyi's Paradox and the Shape of Employment Growth", Federal Reserve Bank of Kansas City economic policy symposium, 2014.

Baron, J. & Gürçay, B., "A Meta-Analysis of Response-Time Tests of the Sequential Two-Systems Model of Moral Judgment", *Memory & Cognition*, Vol. 45, No. 4 (2017), pp. 566-575.

Bealer, G., "On The Possibility of Philosophical Knowledge", *Philosophical Perspectives* 10 (1996), p. 122.

Bechara, A., Damásio, A. R., Damásio, H., et al., "Insensitivity to Future Consequences Following Damage to Human Prefrontal Cortex", *Cognition*, Vol. 50, Nos. 1-3 (1994), pp. 7-15.

Beebe, J. R. & Jensen, M., "Surprising Connections Between Knowledge and Action: The Robustness of the Epistemic Side-Effect Effect", *Philosophical Psychology*, Vol. 25, No. 5 (2012), pp. 689-715.

Beebe, J. R., "Experimental Epistemology", in Cullison, A. (ed.), *The Continuum Companion to Epistemology*, New York: Continuum, 2012, pp. 1-13.

Bengson, J., "Experimental Attacks on Intuitions and Answers", *Philosophy & Phenomenological Research*, Vol. 86, No. 3 (2013), pp. 495-532.

Bergmann, L. T., Larissa, S., Carmen, M., et al., "Autonomous Vehicles Require Socio-Political Acceptance—An Empirical and Philosophical Perspective on the Problem of Moral Decision Making", *Frontiers in Behavioral Neuroscience*, Vol. 12, No. 31 (2018), pp. 1-12.

Berridge, K. C. & Robinson, T. E., "What Is the Role of Dopamine in Reward: Hedonic Impact, Reward Learning, or Incentive Salience?", *Brain Research Reviews* 28 (1998), pp. 309-369.

Best, A., Narang, S., Barber, D., et al., "AutonoVi: Autonomous Vehicle Planning with Dynamic Maneuvers and Traffic Constraints", 2017 IEEE/RSJ International Conference on Intelligent Robots and Systems (IROS), Vancouver, BC, Canada, 2017, pp. 2629-2636.

Bester, C. A. & Hansen, C., "Identification of Marginal Effects in a Nonparametric Correlated Random Effects Model", *Journal of Business & Economic Statistics*, Vol. 27, No. 2 (2006), pp. 235-250.

Binder, C. & Heilmann, C., "Duty and Distance", *The Journal of Value Inquiry*, Vol. 51, No. 3 (2017), pp. 547-561.

Blair, R. J., "The Amygdala and Ventromedial Prefrontal Cortex: Functional Contributions and Dysfunction in Psychopathy", *Philosophical Transactions of the Royal Society of London. Series B, Biological Sciences*, Vol. 363, No. 1503 (2008), pp. 2557-2565.

Blasi, G., et al., "Functional Variation of the Dopamine D_2 Receptor Gene is Associated with Emotional Control as Well as Brain Activity and Connectivity During Emotion Processing in Humans", *Journal of Neuroscience*, Vol. 29, No. 47 (2009), pp. 14812-14819.

Bonnefon, J., Shariff, A. & Rahwan, I., "Autonomous Vehicles Need Experimental Ethics: Are We Ready for Utilitarian Cars?", *ArXiv*, Vol. 10, No. 13 (2015), pp. 1-15.

Bonnefon, J., Shariff, A. & Rahwan, I., "The Social Dilemma of Autonomous Vehicles", *Science*, Vol. 352, No. 6293 (2016), pp. 1573-1576.

Borg, J. S., Hynes, C., Van Horn, J., et al., "Consequences, Action, and Intention as Factors in Moral Judgments: An fMRI Investigation", *Journal of Cognitive Neuroscience*, Vol. 18, No. 5 (2006), pp. 803–817.

Bruers, S. & Braeckman, J., "A Review and Systematization of the Trolley Problem", *Philosophia*, Vol. 42, No. 2 (2014), pp. 251–269.

Buckwalter, W., "Non-Traditional Factors in Judgments About Knowledge", *Philosophy Compass*, Vol. 7, No. 4 (2012), pp. 278–289.

Buckwalter, W., "Intuition Fail Philosophical Activity and the Limits of Expertise", *Philosophy and Phenomenological Research* 3 (2016), pp. 378–410.

Burns, J. M. & Swerdlow, R. H., "Right Orbitofrontal Tumor with Pedophilia Symptom and Constructional Apraxia Sign", *Archives of Neurology*, Vol. 60, No. 3 (2003), pp. 437–440.

Callaway, E., "Report Finds Massive Fraud at Dutch Universities", *Nature*, Vol. 479, No. 7371 (2011), p. 15.

Carrington, S. J. & Bailey, A. J., "Are There Theory of Mind Regions in the Brain? A Review of the Neuroimaging Literature", *Human Brain Mapping*, Vol. 30, No. 8 (2010), pp. 2313–2335.

Casebeer, W. & Churchland, P., "The Neural Mechanisms of Moral Cognition: A Multiple-Aspect Approach to Moral Judgment and Decision-Making", *Biology and Philosophy* 18 (2003), pp. 169–194.

Castel, A. D., McCabe, D. P., Roediger, H. L. & Heitman, J. L., "The Dark Side of Expertise: Domain-Specific Memory Errors", *Psychological Science*, Vol. 18, No. 1 (2007), pp. 3–5.

Chakroff, A. & Young, L., "How the Mind Matters for Morality", *AJOB Neuroscience*, Vol. 6, No. 3 (2015), pp. 41–46.

Chapman, R. M. & Bragdon, H. R., "Evoked Responses to Numerical and Non-Numerical Visual Stimuli While Problem Solving", *Nature* 203 (1964), pp. 1155–1157.

Chassy, P. & Gobet, F., "A Hypothesis About the Biological Basis of Expert Intuition", *Review of General Psychology*, Vol. 15, No. 3 (2011), pp. 198–212.

Chen, P., Qiu, J., Li, H. & Zhang, Q., "Spatiotemporal Cortical Activation Underlying Dilemma Decision-Making: An Event-Related Potential Study", *Biological Psychology* 82 (2009), pp. 111–115.

Colombo, M., Duev, G., Michèle, B. & Sprenger, J., "Statistical Reporting Inconsistencies in Experimental Philosophy", *PLOS ONE*, Vol. 13, No. 4 (2018), pp. 1–12.

Contissa, G., Lagioia, F. & Sartor, G., "The Ethical Knob: Ethically-Customisable Automated Vehicles and the Law", *Artificial Intelligence and Law*, Vol. 25, No. 3 (2017), pp. 365–378.

Crockett, M., et al., "Serotonin Modulates Behavioral Reactions to Unfairness", *Science*, Vol. 320, No. 5884 (2008), p. 1739.

Crockett, M., et al., "Serotonin Selectively Influences Moral Judgement and Behavior Through Effects on Harm Aversion", *Psychology and Cognitive Sciences*, Vol. 107, No. 40 (2010), pp. 17433–17438.

Crockett, M., "Moral Bioenhancement: Neuroscientific Perspective", *Journal of Medical Ethics*, Vol. 40, No. 6(2013), pp. 370–371.

Cushman, F., Young, L. & Hauser, M., "The Role of Conscious Reasoning and Intuition in Moral Judgment: Testing Three Principles of Harm", *Psychological Science*, Vol. 17, No. 12 (2006), pp. 1082–1089.

Damasio, A. R., Everitt, B. J. & Bishop, D., "The Somatic Marker Hypothesis and the Possible Functions of the Prefrontal Cortex [and Discussion]", *Philosophical Transactions of the Royal Society of London. Series B, Biological Sciences*, Vol. 351, No. 1346(1996), pp. 1413–1420.

Danielson, P., "Designing a Machine to Learn About the Ethics of Robotics: The N-Reasons Platform", *Ethics and Information Technology*, Vol. 12, No. 3 (2010), pp. 251–261.

Davnall, R., "Solving the Single-Vehicle Self-Driving Car Trolley Problem Using Risk Theory and Vehicle Dynamics", *Science and Engineering Ethics*, Vol. 26, No. 1 (2020), pp. 431–449.

De Vignemont, F. & Singer, T., "The Empathic Brain: How, When and

Why?", *Trends in Cognitive Science*, Vol. 10, No. 10 (2006), pp. 435 - 411.

Decoster, J., Sparks, E. A., Sparks, J. C., et al., "Opportunistic Biases: Their Origins, Effects, and an Integrated Solution", *American Psychologist*, Vol. 70, No. 6 (2015), pp. 499-514.

Donchin, E., "Surprise!... Surprise?", *Psychophysiology*, Vol. 18, No. 5 (1981), pp. 493-513.

Dreyfus, H. L. & Dreyfus, S. E., "Expertise in Real World Contexts", *Organization Studies* 26 (2005), pp. 779-792.

Duncker, K., "On Problem Solving", *Psychological Monographs*, Vol. 58, No. 5 (1945), pp. i-113.

Edmond, A., Dsouza, S., Kim, R., Schulz, J., Henrich, J., Shariff, A., Bonnefon, J. & Rahwan, I., "The Moral Machine Experiment", *Nature* 563 (2018), pp. 59-64.

Ericsson, K. A., Krampe, R. T. & Tesch-Romer, C., "The Role of Deliberate Practice in the Acquisition of Expert Performance", *Psychological Review*, Vol. 100, No. 3 (1993), pp. 363-406.

Ericsson, K., "The Role of Deliberate Practice in the Acquisition of Expert Performance", *Psychological Review*, Vol. 100, No. 3 (1993), pp. 363-406.

Fantl, J. & McGrath, M., "On Pragmatic Encroachment in Epistemology", *Philosophy and Phenomenological Research* 75 (2007), pp. 558-589.

Faulhaber, A. K., Dittmer, A., Blind, F., et al., "Human Decisions in Moral Dilemmas Are Largely Described by Utilitarianism: Virtual Car Driving Study Provides Guidelines for Autonomous Driving Vehicles", *Science & Engineering Ethics*, Vol. 25, No. 2(2019), pp. 399-418.

Ferrari, P. F. & Rizzolatti, G., "Mirror Neuron Research: The Past and the Future", *Philosophical Transactions of the Royal Society of London. Series B, Biological Sciences*, Vol. 369, No. 1644 (2014), pp. 1-4.

Fischer, J. M. & Ravizza, M., "Responsibility and Inevitability", *Ethics*, Vol. 101, No. 2 (1991), pp. 258-278.

Fiske, S. T., Cuddy, A. J. & Glick, P., "Universal Dimensions of Social Cognition: Warmth and Competence", *Trends in Cognitive Sciences* 11 (2007), pp. 77–83.

Fitzpatrick, W. J., "The Doctrine of Double Effect: Intention and Permissibility", *Philosophy Compass*, Vol. 7, No. 3 (2012), pp. 183–196.

Foot, P., "The Problem of Abortion and the Doctrine of Double Effect", *Oxford Review*, Vol. 2, No. 2 (1967), pp. 152–161.

Fok, L. Y., Payne, D. M. & Corey, C. M., "Cultural Values, Utilitarian Orientation, and Ethical Decision Making: A Comparison of U. S. and Puerto Rican Professionals", *Journal of Business Ethics*, Vol. 134, No. 2 (2016), pp. 263–279.

Fried, I., Mukamel, R. & Kreiman, G., "Internally Generated Preactivation of Single Neurons in Human Medial Frontal Cortex Predicts Volition", *Neuron* 69 (2011), pp. 548–562.

Friedman, B. & Kahn, P. H., "Human Agency and Responsible Computing: Implications for Computer System Design", *Systems and Software*, Vol. 17, No. 1 (1992), pp. 7–14.

Friedman, B., "Value-Sensitive Design", *Interactions*, Vol. 3, No. 6 (1996), pp. 16–23.

Froese, T. & Gallagher, S., "Phenomenology and Artificial Life: Toward a Technological Supplementation of Phenomenological Methodology", *Husserl Study*, Vol. 26, No. 2 (2010), pp. 83–106.

Gęsiarz, F. & Crockett, M., "Goal-Directed, Habitual and Pavlovian Prosocial Behavior", *Frontiers in Behavioral Neuroscience*, Vol. 5, No. 9 (2015), pp. 1–18.

Gettier, E. L., "Is Justified True Belief Knowledge?", *Analysis*, Vol. 23, No. 6 (1963), pp. 121–123.

Glover, G. H., "Overview of Functional Magnetic Resonance Imaging", *Neurosurgery Clinics of North America*, Vol. 22, No. 2 (2011), pp. 133–139.

Gobet, F. & Simon, H. A., "Recall of Random and Distorted Chess Positions:

Implications for the Theory of Expertise", *Memory & Cognition*, Vol. 24, No. 4 (1996), pp. 493-503.

Gobet, F., Lane, P. C. R., Croker, S., Cheng, P. C. H., Jones, G., Oliver, I. & Pine, J. M., "Chunking Mechanisms in Human Learning", *Trends in Cognitive Sciences* 5 (2001), pp. 236-243.

Gobet, F. & Chassy, P., "Two Theories of Expert Intuition in Nursing: A Discussion Paper", *International Journal of Nursing Studies* 45 (2008), pp. 129-139.

Gogoll, J. & Müller, J. F., "Autonomous Cars: In Favor of a Mandatory Ethics Setting", *Science and Engineering Ethics*, Vol. 23, No. 3 (2017), pp. 681-700.

Gogoll, J. & Uhl, M., "Rage Against the Machine: Automation in the Moral Domain", *Journal of Behavioral and Experimental Economics* 74 (2018), pp. 97-103.

Gold, N., Colman, A. & Pulford, B., "Cultural Differences in Responses to Real-Life and Hypothetical Trolley Problems", *Judgment and Decision Making*, Vol. 9, No. 1 (2014), pp. 65-76.

Goldberg, I., Ullman, S. & Malach, R., "Neuronal Correlates of 'Free Will' Are Associated with Regional Specialization in the Human Intrinsic/Default Network", *Consciousness and Cognition*, Vol. 17, No. 3 (2008), pp. 587-601.

Goldman, A., "A Causal Theory of Knowing", *Journal of Philosophy*, Vol. 64, No. 12 (1967), pp. 357-372.

Goldman, A., "Philosophical Intuitions: Their Target, Their Source, and Their Epistemic Status", *Grazer Philosophische Studien*, Vol. 74, No. 1 (2007), pp. 1-26.

Goldman, A., "The Evidential Status of Philosophical Intuitions: Is There a Role for Cognitive Science", *Journal of Xiamen University* 5 (2014), pp. 1-6.

Graham J., Haidt J. & Nosek, B. A., "Liberals and Conservatives Rely on Different Sets of Moral Foundations", *Journal of Personality & Social Psychology*,

Vol. 96, No. 5 (2009), pp. 1029–1046.

Greene, J. D., Sommerville, R. B., Nystrom, L. E., Darley, J. M. & Cohen, J. D., "An fMRI Investigation of Emotional Engagement in Moral Judgment", *Science*, Vol. 293, No. 5537 (2001), pp. 2105–2108.

Greene, J., "From Neural 'Is' to Moral 'Ought': What Are the Moral Implications of Neuroscientific Moral Psychology?", *Nature Review Neuroscience*, Vol. 4, No. 10 (2003), pp. 846–849.

Greene, J. & Haidt, J., "How (and Where) Does Moral Judgment Work?", *Trends in Cognitive Sciences*, Vol. 6, No. 12 (2003), pp. 517–523.

Greene, J. & Cohen, J., "For the Law, Neuroscience Changes Nothing And Everything", *Philosophical Transactions of the Royal Society of London. Series B, Biological Sciences*, Vol. 359, No. 1451 (2004), pp. 1775–1785.

Greene, J. D., Morelli, S. A., Lowenberg, K., Nystrom, L. E. & Cohen, J. D., "Cognitive Load Selectively Interferes with Utilitarian Moral Judgment", *Cognition*, Vol. 107, No. 3 (2008), pp. 1144–1154.

Greene, J., "Dual-Process Morality and the Personal/Impersonal Distinction: A Reply to McGuire, Langdon, Coltheart, and Mackenzie", *Journal of Experimental Social Psychology*, Vol. 45, No. 3 (2009), pp. 581–584.

Greene, J., "Beyond Point-and-Shoot Morality: Why Cognitive (Neuro) Science Matter for Ethics", *Ethics*, Vol. 124, No. 4 (2014), pp. 695–726.

Gürçay, B. & Baron, J., "Challenges for the Sequential Two-System Model of Moral Judgement", *Thinking & Reasoning*, Vol. 23, No. 1 (2017), pp. 49–80.

Güth, W., Schmittberger, R. & Schwarze, B., "An Experimental Analysis of Ultimatum Bargaining", *Journal of Economic Behavior & Organization*, Vol. 3, No. 4 (1982), pp. 367–388.

Gweon, H., Young, L. & Saxe, R., "Theory of Mind for You, and for Me: Behavioral and Neural Similarities and Differences in Thinking About Beliefs of the Self and Other", in Carlson, L. (ed.), *Proceedings of the 33rd Annual Meeting of the Cognitive Science Society*, Boston: Cognitive Science Society,

2011, pp. 2492-2497.

Haidt, J., Koller, S. H., Dias, M. G., "Affect, Culture, and Morality, or Is It Wrong to Eat Your Dog?", *Journal of Personality and Social Psychology*, Vol. 65, No. 4 (1993), pp. 613-628.

Haidt, J., "The Emotional Dog and Its Rational Tail: A Social Intuitionist Approach to Moral Judgment", *Psychological Review*, Vol. 108, No. 4 (2001), pp. 814-834.

Haidt, J. & Baron, J., "Social Roles and the Moral Judgement of Acts and Omissions", *European Journal of Social Psychology* 26 (1996), pp. 201-218.

Hamilton, A., "The Mirror Neuron System Contributes to Social Responding", *Cortex*, Vol. 49, No. 10 (2013), pp. 2957-2959.

Hannon, M., "Intuitions, Reflective Judgments, and Experimental Philosophy", *Synthese* 1 (2017), pp. 1-22.

Hardin, G., "The Tragedy of the Commons", *Science*, Vol. 162, No. 5364 (1968), pp. 1243-1248.

Hauser, M. D., Cushman, F., Young, L., et al., "A Dissociation Between Moral Judgments and Justification", *Mind & Language*, Vol. 22, No. 1 (2007), pp. 1-21.

Haynes, J. D., Sakai, K., Rees, G., et al., "Reading Hidden Intentions in the Human Brain", *Current Biology*, Vol. 17, No. 4 (2007), pp. 323-328.

Heinzelmann, N., "Deontology Defended", *Synthese* 195 (2018), pp. 5197-5216.

Herring, D. R., Taylor, J. H., White, K. R. & Crites Jr, S. L., "Electrophysiological Responses to Evaluative Priming: The LPP Is Sensitive to Incongruity", *Emotion*, Vol. 11, No. 4 (2011), pp. 794-806.

Himichi, T., Fujita, H. & Nomura, M., "Negative Emotions Impact Lateral Prefrontal Cortex Activation During Theory of Mind: An fNIRS Study", *Social Neuroscience*, Vol. 10, No. 6 (2015), pp. 1-11.

Hughes, J., "Using Neurotechnologies to Develop Virtues: A Buddhist Approach to Cognitive Enhancement", *Accountability in Research: Policies and Quality Assurance*, Vol. 20, No. 1 (2013), pp. 27-41.

Iacoboni, M., "Imitation, Empathy, and Mirror Neurons", *Annual Review of Psychology*, Vol. 60, No. 1 (2008), pp. 653-670.

Isen, A. M. & Levin, P. F., "Effect of Feeling Good on Helping: Cookies and Kindness", *Journal of Personality & Social Psychology*, Vol. 21, No. 3 (1972), pp. 384-388.

Jacob, P. & Jeannerod, M., "The Motor Theory of Social Cognition: A Critique", *Trends in Cognitive Science* 9 (2005), pp. 21-25

Johnson, R., Barnhardt, J. & Zhu, J. "The Contribution of Executive Processes to Deceptive Responding", *Neuropsychologia*, Vol. 42, No. 7 (2004), pp. 878-901.

Johnston, J. E., Berry, K. J. & Mielke, Jr. P. W., "Measures of Effect Size for Chi-Squared and Likelihood-Ratio Goodness-of-Fit Tests", *Perceptual & Motor Skills*, Vol. 103, No. 2 (2006), pp. 412-414.

Kahneman, D. & Tversky, A., "Prospect Theory: An Analysis of Decision Under Risk", *Econometrica*, Vol. 47, No. 2 (1979), pp. 263-291.

Kahneman, D. & Klein, G., "Conditions for Intuitive Expertise: A Failure to Disagree", *American Psychologist*, Vol. 64, No. 6 (2009), pp. 515-526.

Kaiser, J., "Rigorous Replication Effort Succeeds for Just Two of Five Cancer Papers", *Science*, 2017-01-18.

Kanold, T. D., "The Flywheel Effect: Educators Gain Momentum from a Model for Continuous Improvement", *Journal of Staff Development* 27 (2006), pp. 16-21.

Kass, R. & Raftery, A., "Bayes Factors", *Journal of the American Statistical Association* 90 (1995), pp. 773-795.

Keeling, G., "Commentary: Using Virtual Reality to Assess Ethical Decisions in Road Traffic Scenarios: Applicability of Value-of-Life-Based Models and Influences of Time Pressure", *Frontiers in Behavioral Neuroscience* 11 (2017), pp. 1-13.

Keil, A., Debener, S., Gratton. G., Junghöfer, M., Kappenman, E., Luck, S., Luu, P., Miller, G. & Yee, C., "Committee Report: Publication Guidelines and Recommendations for Studies Using Electroencephalography and Magnetoencephalography", *Psychophysiology*, Vol. 51, No. 1 (2014), pp. 1–21.

Keller, I. & Heckhausen, H., "Readiness Potentials Preceding Spontaneous Motor Acts: Voluntary vs. Involuntary Control", *Electroencephalography and Clinical Neurophysiology*, Vol. 76, No. 4 (1990), pp. 351–361.

Kelman, H., "Compliance, Identification, and Internalization Three Processes of Attitude Change", *Journal of Conflict Resolution*, Vol. 2, No. 1 (1958), pp. 51–60.

Kennedy, J. A., Anderson, C. & Moore, D. A., "When Overconfidence Is Revealed to Others: Testing the Status-Enhancement Theory of Overconfidence", *Organizational Behavior and Human Decision Processes*, Vol. 122, No. 2 (2013), pp. 266–279.

Knobe, J., "Intentional Action and Side-Effects in Ordinary Language", *Analysis*, Vol. 63, No. 3 (2003), pp. 190–194.

Kohlberg, L., "A Cognitive Development Approach to Moral Education", *Humanist*, Vol. 32, No. 6 (1972), pp. 13–16.

Kornhuber, H. H. & Deecke, L., "Hirnpotentialänderungen bei Willkürbewegungen und passiven Bewegungen des Menschen: Bereitschaftspotential und reafferente Potentiale", *Pflüger's Archiv für die gesamte Physiologie des Menschen und der Tiere*, Vol. 284, No. 1 (1965), pp. 1–17.

Krettenauer, T. & Jia, F., "Investigating the Actor Effect in Moral Emotion Expectancies Across Cultures: A Comparison of Chinese and Canadian Adolescents", *British Journal of Developmental Psychology*, Vol. 31, No. 3 (2013), pp. 349–362.

Kruesi, M. J. P., Casanova, M. F., Mannheim, G., et al., "Reduced Temporal Lobe Volume in Early Onset Conduct Disorder", *Psychiatry Research Neuroimaging*, Vol. 132, No. 1 (2004), pp. 1–11.

Kuntz, J. R. & Kuntz, J. R. C., "Surveying Philosophers About Philosophical Intuition", *Review Philosophical Psychology* 2 (2011), pp. 643–665.

Lanteri, A. & Rizzello, C. S., "An Experimental Investigation of Emotions and Reasoning in the Trolley Problem", *Journal of Business Ethics*, Vol. 83, No. 4 (2008), pp. 789–804.

Larkin, J., McDermott, J., Simon, D. P. & Simon, H. A., "Expert and Novice Performance in Solving Physics Problems", *Science*, Vol. 208, No. 4450 (1980), pp. 1335–1342.

Lavazza, A., "Free Will and Neuroscience: From Explaining Freedom Away to New Ways of Operationalizing and Measuring It", *Frontiers in Human Neuroscience*, Vol. 10, No. 262 (2016), pp. 1–17.

Leben, D., "A Rawlsian Algorithm for Autonomous Vehicles", *Ethics and Information Technology*, Vol. 19, No. 2 (2017), pp. 107–115.

Leuthold, H., Kunkel, A., Mackenzie, I. G., et al., "Online Processing of Moral Transgressions: ERP Evidence for Spontaneous Evaluation", *Social Cognitive and Affective Neuroscience* 10 (2015), pp. 1021–1029.

Levin, J., "Experimental Philosophy", *Analysis*, Vol. 69, No. 4 (2009), pp. 761–769.

Levine, J., "Materialism and Qualia: The Explanatory Gap", *Pacific Philosophical Quarterly*, Vol. 64, No. 4 (1983), pp. 354–361.

Lewin, K., "Frontiers in Group Dynamics: Concept, Method and Reality in Social Science, Social Equilibria and Social Change", *Human Relations*, Vol. 1, No. 1 (1947), pp. 5–41.

Liao, S. M., "The Loop Case and Kamm's Doctrine of Triple Effect", *Philosophical Studies*, Vol. 146, No. 2 (2009), pp. 223–231.

Libet, B., "Brain Stimulation in the Study of Neuronal Functions for Conscious Sensory Experiences", *Human Neurobiology*, Vol. 1, No. 4 (1982), pp. 221–228.

Libet, B., "Unconscious Cerebral Initiative and the Role of Conscious Will in Voluntary Action", *Behavioral and Brain Sciences*, Vol. 8, No. 4 (1985), pp. 529–566.

Libet, B., Gleason, C. A., Wright, E. W. & Pearl, D. K., "Time of Conscious Intention to Act in Relation to Onset of Cerebral Activities (Readiness-Potential): The Unconscious Initiation of a Freely Voluntary Act", *Brain* 106 (1983), pp. 623–642.

Locke, J., "An Essay Concerning Human Understanding", *Psychological Review*, Vol. 2, No. 5 (1895), pp. 495–496.

Ludwig, K., "The Epistemology of Thought Experiments: First Person Versus Third Person Approaches", *Midwest Studies in Philosophy* 31 (2007), pp. 128–159.

Lukács, G., Weiss, B., Dalos, V. D., Kilencz, T., Tudja, S., Csifcsák, G., "The First Independent Study on the Complex Trial Protocol Version of the P300-Based Concealed Information Test: Corroboration of Previous Findings and Highlights on Vulnerabilities", *International Journal of Psychophysiology*, Vol. 110, No. 12 (2016), pp. 56–65.

Machery, E., Mallon, R., Nichols, S. & Stich, S., "Semantics, Cross-Cultural Style", *Cognition*, Vol. 92, No. 3 (2004), pp. B1–B12.

Machery, E., "Thought Experiments and Philosophical Knowledge", *Metaphilosophy*, Vol. 42, No. 3 (2011), pp. 26–1068.

Machery, E., "Expertise and Intuitions About Reference", *Theoria: Revista de Teoria, Historia y Fundamentos de la Ciencia*, Vol. 27, No. 1 (2012), pp. 37–54.

MacLeod, C. M., "Half a Century of Research on the Stroop Effect: An Integrative Review", *Psychological Bulletin*, Vol. 109, No. 2 (1991), pp. 163–203.

Malle, B. F., "Integrating Robot Ethics and Machine Morality: The Study and Design of Moral Competence in Robots", *Ethics & Information Technology*, Vol. 18, No. 4 (2016), pp. 243–256.

McFarlane, T. & Pliner, P., "Increasing Willingness to Taste Novel Foods: Effects of Nutrition and Taste Information", *Appetite* 28 (1997), pp. 227–

238.

Meibauer, J., "On Lying: Intentionality, Implicature, and Imprecision", *Intercultural Pragmatics*, Vol. 8, No. 2 (2011), pp. 277–292.

Meijer, E., Smulders, F., Merckelbach, H. & Wolf, A., "The P300 Is Sensitive to Concealed Face Recognition", *International Journal of Psychophysiology* 66 (2007), pp. 231–237.

Mertens, R. & Allen, J. J., "The Role of Psychophysiology in Forensic Assessments: Deception Detection, ERPs, and Virtual Reality Mock Crime Scenarios", *Psychophysiology*, Vol. 45, No. 2 (2008), pp. 286–298.

Metin, I. & Camgoz, S., "The Advances in the History of Cognitive Dissonance Theory", *International Journal of Humanities and Social Science*, Vol. 1, No. 6 (2011), pp. 131–136.

Waldmann, M. R. & Dieterich, J. H., "Throwing a Bomb on a Person Versus Throwing a Person on a Bomb: Intervention Myopia in Moral Intuitions", *Psychological Science*, Vol. 18, No. 3 (2007), pp. 247–253.

Sarlo, M., Lotto, L., Manfrinati, A., Rumiati, R., Gallicchio, G. & Palomba, D., "Temporal Dynamics of Cognitive-Emotional Interplay in Moral Decision-Making", *Journal of Cognitive Neuroscience*, Vol. 24, No. 4 (2012), pp. 1018–1029.

Mikhail, J., "Universal Moral Grammar: Theory, Evidence and the Future", *Trends in Cognitive Sciences*, Vol. 11, No. 4 (2007), pp. 143–152.

Millar, J., "Technology as Moral Proxy: Autonomy and Paternalism by Design", *IEEE Technology and Society Magazine*, Vol. 34, No. 2 (2015), pp. 47–55.

Miller, G., "ESP Paper Rekindles Discussion About Statistics", *Science*, Vol. 331, No. 6015 (2011), pp. 272–273.

Miller, J. & Bersoff, D., "Culture and Moral Judgment: How Are Conflicts Between Justice and Interpersonal Responsibilities Resolved?", *Journal of Personality and Social Psychology* 62, (1992), pp. 541–551.

Moll, J., de Oliveira-Souza, R. & Eslinger, P. J., "Morals and the Human Brain: A Working Model", *NeuroReport*, Vol. 14, No. 3 (2003), pp. 299–

305.

Moll, J., de Oliveira-Souza, R. & Zanh, R., "The Neural Basis of Moral Cognition: Sentiments, Concepts, and Values", *Annals of the New York Academy of Sciences* 1124 (2008), pp. 161–180.

Moll, J., de Oliveira-Souza, R., Bramati, I. E., et al., "Functional Networks in Emotional Moral and Nonmoral Social Judgments", *Neuroimage* 16 (2002), pp. 696–703.

Moore, D. A. & Healy, P. J., "The Trouble with Overconfidence", *Psychological Review*, Vol. 115, No. 2 (2008), pp. 502–517.

Mussweiler, T. & Strack, F., "The Semantics of Anchoring", *Organizational Behavior & Human Decision Processes*, Vol. 86, No. 2 (2001), pp. 234–255.

Mussweiler, T. & Strack, F., "The Use of Category and Exemplar Knowledge in the Solution of Anchoring Tasks", *Journal of Personality and Social Psychology*, Vol. 78, No. 6 (2000), pp. 1038–1052.

Nadel, L., Samsonovich, A., Ryan, L. & Moscovitch, M., "Multiple Trace Theory of Human Memory: Computational, Neuroimaging, and Neuropsychological Results", *Hippocampus*, Vol. 10, No. 4 (2015), pp. 352–368.

Nahmias, E., "When Consciousness Matters: A Critical Review of Daniel Wegner's *The Illusion of Conscious Will*", *Philosophical Psychology*, Vol. 15, No. 4 (2002), pp. 527–541.

Nakajima, K., "The Effect of Knowledge Accessibility on International Income Inequality", *Review of Urban and Regional Development Studies*, Vol. 18, No. 2 (2006), pp. 102–117.

Nichols, S. & Knobe, J., "Moral Responsibility and Determinism: The Cognitive Science of Folk Intuitions", *Noûs* 41 (2007), pp. 663–685.

Open Science Collaboration, "Estimating the Reproducibility of Psychological Science", *Science*, Vol. 349, No. 6251 (2015), aac4716.

Otsuka, M., "Double Effect, Triple Effect, and the Trolley Problem", *Utilitas*, Vol. 20, No. 1 (2008), pp. 92–110.

Pacilli, M. G., Pagliaro, S., Spaccatini, F., et al., "Straight to Heaven: Rectitude as Spatial Representation of Morality", *European Journal of Social Psychology* 48 (2018), pp. 663–672.

Paxton, J. M. & Greene, J. D., "Moral Reasoning: Hints and Allegations", *Topics in Cognitive Science*, Vol. 2, No. 3 (2010), pp. 511–527.

Perry, B., "Childhood Experience and the Expression of Genetic Potential: What Childhood Neglect Tells Us About Nature and Nurture", *Brain and Mind* 3 (2002), pp. 79–100.

Petrinovich, L. & O'Neill, P., "Influence of Wording and Framing Effects on Moral Intuitions", *Ethology and Sociobiology* 17 (1996), pp. 145–171.

Pliskin, J. S. & Weinstein, S. M. C., "Utility Functions for Life Years and Health Status", *Operations Research*, Vol. 28, No. 1 (1980), pp. 206–224.

Polich, J., "Updating P300: An Integrative Theory of P3a and P3b", *Clinical Neurophysiology*, Vol. 118, No. 10 (2007), pp. 2128–2148.

Prietula, M. J. & Simon, H. A., "The Experts in Your Midst", *Harvard Business Review* 1 (1989), pp. 120–124.

Quine, W. V. O., "Two Dogmas of Empiricism", *Philosophical Review*, Vol. 60, No. 1 (1951), pp. 41–64.

Rehman, S. & Dzionek-Kozłowska, J., "The Trolley Problem Revisited. An Exploratory Study", *Ethics in Economic Life*, Vol. 21, No. 3 (2018), pp. 23–32.

Reiss, S., "Intrinsic and Extrinsic Motivation", *Teaching of Psychology*, Vol. 39, No. 2 (2012), pp. 152–156.

Richards, D. C., "Relationship Between Speed and Risk of Fatal Injury: Pedestrians and Car Occupants", *Highway Safety*, Vol. 9, No. 16 (2010), pp. 1–41.

Richardson, J. T., "Eta Squared and Partial Eta Squared as Measures of Effect Size in Educational Research", *Educational Research Review*, Vol. 6, No. 2 (2011), pp. 135–147.

Rizzolatti, G., "Confounding the Origin and Function of Mirror Neurons", *Behavioral and Brain Sciences*, Vol. 37, No. 2 (2014), pp. 218–219.

Robles, P. & Mallinson, D. J., "Artificial Intelligence Technology, Public Trust, and Effective Governance", *Review of Policy Research*, Vol. 42, No. 2 (2023), pp. 1-18.

Rosenfeld, J. P., Soskins, M., Bosh, G. & Ryan, A., "Simple Effective Countermeasures to P300-Based Tests of Detection of Concealed Information", *Psychophysiology*, Vol. 41, No. 2 (2004), pp. 205-219.

Rosenfeld, J. P. & Labkovsky, E., "New P300-Based Protocol to Detect Concealed Information: Esistance to Mental Countermeasures Against Only Half the Irrelevant Stimuli and a Possible ERP Indicator of Countermeasures", *Psychophysiology*, Vol. 4, No. 6 (2010), pp. 1002-1010.

Rosenfeld, J. P., Labkovsky, E., Winograd, M., Lui, M. A., Vandenboom, C. & Chedid, E., "The Complex Trial Protocol (CTP): A New, Countermeasure-Resistant, Accurate, P300-Based Method for Detection of Concealed Information", *Psychophysiology*, Vol. 45, No. 6 (2010), pp. 906-919.

Rosenfeld, J. P., Ward, A., Frigo, V., Drapekin, J. & Labkovsky, E., "Evidence Suggesting Superiority of Visual (Verbal) vs. Auditory Test Presentation Modality in the P300-Based, Complex Trial Protocol for Concealed Autobiographical Memory Detection", *International Journal of Psychophysiology*, Vol. 96, No. 1 (2015), pp. 16-22.

Rosenfeld, J. P., Ozsan, I. & Ward, A. C., "P300 Amplitude at Pz and N200/N300 Latency at F3 Differ Between Participants Simulating Suspect Versus Witness Roles in a Mock Crime", *Psychophysiology*, Vol. 54, No. 4 (2017), pp. 640-648.

Rosenfeld, J. P., Ward, A., Drapekin, J., Labkovsky, E. & Tullman, S., "Instructions to Suppress Semantic Memory Enhances or Has No Effect on P300 in a Concealed Information Test (CIT)", *International Journal of Psychophysiology* 113 (2017), pp. 29-39.

Rosenfeld, J. P., Ward, A., Meijer, E. H., et al., "Bootstrapping the P300 in Diagnostic Psychophysiology: How Many Iterations Are Needed?", *Psychophysiology*, Vol. 54, No. 3 (2017), pp. 366-373.

Rottman, J., Kelemen, D. & Young, L., "Hindering Harm and Preserving Puri-
ty: How Can Moral Psychology Save the Planet?", *Philosophy Compass*,
Vol. 10, No. 2 (2015), pp. 134-144.

Rouder, J. N., Speckman, P. L., Sun, D., Morey, R. D. & Iverson, G.,
"Bayesian *t* Tests for Accepting and Rejecting the Null Hypothesis", *Psy-
chonomic Bulletin & Review*, Vol. 16, No. 2 (2009), pp. 225-237.

Schmidt, H. G. & Boshuizen, H. P., "On the Origin of Intermediate Effects in
Clinical Case Recall", *Memory & Cognition*, Vol. 21, No. 3 (1993),
pp. 338-351.

Schnall, S., Benton, J. & Harvey, S., "With a Clean Conscience: Cleanliness
Reduces the Severity of Moral Judgments", *Psychological Science*,
Vol. 19, No. 12 (2008), pp. 1219-1222.

Schönbrodt, F. D. & Wagenmakers, E. J., "Bayes Factor Design Analysis: Plan-
ning for Compelling Evidence", *Psychonomic Bulletin & Review*,
Vol. 25, No. 1 (2018), pp. 128-142.

Schultze-Kraft, M., Birman, D., Rusconi, M., et al., "The Point of No Return
in Vetoing Self-Initiated Movements", *Proc. Natl. Acad. Sci. U. S. A.*,
Vol. 113, No. 4 (2016), pp. 1080-1085.

Schurz, M., Tholen, M. G., Perner, J., Mars, R. B. & Sallet, J., "Specifying
the Brain Anatomy Underlying Temporo-Parietal Junction Activations for The-
ory of Mind: A Review Using Probabilistic Atlases from Different Imaging
Modalities", *Human Brain Mapping*, Vol. 38, Nos. 3-4 (2017), pp. 4788-
4805.

Schurger, A., Sitt, J. D. & Dehaene, S., "An Accumulator Model for Spontane-
ous Neural Activity Prior to Self-Initiated Movement", *Proc. Natl. Acad.
Sci. U. S. A.*, Vol. 109, No. 42 (2012), pp. 16776-16777.

Schwitzgebel, E. & Cushman, F., "Expertise in Moral Reasoning? Order Effects
on Moral Judgment in Professional Philosophers and Nonphilosophers",
Mind & Language, Vol. 27, No. 2 (2012), pp. 135-153.

Semlitsch, H. V., Anderer, P., Schuster, P. & Presslich, O., "A Solution for

Reliable and Valid Reduction of Ocular Artifacts, Applied to the P300 ERP", *Psychophysiology*, Vol. 23, No. 6 (1986), pp. 695-703.

Senn, S., "Tea for Three: Of Infusions and Inferences and Milk in First", *Significance*, Vol. 9, No. 6 (2012), pp. 30-33.

Sevinc, G. & Spreng, R. N., "Contextual and Perceptual Brain Processes Underlying Moral Cognition: A Quantitative Meta-Analysis of Moral Reasoning and Moral Emotions", *PLOS ONE*, Vol. 9, No. 2 (2014), pp. 1-10.

Shenhav, A. & Greene, J. D., "Moral Judgments Recruit Domain-General Valuation Mechanisms to Integrate Representations of Probability and Magnitude", *Neuron*, Vol. 67, No. 4 (2010), pp. 667-677.

Sherman, G. D. & Clore, G. L., "The Color of Sin: White and Black Are Perceptual Symbols of Moral Purity and Pollution", *Psychological Science*, Vol. 20, No. 8 (2009), pp. 1019-1025.

Silverstein, B. H., Snodgrass, M., Shevrin, H. & Kushwaha, R., "P3b, Consciousness, and Complex Unconscious Processing", *Cortex* 73 (2015), pp. 216-227.

Singer, P., "Famine, Affluence, and Morality", *Philosophy and Public Affairs*, Vol. 3, No. 1 (1972), pp. 229-243.

Singer, T., et al., "Empathic Neural Responses Are Modulated by the Perceived Fairness of Others", *Nature* 439 (2006), pp. 466-469.

Sirigu, A., "Altered Awareness of Voluntary Action After Damage to the Parietal Cortex", *Nature Neuroscience*, Vol. 7, No. 1 (2004), pp. 80-84.

Smart, J. J. C., "Free-Will, Praise and Blame", *Mind*, Vol. 70, No. 279 (1961), pp. 293-294.

Smith, K., "Neuroscience vs. Philosophy: Taking Aim at Free Will", *Nature*, Vol. 477, No. 2011 (2011), pp. 23-25.

Solomon, A., "Studies of Independence and Conformity: I. A Minority of One Against a Unanimous Majority", *Psychological Monographs*, Vol. 70, No. 9 (1956), pp. 1-70.

Soltani, M. & Knight, R. T., "Neural Origins of the P300", *Critical Reviews in Neurobiology*, Vol. 14, Nos. 3-4 (2000), pp. 199-224.

Soon, C. S, Brass, M., Heinze, H., et al., "Unconscious Determinants of Free Decisions in the Human Brain", *Nature Neuroscience*, Vol. 11, No. 4 (2008), pp. 9141-9145.

Sosa, E., "Experimental Philosophy and Philosophical Intuition", *Philosophical Studies*, Vol. 132, No. 1 (2007), pp. 99-107.

Soskins, M., Rosenfeld, J. P. & Niendam, T., "Peak-to-Peak Measurement of P300 Recorded at 0.3 Hz High Pass Filter Settings in Intraindividual Diagnosis: Complex vs. Simple Paradigms", *International Journal of Psychophysiology*, Vol. 40, No. 2 (2001), pp. 173-180.

Spence, S. A., Farrow, T. F. D., Herford, A. E., Wilkinson, I., Zheng, Y. & Woodruff, P., "Behavioural and Functional Anatomical Correlates of Deception in Humans", *Neuroreport: For Rapid Communication of Neuroscience Research*, Vol. 12, No. 13 (2001), pp. 2849-2853.

Sperrin, M. & Jaki, T., "Direct Effects Testing: A Two-Stage Procedure to Test for Effect Size and Variable Importance for Correlated Binary Predictors and a Binary Response", *Statistics in Medicine*, Vol. 29, No. 24 (2010), pp. 2544-2556.

Stauffer, W., et al., "Dopamine Neuron-Specific Optogenetic Stimulation in Rhesus Macaques", *Cell*, Vol. 166, No. 6 (2016), pp. 1564-1571.

Steve, G., "Moral Judgment as Information Processing: An Integrative Review", *Frontiers in Psychology*, Vol. 6, No. 1637 (2015), pp. 1-19.

Sur, S. & Sinha, V. K., "Event-Related Potential: An Overview", *Industrial Psychiatry Journal*, Vol. 18, No. 1 (2009), pp. 70-73.

Svenson, O., "Are We All Less Risky and More Skillful than Our Fellow Drivers?", *Acta Psychologica*, Vol. 47, No. 2 (1981), pp. 143-148.

Tabibnia, G., Satpute, A. B. & Lieberman, M. D., "The Sunny Side of Fairness: Preference for Fairness Activates Reward Circuitry (and Disregarding Unfairness Activates Self-Control Circuitry)", *Psychological Science*, Vol. 19, No. 4 (2008), pp. 339-347.

Tanner, D., Morgan-Short, K. & Luck, S. J., "How Inappropriate High-Pass Filters Can Produce Artifactual Effects and Incorrect Conclusions in ERP Studies of Language and Cognition", *Psychophysiology*, Vol. 52, No. 8 (2015), pp. 997–1009.

Tao, Y., Cai, Y., Rana, C. & Zhong, Y., "The Impact of the Extraversion-Introversion Personality Traits and Emotions in a Moral Decision-Making Task", *Personality and Individual Differences* 158 (2020), pp. 1–6.

Thomas, M. S. C. & Johnson, M. H., "New Advances in Understanding Sensitive Periods in Brain Development", *Current Directions in Psychological Sciences*, Vol. 17, No. 1 (2008), pp. 1–5.

Thomson, J., "A Defense of Abortion", *Philosophy & Public Affairs*, Vol. 1, No. 1 (1971), pp. 47–66.

Thomson, J. J. & Sugden, S. J. B., "Killing, Letting Die, and the Trolley Problem", *Monist*, Vol. 59, No. 2 (1976), pp. 204–217.

Thomson, J., "Turning the Trolley", *Philosophy & Public Affairs*, Vol. 36, No. 4 (2008), pp. 359–374.

Tiziana, V., O'Neil, S. & Jiang, F., "Action-Effect Contingency Modulates the Readiness Potential", *NeuroImage* 183 (2018), pp. 273–279.

Tsoi, L., Dungan J., Chakroff, A. & Young, L., "Neural Substrates for Moral Judgments of Psychological Versus Physical Harm", *Social Cognitive & Affective Neuroscience* 5 (2018), pp. 1–50.

Tversky, A. & Kahneman, D., "Judgment Under Uncertainty: Heuristics and Biases", *Science*, Vol. 185, No. 4157 (1974), pp. 17–34.

Tversky, K. A., "Prospect Theory: An Analysis of Decision Under Risk", *Econometrica*, Vol. 47, No. 2 (1979), pp. 263–292.

Tversky, A. & Kahneman, D., "The Framing of Decisions and the Psychology of Choice", *Science*, Vol. 211, No. 4481 (1981), pp. 453–458.

Van Berkum J. J. A., Holleman, B., Nieuwland, M., et al. "Right or Wrong? The Brain's Fast Response to Morally Objectionable Statements", *Psychological Science*, Vol. 20, No. 9 (2009), pp. 1092–1099.

Viscusi, W. K., "Do Smokers Underestimate Risks?", *Journal of Political Economy*, Vol. 98, No. 6 (1990), pp. 1253-1269.

Vogeley, K., "Two Social Brains Neural Mechanisms of Intersubjectivity", *Philosophical Transactions of the Royal Society of London. Series B, Biological Sciences*, Vol. 372, No. 1727 (2017), 20160245.

Voss, J. F., Vesonder, G. & Spilich, H., "Text Generation and Recall by High-Knowledge and Low-Knowledge Individuals", *Journal of Verbal Learning and Verbal Behavior* 19 (1980), pp. 651-667.

Walczyk, J. J., Roper, K. S., Seemann, E. & Humphrey, A. M., "Cognitive Mechanisms Underlying Lying to Questions: Response Time as a Cue to Deception", *Applied Cognitive Psychology*, Vol. 17, No. 7 (2003), pp. 755-774.

Waleszczyński, A., Obidziński, M. & Rejewska, J., "The Significance of the Relationship Between Main Effects and Side Effects for Understanding the Knobe Effect", *Organon*, Vol. 26, No. 2 (2019), pp. 228-248.

Walter, W. G., Cooper, R., Aldridge, V. J., et al., "Contingent Negative Variation: An Electric Sign of Sensori-Motor Association and Expectancy in the Human Brain", *Nature*, Vol. 203, No. 4943 (1964), pp. 380-384.

Waytz, A. & Young, L., "Two Motivations for Two Dimensions of Mind", *Journal of Experimental Social Psychology* 55 (2014), pp. 278-283.

Wegner, D. & Schneider, D., "The White Bear Story", *Psychological Inquiry*, Vol. 14, No. 3/4 (2003), pp. 326-329.

Weinberg, J., Gonnerman, C., Buckner, C. & Alexander, J., "Are Philosophers Expert Intuiters?", *Philosophical Psychology* 23 (2010), pp. 331-355.

Weingarten, E., Chen, Q., McAdams, M., Yi, J., Hepler, J. & Albarracín, D., "From Primed Concepts to Action: A Meta-Analysis of the Behavioral Effects of Incidentally Presented Words", *Psychological Bulletin*, Vol. 142, No. 5 (2016), pp. 472-497.

Werner, K. M. & Zank, H., "A Revealed Reference Point for Prospect Theory", *Economic Theory*, Vol. 67, No. 4 (2019), pp. 731-773.

Wiley, J., "Expertise as Mental Set: The Effects of Domain Knowledge in Creative Problem Solving", *Memory and Cognition* 26 (1998), pp. 716–730.

Williams, L. E. & Bargh, J. A., "Experiencing Physical Warmth Promotes Interpersonal Warmth", *Science*, Vol. 322, No. 5901 (2008), pp. 606–607.

Williamson, T., "Philosophical Expertise and the Burden of Proof", *Metaphilosophy*, Vol. 42, No. 3 (2011), pp. 215–229.

Wilson, C., "Public Engagement and AI: A Values Analysis of National Strategies", *Government Information Quarterly*, Vol. 39, No. 1 (2022), 101652.

Wu, Y. & Zhou, X., "The P300 and Reward Valence, Magnitude, and Expectancy in Outcome Evaluation", *Brain Research* 1286 (2009), pp. 114–122.

Xin, Q., "Towards Addressing the Patch Overfitting Problem", 2017 IEEE/ACM 39th International Conference on Software Engineering Companion (ICSE-C), ACM, 2017.

Young, L. & Saxe, R., "An fMRI Investigation of Spontaneous Mental State Inference for Moral Judgment", *Journal of Cognitive Neuroscience*, Vol. 21, No. 7 (2009), pp. 1396–1405.

Young, L., Scholz, J. & Saxe, R., "Neural Evidence for 'Intuitive Prosecution': The Use of Mental State Information for Negative Moral Verdicts", *Social Neuroscience*, Vol. 6, No. 3 (2011), pp. 302–315.

Young, L. & Dungan, J., "Where in the Brain Is Morality? Everywhere and Maybe Nowhere", *Social Neuroscience*, Vol. 7, No. 1 (2012), pp. 1–10.

Young, L. & Durwin, A., "Moral Realism as Moral Motivation: The Impact of Meta-Ethics on Everyday Decision-Making", *Journal of Experimental Social Psychology* 49 (2013), pp. 302–306.

Zenger, T. R., "Why Do Employers Only Reward Extreme Performance? Examining the Relationships Among Performance, Pay, and Turnover", *Administrative Science Quarterly* 37 (1992), pp. 198–219.

Zhan, Y., Xiao, X., et al., "Interpersonal Relationship Modulates the Behavioral and Neural Responses During Moral Decision-Making", *Neuroscience Letters: An International Multidisciplinary Journal Devoted to the Rapid Publication of*

Basic Research in the Brain Sciences 672 (2018), pp. 15-21.

Zhang, Q., Li, X., Gold, B. T. & Jiang, Y., "Neural Correlates of Cross—Domain Affective Priming", *Brain Research* 1329 (2010), pp. 142-151.

Zhong, C. B., Bohns, V. K. & Gino, F., "Good Lamps Are the Best Police: Darkness Increases Dishonesty and Self-Interested Behavior", *Psychological Science*, Vol. 21, No. 3 (2010), pp. 311-314.

后　记

写完书稿，掩卷沉思，脑海中浮现出一段段与实验哲学结缘的流光岁月。

2009 年秋季学期，当时还在读博士研究生一年级的我正考虑博士学位论文选题事宜。原本打算选择科学哲学中与科学实验、新实验主义等相关的主题，而恰巧我选了刚从美国宾夕法尼亚大学访学归来的夏保华教授给我们开设的"技术哲学研究"博士生课程。在课堂上，夏老师在讨论我的论文选题时提到，他在美访学时有些美国学者正在关注一场名叫"实验哲学"的哲学运动，让我了解一下，看看对论文选题是否有帮助。课后，我就搜索了"实验哲学"的相关信息。当时网络上能检索到的"实验哲学"国内外文献还相当有限。在国内，仅有周昌乐、黄华新两位教授 2009 年 4 月发表于《浙江社会科学》上的《从思辩到实验：哲学研究方法的革新》一篇文章，他们注意到国外一些哲学家用实验方法来研究哲学问题的研究动态，认为这是一种哲学研究方法的革新，并希望引起国内哲学界的重视，建议有条件的大学尽快建立相对独立的哲学实验室，将哲学实验的方法引入到哲学研究中去。文中提到了意大利帕维亚大学哲学系 1994 年创建的计算哲学实验室（Computational Philosophy Lab）、加拿大西蒙·弗雷泽大学哲学系1998年创建的逻辑与实验哲学实验室（Lab for Logic and Experimental Philosophy）、美国亚利桑那大学2002年创建的实验哲学实验室，但并没有特别明确地提到作为哲学运动的"实验哲学"。除此之外，当时没有一篇能够检索到与"实验哲学"相关的文献信息可供参考。

既然国内无资料可查，只好查找国外资料。功夫不负有心人，经过多次的查询，我终于发现了一个以实验哲学为主题的网站，该网站把实验哲学在不同研究方向上的主要文献都列了上去，而且大多数都可以免费下载。于我而言，这简直是如获至宝；我通过这个网站可以较为轻易地了解到实验哲学的最新研究成果。

不过随着阅读的深入，我逐渐意识到进一步研究的困难远超我的预期：该"实验哲学"和我之前接触到的科学哲学中关于"科学实验"的哲学研究大相径庭——前者是用实验方法研究哲学，后者是以科学研究中的实验为研究对象，对其进行哲学分析。而且，其涉及的诸多研究议题也超出了我有限的哲学知识储备——我本科是社会学出身，硕士阶段才在导师马雷教授的引导下接触到一些哲学基础知识，而且主要是科技哲学相关的知识。这些困难让我对是否要以这个主题作为博士学位论文的选题犹豫不决，后来在导师马雷教授以及身边师友的鼓励下，我还是决定选择实验哲学中与科技哲学相关的议题作为研究对象开展研究。在确定选题之后，我就开始了更为艰辛的"补旧""查新"之路，广泛阅读、了解分析哲学中特别是实验哲学家经常探讨的哲学直觉、知识论、语义学、心灵哲学、决定论、意图行动、自由意志与道德判断等议题，同时也尽可能地抓住机会向遇到的师长前辈请教学习，但大多数的情况是，他们对实验哲学也知之甚少，能提供的帮助有限。

在这个艰难的探索过程中，我逐渐萌发了一个念头：既然实验哲学在英美哲学界被称作一场新兴的哲学运动，那么我何不找到这场运动的主要发起者，去他们那里访学，面对面地向他们请教学习呢？于是，我就根据文献，按图索骥，查找到实验哲学运动的几位主要发起者——斯蒂芬·斯蒂克、肖恩·尼科尔斯、乔纳森·温伯格、乔舒亚·诺布、罗恩·马伦的邮箱，先后给他们发去了邮件，表达了前往访学的强烈意愿，后面四位均出于各种原因婉拒了我的申请，只有罗格斯大学的斯蒂克教授欣然答应了我的请求。当收到教授的回信时，我简直有点欣喜若狂，就像一只迷途的羔羊突然间找到了回家的方向，心中充满了无限豪情与憧憬。接下来就是忙碌于一系列复杂繁琐且困难重重的出国准备工作，其间遭遇的困难到现在回想起来我还常常心有余悸。设想如果是现在这般境遇的我恐怕是要打退堂鼓的，还会不会为了心中的学术理想毅然决然地选择背井离乡、远赴重洋真未可知，想到这还真有点佩服当初敢想敢做敢闯的自己。

经过将近一年的精心准备，我于 2010 年 10 月踏上了前往美利坚的求学之路，到达了访学目的地——位于美国新泽西州的罗格斯大学。这所大学的综合排名并不算太高，但它的哲学系实力却在全美大学学科排名中一直稳居前列，一般被公认为仅次于纽约大学的哲学系，位居第二位。到那以后，我更加深刻地感受到这一点，罗格斯大学哲学系主页上有很多熠熠生辉的名字：杰里·福多、阿利文·戈德曼、欧内斯特·索萨等，当然还有我的合作导师斯蒂芬·斯蒂克。他们都是可以载入美国乃至世界哲学史的人物。初至罗格斯，斯蒂克教授当时刚刚经历完一场手术，正在纽约的家中康复，无法与我会面，不过我们还是通过邮件保持着较为频繁的联系。他知道我选择了实验哲学作为博士学位论文的主题，给我推荐、发送了不少一手文献资料，有些还是他与合作者没有正式发表的稿件。另外，他也委托教务秘书把他在哲学系办公室的钥匙转交给我，供我学习之用；同时还介绍了他指导的两名同样研究实验哲学的学生来帮助我，一位是他当时的博士研究生戴维·罗斯（David Rose），后来也成为一名实验哲学领域的后起之秀，另一位是来自波兰的留学生汤姆（Tom）。我每周分别约他们见一次面，从他们那里了解到了实验哲学在美国的发展状况和一些主要的研究方法。汤姆很热心，还不厌其烦地教我使用数据分析的软件，但是因访学时间太短，我只学到了一点皮毛就戛然而止了。如此种种，我对他们的无私帮助至今感念在心，历久难忘。

　　值得一提的是，在罗格斯访学期间，我结识了来自上海大学哲学系、同来访学的两位仁兄：朱承和刘小涛。朱承兄是杨国荣老师的高足，研究方向是中国哲学，在美期间，常外出游历，我们谋面有限；小涛兄师从当时已调至复旦大学工作的张志林老师，兴趣广泛，学识广博，对语言哲学、知识论、心灵哲学、科学哲学等领域都有涉猎，对国内外学术界的很多名人轶事也都了然于心，而且身上有股湖南人与生俱来的豪爽率真与诙谐幽默，与小涛攀谈聊天，使我如沐春风，受益良多，颇有相见恨晚之感。就这样，两个在异国他乡孤独无伴的灵魂结成了几乎形影不离的"难兄难弟"：我们一起旁听阿利文·戈德曼的课程；在一个风雨飘零的秋日，一起游历纽约，围观"占领华尔街"的"盛况"，瞻仰自由女神像；在一个暖阳高照的周末，乘坐大巴，前往著名学府普林斯顿大学游览，膜拜普林斯顿高等研究院，夕阳下漫步在当年爱因斯坦与哥德尔共同走过的林间道上；圣诞节前夕，坐着火车同赴费城，冒着大雨，共游华盛顿，平生第一次现场观看 NBA 比赛，参观美国国家博物馆，在联合国总部、白宫、国会大厦等地外围徜徉；在一个大雪纷飞的冬夜，我们一起喝着南美、德国的啤酒，品尝着小涛亲自下厨烹制的湘菜，畅聊天下大事……这一幕幕场景，现在回想起来，依然觉得就像昨天刚刚发生一样。

大概不到一个月的时间，斯蒂克教授告知我，他将在纽约组织一次以实验哲学为主题的小型研讨会，让我去聆听学习；我也约了小涛兄同去。在那里，我第一次见到了斯蒂克教授，他身体还没有完全康复，但是精神矍铄，特别是讨论起学术话题来更是铿锵有力。也就是在这个研讨会上，我第一次见到了大名鼎鼎、留着一头飘逸长发的戴维·查默斯，第一次接触到了来自波士顿学院的利亚纳·杨教授的研究成果，了解到实验哲学研究方法的多样性，这也是本书实验心灵哲学一章涉及的内容。之后的几周，斯蒂克教授又邀请我参加了在纽约大学和纽约城市大学组织的几场学术活动，我也第一次见到了著名的语言哲学家迈克尔·德维特。

四个月的访学时光既漫长又短暂。第一次远赴重洋，异常思念国内的亲人朋友，觉得时间过得漫长，而在那里渐入佳境后，结识了众多良师益友，得到了诸多无私帮助，也了解、学习了很多实验哲学的最新研究状况，收获满满，又会觉得时间流逝得飞快。但时不待人，终归到了要离开的日子。临行前，我单独去了斯蒂克教授坐落在纽约华尔街中心地段的家中跟他道别，汇报四个月来访学的收获、在学习中遇到的疑问，还表达了将来与他进一步合作和邀请他有朝一日到访中国的意向。他回答了我的疑问，愿意将来在实验哲学领域与我合作，也非常期待能访问中国。他后来也兑现了之前的承诺，邀请我在中国做了一项名为"哲学地理图"的跨文化研究项目，该项目汇集了全球不同国家和文化背景下的三十几位实验哲学研究者的工作，之后他们也因此发表了多篇实验哲学的研究成果；当年的邀约也促成了他 2019 年的访华之旅。当时，借东南大学哲学与科学系举办国际会议的机会，我邀请斯蒂克教授来华讲学，他先后到访了北京、南京、上海、厦门等地，在北京大学、首都师范大学、南京师范大学、东南大学、华东师范大学以及厦门大学进行了多场学术演讲。教授后来在给我的回信中提到，他对此次来华讲学、游历非常满意。

需要指出的是，我在美访学期间，国内第一篇较为全面地介绍实验哲学的论文于 2010 年 10 月在《哲学分析》上发表，作者是华东师范大学的郦全民教授。这篇文章算是我了解实验哲学的启蒙篇，也是在这篇论文的基础上，我于 2011 年 11 月在《哲学动态》上发表了我第一篇以实验哲学为主题的学术论文，为进一步研究奠定了信心。回国后，在导师马雷教授的悉心指导和倾力帮助下，我着手完成博士学位论文《实验哲学的兴起》，并于 2013 年 3 月完成博士论文答辩。次月，便留校任教，正式开始了我的职业生涯。教学之余，科研的兴趣依然放在实验哲学上。得益于此，我在 2015 年申报的"道德判断的实验哲学研究"选题获得国家社科基金青年项目的资助，并于 2020 年结项；此后，又以"科学理解的实验哲学"为题获得 2022 年国家社科基金一般项目的资助，目前仍处于在研阶段。

在此期间，我逐渐了解到国内学界有不少同道也开始关注实验哲学：朱菁老师及其弟子（伍素、徐嘉玮、黄俊维兄等），陈嘉明老师、曹剑波老师、楼巍兄、刘晓飞兄及其厦门大学知识论与认知科学研究中心团队，颜青山老师及其弟子（陈海、李晓哲、李大山兄等），梅剑华兄、郭晓兄、李金彩老师、周祥兄，以及小涛兄（可能受我的影响）后来也写了几篇关于实验哲学的文章。吾道不孤，有这么多同行开始研究实验哲学，也让我信心倍增。2014年，受曹剑波老师邀请，我参加了厦门大学首届中国知识论国际学术研讨会，在会上做了实验哲学的研究报告，也是在这次会上，第一次见到了闻名已久的朱菁老师，当时他还在中山大学任教。同年，受朱老师之邀，我参加了在厦门鼓浪屿召开的"心灵与机器"会议，朱老师在议程中安排了为期半天全国性质的首届实验哲学学术研讨会。当时，我就和几位同道商议，将来可以考虑定期举行实验哲学的学术会议，以推动这一哲学运动在中国的发展。此想法后来终于得以实现，2017年，学院领导鼓励我们青年教师申请举办一些有特色的学术活动，学院提供经费支持。我就主动申请举办"东南大学实验哲学工作坊"，并有意未来将其打造成学校的学术名片。这一想法得到了时任院长王珏教授的鼎力支持。2017年的金秋十月，首届东南大学实验哲学工作坊在南京成功举办，国内主要的实验哲学研究者悉数到会。多年前的学术愿景变成了现实，我心中无比宽慰。之后的岁月里（2019年、2021年、2023年），哪怕其间经历了疫情，每两年一届的实验哲学工作坊都克服了种种困难，未有中断，至今已经举办了四届；不出意外，第五届也将在2025年秋天如期举办。这个工作坊现在俨然成为东南大学哲学学科的一张学术名片，着实也是国内实验哲学研究者深度交流、共同成长的学术平台。

如前文所述，在国内学界，目前实验哲学的研究在经历了一段热潮之后略显沉寂。究其缘由，除了如朱菁老师在第四届实验哲学工作坊上谈到的观点，即国内哲学界"缺乏自然主义、实用主义传统以及跨学科发展思维，使得实验哲学在主流学界的接受度不高"之外，个人认为可能还有以下几个方面的原因：第一，国内主流哲学界大多认为哲学研究方法依然是概念分析、逻辑思辨，对经验性的实验研究天然地持排斥态度；第二，实验哲学自身经验研究方法存在的不足，使得外界对有些研究结果存疑，从而加剧了主流学界对其的拒斥态度；第三，理想的实验哲学研究工作是一种跨学科的团队研究模式，需要哲学、心理学、社会学或统计学，甚至脑科学、认知神经科学等多学科背景的研究人员共同完成，在实验设计、问卷调查、行为实验、认知实验、数据分析、理论总结、论文撰写等方面通力合作，当然更为重要的是还需要充足的科研经费做保障，方可最终完成一项有效的实验哲学研究。而这些对于习惯于概念分析与逻辑思辨的哲学研究者来说，是一项费时费力、繁琐而艰巨的工作，从研究工作的性价比来说，倒不如一个人躲在书斋里、坐在"扶手椅"上沉思冥想来得方便。现实的条件限制和学科交叉融合的阻滞也使得在国内开展有效的实验哲学研究面临诸多困难，从而让很多研究者望而却步，不敢轻易踏进实验哲学的领地。基于此，国内实验哲学研究者唯有多多加强合作，努力做出一些出色的、经得住检验的实验哲学研究工作，才能在未来赢得更多的关注和更广泛的认可，也才能吸引更多的研究者加入，不断壮大我们的学术共同体。

　　不过，从更为广阔的国际视野来看，实验哲学从一个初生的婴儿正逐渐成长为一个朝气蓬勃的少年，其研究方法更加丰富多样，也更加科学规范，其研究成果稳步增长，影响广泛。希望我们国内的实验哲学研究者能够紧跟步伐，再迎头赶上，在实验哲学领域为构建中国自主知识体系贡献一份力量。

　　基于此，笔者意在通过本书，梳理、汇报自己多年从事实验哲学研究的心得体会，为国内实验哲学的爱好者了解实验哲学提供个人之见的参考，抑或为实验哲学的批评者提供批判之靶。当然，因个人学识不济、精力有限，书中难免存在各种疏漏与不足，希望学界同道多多包涵，不当之处也敬请指正。

　　最后，将本书献给我挚爱的家人：父母、妻子和一对可爱的儿子。在与实验哲学结缘的这段时间里，我的人生也发生了蜕变：从单身到步入婚姻殿堂，从组建家庭到生养子嗣。在理想与现实之间，在学术与生活之间，常常伴有各种冲突与矛盾，需要做出各种艰难的取舍与抉择，需要付出各种无法计算的心血与辛劳。感谢家人的包容、忍耐、支持与成全，能够让我在无数个不眠之夜完成书稿的撰写。

　　　　　　　　　　　　　　　　　　　　2025 年新春书于南京